실전 스벨트 & 스벨트킷 입문

KB139817

实践 Svelte入門

JISSEN SVELTE NYUMON (ENGINEER SENSHO) by Kyohei Hamaguchi, Yasuhiro Koseki
Copyright © 2023 Kyohei Hamaguchi, Yasuhiro Koseki
All rights reserved.
Original Japanese edition published by Gijutsu-Hyoron Co., Ltd., Tokyo

This Korean language edition published by arrangement with Gijutsu-Hyoron Co., Ltd., Tokyo in
care of Tuttle-Mori Agency, Inc., Tokyo, through Danny Hong Agency, Seoul.

실전 스벨트 & 스벨트킷 입문

1판 1쇄 발행 2024년 4월 26일

지은이 하마구치 교헤이, 고세키 야스히로
옮긴이 이춘혁
펴낸이 장성두
펴낸곳 주식회사 제이펍

출판신고 2009년 11월 10일 제406-2009-000087호
주소 경기도 파주시 회동길 159 3층 / **전화** 070-8201-9010 / **팩스** 02-6280-0405
홈페이지 www.jpub.kr / **투고** submit@jpub.kr / **독자문의** help@jpub.kr / **교재문의** textbook@jpub.kr

소통기획부 김정준, 이상복, 김은미, 송영화, 권유라, 송찬수, 안수정, 박재인, 배인혜, 나준섭
소통지원부 민지환, 이승환, 김정미, 서세원 / **디자인부** 이민숙, 최병찬

진행 권유라 / **교정·교열** 이정화 / **내지 편집 및 표지 디자인** nu:n
용지 에스에이치페이퍼 / **인쇄** 한승문화사 / **제본** 일진제책사

ISBN 979-11-93926-16-1 (93000)
책값은 뒤표지에 있습니다.

제이펍은 여러분의 아이디어와 원고를 기다리고 있습니다. 책으로 펴내고자 하는 아이디어나 원고가 있는 분께서는
책의 간단한 개요와 차례, 구성과 지은이/옮긴이 약력 등을 메일(submit@jpub.kr)로 보내주세요.

쇼핑몰 사이트
웹 애플리케이션을
만들면서 배우는
Svelte & SvelteKit

실전 스벨트
& 스벨트킷 입문

하마구치 교헤이, 고세키 야스히로 지음 / **이춘혁** 옮김

옮긴이 머리말 ——————— ix   추천 서문(야마시타 유이치로) ——— xiii

베타리더 후기 ——————— xi   시작하며 ————————— xv

CHAPTER **1**   **스벨트 시작하기** 1

1.1 스벨트의 탄생과 특징 —————————————————————— 1

　　1.1.1 스벨트의 특징 1 / **1.1.2** 스벨트의 '컴파일' 2 / **1.1.3** 가상 DOM의 미사용 3

1.2 스벨트 튜토리얼: 온라인 쇼핑 페이지 만들기 ——————————— 5

　　1.2.1 프로젝트 준비 6 / **1.2.2** HTML/CSS를 사용한 화면 구성 요소 생성 7

　　1.2.3 변수와 이벤트 핸들러를 사용한 장바구니 담기 버튼 기능 추가 11

　　1.2.4 배열과 {#each} 구문을 통한 관련 상품 표시 14 / **1.2.5** 컴포넌트 분리 20

CHAPTER **2**   **스벨트 기초** 27

2.1 환경 구축 —————————————————————————— 27

　　2.1.1 스벨트 공식 REPL 28 / **2.1.2** Vite를 사용하는 개발 환경 구축 29

2.2 컴포넌트 —————————————————————————— 31

　　2.2.1 .svelte 파일 구조 31 / **2.2.2** 템플릿 기초 문법 33

　　2.2.3 스타일 36 / **2.2.4** 블록 39 / **2.2.5** 컴포넌트 사용 43

　　2.2.6 속성 46 / **2.2.7** 슬롯 52 / **2.2.8** 이벤트 62 / **2.2.9** 라이프 사이클 69

CHAPTER **3**   **스벨트의 리액티비티** 78

3.1 컴포넌트의 리액티비티 —————————————————————— 78

　　3.1.1 변수 대입 78 / **3.1.2** $:prefix 79

　　3.1.3 배열과 객체의 업데이트 82 / **3.1.4** 입력 바인딩 85

　　3.1.5 미디어 요소의 바인딩 91 / **3.1.6** 컴포넌트 바인딩 93 / **3.1.7** this 바인딩 95

3.2 스토어 ——————————————————————————— 97

　　3.2.1 writable 스토어 97 / **3.2.2** $를 사용하는 자동 구독 100

　　3.2.3 $를 사용하는 대입 101 / **3.2.4** readable 스토어 102

　　3.2.5 derived 스토어 105 / **3.2.6** custom 스토어 107

　　3.2.7 스토어의 바인딩 111

CHAPTER 4 스벨트의 고급 기능 114

4.1 고급 템플릿 문법 114
　4.1.1 키를 포함하는 {#each} 블록 115 / **4.1.2** {#key} 블록 117
　4.1.3 {@...} 태그 118 / **4.1.4** <svelte:...> 태그 120

4.2 모듈 콘텍스트 129
　4.2.1 각 인스턴스 간 상태 공유 129 / **4.2.2** 컴포넌트 이외에 내보내기 131

4.3 모션, 트랜지션, 애니메이션 134
　4.3.1 모션 134 / **4.3.2** 트랜지션 140 / **4.3.3** 애니메이션 148

4.4 콘텍스트 150
　4.4.1 콘텍스트 API 사용 방법 150 / **4.4.2** 콘텍스트의 특징과 스토어 비교 153

4.5 액션 154
　4.5.1 액션의 기본적인 사용법 154 / **4.5.2** 액션의 예: DOM 요소의 리사이징 감지 155

CHAPTER 5 스벨트킷으로 다중 페이지 애플리케이션 개발하기 158

5.1 스벨트킷의 기본과 도입 158
　5.1.1 스벨트킷이란? 158 / **5.1.2** 프로젝트 생성 159
　5.1.3 스벨트킷 프로젝트의 파일 구조 161

5.2 데모 애플리케이션의 구현과 해석 163
　5.2.1 페이지를 나타내는 .svelte 파일 163
　5.2.2 레이아웃 - 여러 페이지에 공통 요소 배치 166
　5.2.3 폼액션 - 프로그레시브한 웹 애플리케이션을 구성하는 구조 167

5.3 온라인 쇼핑 애플리케이션의 확장 170
　5.3.1 ① 스벨트킷 프로젝트 생성 171 / **5.3.2** ② 상품 페이지에 대응하는 라우트 생성 171
　5.3.3 ③ 상품 데이터와 장바구니 데이터 가져오기 172
　5.3.4 ④ 폼액션으로 장바구니 추가 180 / **5.3.5** ⑤ '추천 상품' 표시 183

CHAPTER 6 스벨트킷 레퍼런스 189

6.1 스벨트킷의 주요 개념 189
　6.1.1 페이지 라우트 189 / **6.1.2** 서버 라우트 190
　6.1.3 폼액션 190 / **6.1.4** 라우팅 191 / **6.1.5** 레이아웃 191
　6.1.6 스벨트킷의 실행 모델 191

6.2 페이지 라우트 192
　6.2.1 +page.svelte 192 / **6.2.2** +page.js와 +page.server.js 194

6.3 폼액션 195
　6.3.1 폼액션 기초 195 / **6.3.2** 프로그레시브 인핸스먼트 198

6.4 서버 라우트 203
　6.4.1 서버 라우트란? 203

6.5 라우팅 205
　6.5.1 라우트 205 / **6.5.2** 라우트에 배치할 수 있는 파일 205 / **6.5.3** 고급 라우팅 206

6.6 레이아웃 ─── 212

　6.6.1 레이아웃 기초 212 / **6.6.2** 레이아웃 네스팅 213
　6.6.3 레이아웃 네스팅 초기화 213

6.7 훅 ── 215

　6.7.1 스벨트킷의 훅 215 / **6.7.2** handle 215
　6.7.3 handleFetch 216 / **6.7.4** handleError 217

6.8 헬퍼 모듈 ─── 218

　6.8.1 $app/environment - 실행 환경 관련 정보 218
　6.8.2 $app/forms - 폼액션 관련 헬퍼 218
　6.8.3 $app/navigation - 페이지 이동 관련 헬퍼 218
　6.8.4 $app/paths - 경로 관련 헬퍼 219
　6.8.5 $app/stores - 애플리케이션 레벨 스토어 220
　6.8.6 @sveltejs/kit 221
　6.8.7 $env: 환경 변수에 접근할 수 있는 모듈 221

6.9 빌드와 배포 ─── 222

　6.9.1 설정이 불필요한 호스팅 서비스 - adapter-auto 222
　6.9.2 Node 서버로 빌드 - adapter-node 223
　6.9.3 정적 사이트 생성과 SPA 모드 - adapter-static 226

CHAPTER 7　MongoDB와 Vercel을 사용한 운영 환경 구축 229

7.1 스벨트킷 애플리케이션과 운영 환경 ───────────────────────── 229

　7.1.1 개발 환경/샘플 애플리케이션 229 / **7.1.2** 운영 환경/빌드/배포 230

7.2 MongoDB의 도입 ──────────────────────────────────── 232

　7.2.1 데이터베이스의 역할 232 / **7.2.2** MongoDB Atlas로 데이터베이스 생성 233
　7.2.3 mongodb 패키지 도입과 접속 정보 관리 234
　7.2.4 장바구니를 MongoDB로 구현 236 / **7.2.5** 상품을 MongoDB로 구현 238

7.3 Vercel을 통한 배포 ───────────────────────────────── 242

　7.3.1 깃허브 설정 242 / **7.3.2** Vercel 설정 243
　7.3.3 MongoDB Atlas의 Integration 도입 243 / **7.3.4** 환경 변수 적용 244
　7.3.5 운영 환경 DB 시드 244 / **7.3.6** 작동 확인 245

CHAPTER 8　Auth0를 통한 패스워드 없는 로그인 구현과 세션 관리 246

8.1 Auth0 준비 ─────────────────────────────────────── 246

　8.1.1 패스워드 없는 인증이란? 246 / **8.1.2** Auth0 계정 생성과 초기 설정 247

8.2 로그인 구현 ─────────────────────────────────────── 247

　8.2.1 로그인 처리 247 / **8.2.2** 로그인 페이지 생성 251
　8.2.3 Auth0의 API를 호출하는 함수 253 / **8.2.4** 콜백 URL 구현 255
　8.2.5 세션 정보를 데이터베이스에 저장 257 / **8.2.6** 로그인 작동 확인 258

8.3 로그인 유저의 판단과 표시 ──────────────────────────── 258

　8.3.1 로그인 유저 정보 가져오기 258 / **8.3.2** 로그인 중인 유저의 표시 260

8.3.3 로그아웃 기능 261

8.4 유저별 장바구니 생성 ━━━━━━━━━━━━━━━━━ 262
   8.4.1 유저 ID별 장바구니 생성 262

8.5 Vercel 배포 ━━━━━━━━━━━━━━━━━━━━━━━ 265
   8.5.1 Auth0 사용을 위한 준비 265 / **8.5.2** 환경 변수 설정 266

CHAPTER **9**

유저 경험 개선 – OGP 태그와 프리렌더링 268

9.1 OGP 태그 추가 ━━━━━━━━━━━━━━━━━━━━━ 268
   9.1.1 OGP 태그와 자바스크립트 애플리케이션 268
   9.1.2 상품 페이지에 OGP 태그 추가 269 / **9.1.3** SSR 비활성화 271
   9.1.4 CSR 비활성화 271 / **9.1.5** Vercel에 배포하고 카드 확인 272

9.2 프리렌더링 ━━━━━━━━━━━━━━━━━━━━━━━ 273
   9.2.1 상품 페이지 프리렌더링 273 / **9.2.2** 장바구니 페이지 준비 276
   9.2.3 클라이언트에서 장바구니 정보 가져오기 278
   9.2.4 '장바구니 담기' 버튼의 작동 개선 281 / **9.2.5** 프리렌더링 작동 확인 282

APPENDIX **A**

한국어판 부록 286

A.1 Auth0 ━━━━━━━━━━━━━━━━━━━━━━━━━ 286
   A.1.1 계정 등록 286 / **A.1.2** 애플리케이션 생성과 설정 287
   A.1.3 패스워드 없는 로그인 설정 287 / **A.1.4** 콜백 URL 추가 288
   A.1.5 인증 정보 가져오기 290 / **A.1.6** 패스워드 없는 로그인 에러 해결 290

A.2 MongoDB Atlas ━━━━━━━━━━━━━━━━━━━━ 293
   A.2.1 계정 등록 293 / **A.2.2** 서버 생성 293
   A.2.3 보안 설정 295 / **A.2.4** 액세스 정보 확인하기 296

A.3 깃허브 ━━━━━━━━━━━━━━━━━━━━━━━━━ 298
   A.3.1 계정 등록 298 / **A.3.2** 리포지터리 생성 298 / **A.3.3** 액세스 토큰의 생성 299

A.4 Vercel ━━━━━━━━━━━━━━━━━━━━━━━━━ 299
   A.4.1 계정 등록 299 / **A.4.2** 신규 프로젝트(깃허브 리포지터리 연동) 생성 방법 300
   A.4.3 MongoDB Atlas 인티그레이션 연동 방법 302
   A.4.4 환경 변수 설정 방법 305 / **A.4.5** 환경 변수 확인과 복사 306
   A.4.6 환경 변수의 추가 306

찾아보기 ━━━━━━━━━━━━━━━━━━━━━ 309

스벨트Svelte의 유의어를 찾아보면 slender(날씬한), lithe(유연한), graceful(우아한)이 나옵니다. 이름에 대한 의미가 공식적으로 문서화되어 있지는 않지만, 유사한 뜻을 갖는 단어들을 통해 이 프레임워크가 지향하는 바를 어느 정도 추측할 수 있습니다.

우선 스벨트는 기존의 프레임워크와는 전혀 다른 접근법을 제시합니다. 스벨트는 런타임에 코드를 실행하지 않고 빌드 과정에서 코드를 컴파일하여 자바스크립트로 변환합니다. 이 방식은 런타임 시 코드를 해석할 필요가 없으므로 용량의 감소와 성능의 향상이라는 두 가지 장점을 제공합니다.

또한 스벨트는 상태 관리와 데이터 바인딩을 자연스럽게 다룰 수 있도록 설계되어 있으며, 컴포넌트 기반의 아키텍처를 통해 코드를 모듈화하고 재사용성을 극대화합니다.

DOMdocument object model은 가상 DOM이 아닌 실제 DOM을 조작하므로 더욱 뛰어난 성능을 제공하고, 이를 통해 사용자 경험과 애플리케이션의 응답성을 향상시킵니다.

생산성의 한계를 낮추고 접근성을 높이기 위해 스벨트는 스벨트킷을 제공해 더 넓은 범위의 개발 환경을 지원하기도 합니다. 실제로 사용해보면 개발 방식에 대한 많은 고민과 과감함이 그대로 녹아 있다는 것을 느낄 수 있습니다.

스벨트의 혁신적인 접근 방법과 뛰어난 성능은 개발자에게 새로운 경험을 제공하고, 이 경험은 매우 긍정적인 경험을 재생산하여 스벨트에 대한 선호도에도 큰 영향을 미치고 있습니다.

자바스크립트 언어로 된 프레임워크나 라이브러리에 익숙하다면 스벨트가 얼마나 슬림해지고 유연해졌는지 알 수 있을 것이며, 익숙하지 않은 독자라면 스벨트를 통해 쉽게 개발에 흥미를 붙이고 원하는 애플리케이션을 구현할 수 있을 것입니다.

간결하고 직관적이며 뛰어난 성능의 스벨트는 다음 세대를 준비하는 개발자에게 매우 유용한 도구가 될 것이며 긍정적인 경험이 될 것이라고 믿습니다.

추가로 Frontend Masters(frontendmasters.com)에서는 스벨트 창시자인 리치 해리스Richard Harris가 직접 스벨트와 스벨트킷을 설명하고 진행하는 강의를 제공합니다. 기술을 만든 사람에게 직접 강의를 듣는 것은 고급 정보를 얻을 수 있는 기회도 되지만 기술을 만든 개발자의 세상을 엿볼 수 있는 좋은 기회가 될 수도 있다고 생각합니다. 해당 사이트의 강의는 모두 영어로 진행되기는 하지만, 스벨트 이외에도 프런트엔드 개발자를 위한 심도 있는 강의가 많이 제공되고 있으니 한 번쯤 관심을 가져보면 좋을 것 같습니다.

마지막으로 항상 코드를 고민하고, 기술을 고민하며, 미래를 고민하는 모든 개발자에게 응원을 보냅니다.

이춘혁

김용현(Microsoft MVP)

이 책은 스벨트의 세계로 안내하는 훌륭한 출발점입니다. 웹 기술에 익숙한 독자라면 이 책을 통해 스벨트를 단계별로 배워나갈 수 있습니다. 책을 따라 실습을 하다 보면 데이터베이스 연동부터 사용자 인증 시스템 구현에 이르기까지 스벨트를 활용해 풀스택 개발을 할 수 있게 됩니다. 웹 개발 초보자부터 스벨트를 통해 개발 역량을 확장하고 싶은 중급자까지 모두에게 추천합니다.

 김종수(LG CNS)

웹 개발 배경지식이 없어도 이 책으로 스벨트에 대해 쉽게 배울 수 있었습니다. 1장과 5장에서 예제를 통해 개요를 익히고, 그다음 자세한 설명을 통해 이해를 돕는 구성이 맘에 들었습니다. 또한 책 후반부를 잘 활용하면 프로덕션에 바로 사용할 수 있는 코드 작성 및 환경 구성에 큰 도움이 될 것입니다.

김진영

동일한 기능을 구현한 리액트React와 스벨트의 코드를 비교한 화면을 보고 No virtual DOM에 흥미를 가져 이 책의 리뷰를 진행하였습니다. 취업 시장만을 고려한다면 리액트와 뷰Vue.js를 추천하겠습니다만, State of JS 2022 자료(https://2022.stateofjs.com/en-US)를 참고하면 아직 인지도는 낮지만 꾸준히 우상향하고 있어서 스벨트를 학습할 만한 충분한 가치가 있다고 판단합니다.

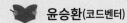 **윤승환(코드벤터)**

스벨트 입문자를 위한 이 책은 명확한 설명과 실용적인 예제로 가득합니다. 이 책은 입문자가 새로운 개념과 기술에 바르게 적응할 수 있도록 구성되어 있습니다. 추천합니다!

제이펍은 책에 대한 애정과 기술에 대한 열정이 뜨거운 베타리더의 도움으로
출간되는 모든 IT 전문서에 사전 검증을 시행하고 있습니다.

─────────────── 추천 서문(야마시타 유이치로)

스벨트는 리치 해리스가 만든 '프레임워크 없는 프레임워크'[1]다. 2019년에 스벨트 3가 릴리스된 후로 세계적으로 많은 기업과 개인이 사용하고 있고, 'State of JS 2022'[2]에서도 좋은 평가를 받았다.

스벨트가 사랑받는 이유는 단순함 때문이다. 스벨트는 복잡한 것을 싫어한다. 한 가지 문제를 해결하는 방법은 항상 하나이며, 해결 방법도 매우 단순해야 한다고 생각한다.

결과적으로 스벨트는 실용적이면서도 최소한의 API를 갖춘 세련된 프레임워크가 되어 많은 사람들에게 사랑받고 있다.

또한 스벨트는 기존 UI 프레임워크의 접근 방식과 차별점을 둔다. 리액트React, 뷰Vue.js와 같은 프레임워크는 현재 브라우저에 그려져 있는 것과 그려야 할 것의 차이를 비교하여 다시 그리는 방식을 사용한다. 그러나 스벨트는 이 처리를 사전에 완료한다. 스벨트는 컴파일러를 함께 제공하는데, 컴파일러는 코드를 변환하는 프로그램이다. 스벨트 컴파일러는 스벨트 컴포넌트의 차이점까지 계산을 완료한 자바스크립트JavaScript 파일로 변환한다.

미리 컴파일을 진행하면 런타임 시 차이를 계산하는 처리가 불필요해지므로 브라우저에서 실행하는 자바스크립트의 양이 줄어들고 이를 통해 네트워크와 성능, 메모리도 개선된다. 이것이 스벨트 코어팀이 모바일 시대 UI 프레임워크에 대해 도출한 답이다.

스벨트 코어팀은 2022년에 스벨트킷SvelteKit을 배포했다. 스벨트킷은 스벨트를 사용해 웹 애플리케이션을 편리하게 구축하기 위한 웹 프레임워크다. 리액트와 웹 프레임워크인 Next.js, 뷰Vue와

---

1 옮긴이 https://svelte.dev/blog/frameworks-without-the-framework
2 https://2022.stateofjs.com/en-US/

Nuxt는 각각 다른 팀에서 개발했지만, 스벨트와 스벨트킷은 같은 팀이 개발하고 있다.

따라서 스벨트의 단순함은 스벨트킷에도 반영되어 있다. 예를 들어 파일 시스템 라우터는 수차례에 걸친 사용자의 피드백을 거쳐 결국 간단하면서도 매우 유연한 기능으로 성장했다. 그 결과, 스벨트킷도 스벨트와 같이 'State of JS 2022'에서 좋은 평가를 받았다.

지금까지 다양한 웹 프레임워크를 사용한 경험이 있지만 라우팅 하나를 예로 들면 '어디에 구현할지', '폴더와 파일의 명명 규칙은 어떻게 할지' 등 팀에서 결정해야 하는 일이 있었다. 그러나 스벨트킷은 이 과정이 필요하지 않다. 하나를 구현하는 방법은 한 가지다. 정해진 방식으로 폴더를 생성하고 +page.svelte 파일을 생성하면 끝이다. 이것은 특히 팀 단위로 작업을 할 때 매우 긍정적인 영향을 미친다.

필자가 스벨트를 좋아하는 이유는 단순함이 스벨트의 기능에 일관적으로 반영되어 있기 때문이다. 여러분도 스벨트의 단순함에 공감하고 좋아하게 되기를 바란다.

이 책을 학습하면서 공식 문서를 함께 참고하여 기능의 배경 지식과 실제 응용 사례를 접하면 학습에 큰 도움이 될 것이다. 이 책은 먼저 개요를 알아보고 난 뒤 세부 사항을 이해하는 접근법을 취한다. 이 책을 통해 여러분도 웹에서 공유되는 정보보다 빠르면서도 깊이 있게 스벨트를 이해할 수 있게 되기를 바란다.

멋진 웹 세계에 온 것을 환영한다. 스벨트와 스벨트킷을 통해 즐겁게 웹 애플리케이션을 개발할 수 있기를 바란다.

야마시타 유이치로山下 裕一朗**(baseballyama)**
스벨트 코어팀 멤버

이 책에 관심을 가져주셔서 감사하다. 이 책은 자바스크립트 UI 라이브러리인 '스벨트'와 이를 베이스로 하는 웹 애플리케이션 프레임워크 '스벨트킷'에 관한 책이다.

스벨트는 전 세계 자바스크립트 개발자를 대상으로 하는 라이브러리 · 프레임워크 만족도 조사 'State of JS'에서 '개발자가 좋아하는 UI 라이브러리'로 2020년부터 2022년까지 3년 연속 TOP 2에 선정되어 화제가 되었다.

책의 전반부에서는 스벨트의 기본 개념을 소개하고, 프로젝트를 설정하여 개발을 시작하는 방법과 복잡한 UI 구축에 편리하게 사용할 수 있는 기능을 소개한다. 책의 후반부에서는 스벨트킷 프로젝트를 만들고, 서버를 포함하여 웹 애플리케이션을 개발하는 방법을 설명한다.

이 책은 자바스크립트와 HTML5에 대해 어느 정도의 이해도를 갖춘 상태에서 최신 스타일의 프로젝트와 웹 애플리케이션 개발 방법을 배우고 싶은 독자를 대상으로 한다. 리액트나 앵귤러Angular와 같이 다른 프런트엔드 라이브러리 · 프레임워크에 대한 선행 지식이 있다면 조금 더 이해하기 쉽겠지만, 필수는 아니다.

샘플 코드 실행에 사용하는 개발 환경에 큰 제약은 없지만, 스벨트팀이 'Svelte for VS Code'[3]를 개발하고 있으므로 VS Code의 사용을 추천한다. NPM 패키지의 설치를 위해서는 커맨드 라인의 조작이 필수다. 주요 OS(Windows, Linux, Mac)에서는 문제없이 실행이 가능하므로 책에서는 각 OS별 커맨드라인의 조작을 모두 설명하지는 않는다. 본격적으로 개발을 진행하는 7장 이후에는 깃Git에 대한 지식도 필요하다.

---

3 https://marketplace.visualstudio.com/items?itemName=svelte.svelte-vscode

이 책에서 모든 샘플 코드는 모두 자바스크립트를 사용한다. 스벨트는 기본적으로 타입스크립트 TypeScript와 호환되며, 실제로 규모가 큰 프로젝트에서는 타입스크립트의 사용을 추천한다. 하지만 이 책에서는 입문자도 쉽게 배울 수 있도록 하기 위해 자바스크립트를 기반으로 설명한다. 타입스크립트 사용 시 주의가 필요한 부분에 한해서는 별도로 설명을 진행한다.

스벨트와 스벨트킷 모두 튜토리얼을 통해 먼저 감각을 익히고 난 뒤 튜토리얼에서 나오는 (또는 나오지 않는) 개념을 자세히 설명한다.

스벨트는 리액트나 뷰와 비교하면 적은 사전 지식만으로도 개발을 시작할 수 있도록 만들어졌다. 스벨트는 쉽게 개발을 시작할 수 있는 것이 하나의 특징인데, 초보자는 실습을 시작하기 전에 많은 선행 지식을 요구하면 쉽게 의욕을 잃기 때문이다.

필자의 프로그래밍 스쿨 운영 경험을 기반으로 중ㆍ상급자분만 아니라 다양한 영역의 독자가 접근할 수 있도록 노력했으며, 스벨트에 익숙한 독자는 튜토리얼을 생략하고 넘어가도 상관없다.

책의 튜토리얼에서 볼 수 있는 샘플 코드는 깃허브 GitHub에도 공개되어 있으므로 필요한 독자는 포크 fork하여 사용할 수 있다. 프로그래밍 언어 학습 방법 중 하나인 클론 코딩은 학습 방법에 따라 독자의 판단에 맡긴다.

이 책은 필자 이외에도 많은 분의 도움으로 완성할 수 있었다. 감사의 인사를 전한다.

기술평론사의 다카미 세이치로 님으로부터 첫 집필을 시작하면서 많은 조언을 얻을 수 있었다.

스벨트 코어팀이자 Svelte Japan Discord 서버의 코어 멤버 중 한 명인 baseballyama/야마시타 유이치로 님으로부터 책 전반에 걸친 리뷰와 서문 이외에도 책 전체에 대한 피드백을 통해 많은 도움을 받았다.

책 전반에 걸친 리뷰와 샘플 코드 테스트를 위해 힘써준 아네자키 님과 아라키 카나데 님, 가시와바라 유야 님에게도 도움을 받았다.

모두에게 다시 한번 감사의 인사를 전한다.

스벨트 시작하기

스벨트Svelte는 유저 인터페이스user interface, UI를 만들기 위한 자바스크립트 프레임워크의 하나로, 새로운 접근 방식으로 주목받고 있다. 자바스크립트 라이브러리와 관련된 리서치인 'State of JS'[1]에서는 2020년부터 2022년까지 3년 연속으로 '가장 사랑받는 웹 프레임워크', '개발자의 만족도가 가장 높은 프레임워크'에 상위 랭크되어 화제가 되었다.

1장부터 4장까지는 튜토리얼을 통해 스벨트에 대한 감각을 익히고, 이후에는 스벨트의 특징과 등장하는 개념에 대해 깊이 알아보도록 한다.

1.1 스벨트의 탄생과 특징

1.1.1 스벨트의 특징

스벨트의 특징 중 하나는 UI에서 중요한 역할을 담당하는 '상태 관리'를 특별한 기법이나 함수를 사용하지 않고도 사용이 가능하다는 점이다.

예를 들어 더하기 기능의 버튼을 구현한다고 가정해보자(코드 1.1.1).

---

[1] https://2020.stateofjs.com/ko-KR/technologies/front-end-frameworks/

코드 1.1.1 스벨트로 더하기 버튼을 구현하는 예

```
<script>
  let count = 0;
</script>

<div>
  <p>클릭 횟수: {count}</p>
  <button on:click={() => count += 1}>클릭</button>
</div>
```

몇 줄 안 되는 코드로 개발할 수 있는 것 이외에도 익숙한 '기본 HTML과 기본 자바스크립트'를 사용하는 방법과 크게 차이가 없는 점도 주목할 만하다.

스벨트는 .svelte 파일(컴포넌트)을 HTML 방식으로 작성한다. 다른 점은 {count}와 같이 중괄호를 사용하는 방식으로, 변수와 제어 구조를 표현하는 것과 이벤트 핸들러를 선언하는 방법(위의 예에서는 on:click이 사용되는 것) 등이다. 하지만 이것들은 사용하지 않아도 되므로 대부분은 단순히 HTML의 조각을 스벨트 컴포넌트로 사용할 수 있다.

특별히 주목해야 할 점은 컴포넌트에서 '상태state'를 관리하는 방법이다. 스벨트는 보통 자바스크립트로 변수를 정의해서 새로운 값을 대입하여 사용한다. 이에 따라 화면의 표시 내용의 변화에 따른 동적인 처리도 보통의 자바스크립트를 사용하는 것과 같은 방식으로 개발할 수 있다.

1.1.2 스벨트의 '컴파일'

스벨트는 프론트엔드의 모든 코드를 관리하지는 않으므로 단순히 자바스크립트에서 count += 1과 같은 대입을 실행하는 것만으로는 변화를 감지할 수 없다. 그렇다면 유저에게 표시되는 count의 값은 변하지 않고 이전의 값이 그대로 표시될 것이며, 유저가 버튼을 클릭해도 클릭 횟수의 오른쪽 숫자는 증가하지 않을 것이다.

그러나 앞의 예에서 살펴본 대로 단순히 count += 1을 사용하는 것만으로 숫자가 제대로 변경되는 것을 확인할 수 있다. 마치 컴퓨터가 알아서 개발자의 의도를 읽는 것만 같다. 어떻게 된 것일까?

답은 그렇기도 하고 아니기도 하다. 스벨트는 특별하게 작동하는 것은 아니지만 컴파일러 기술은 마법이라고 부를 수도 있을 것 같다.

스벨트로 작성한 컴포넌트는 그대로 브라우저에서 로딩되는 것이 아니라 스벨트에 의해 런타임 없이 실행 가능한 형태로 변환되어 로딩된다. 이와 같은 처리를 **컴파일**이라고 하며, 이 때문에 스벨트에 익숙한 사람들은 '스벨트는 **컴파일러**'라고 이야기하기도 하는 것이다.

컴파일 단계의 변환 중 하나로 스벨트는 대입을 처리하는 코드를 `count += 1`에서 `$$invalidate (0, count += 1);`와 같은 형태로 변환한다. 즉 대입 처리가 실행되었을 때는 반드시 특별한 함수를 호출해 업데이트가 필요하다는 것을 알린다.

중요한 점은 이 일을 사람이 아닌 스벨트가 수행하는 것이므로 사람이 할 수 있는 실수는 발생하지 않는다는 것이다.

1.1.3 가상 DOM의 미사용

스벨트가 컴파일러라는 것은 또 다른 큰 장점이 있다. 컴포넌트의 코드와 DOM_{document object model} 구조를 파싱하는 타이밍을 실행 시점에서 개발 시점으로 이동할 수 있다는 것이다.

컴포넌트의 구현 방법은 프레임워크에 따라 다양한 전략을 사용할 수 있지만, 웹에서 최종적인 문서의 구조는 HTML의 DOM 구조로 표현해야 한다. 프레임워크 내에서 완성되는 컴포넌트의 내부 상태를 업데이트하는 것에 비해 DOM 업데이트는 비용이 많이 든다. 하나의 DOM 요소를 추가하기 위해서는 레이아웃의 재배치와 CSSOM의 업데이트 등 다양한 처리가 자동으로 실행된다.

앞에서 본 단순한 예에서도 `div`, `p`, `button`의 세 가지 요소가 존재한다. 그러나 `count` 상태의 변화에 따라 직접적인 영향을 받는 것은 실제로 `p` 요소밖에 없다. 게다가 DOM 요소 전체를 변경할 필요도 없이 단순히 텍스트만 업데이트하면 된다. DOM 구조에서 어떤 부분에 변화가 있는지 알 수 있으면 컴포넌트의 상태 변화를 화면에 적용하는 비용을 크게 줄일 수 있을 것이다. 이것을 구현하는 것이 리액트 등의 프레임워크에서 사용하고 있는 **가상 DOM**_{virtual DOM, VDOM}이라는 방법이다.

가상 DOM은 브라우저가 관리하는 실제 DOM과는 별도로 `div > p > button`과 같은 데이터 구조를 자바스크립트로 기록해두기 때문에 가상 DOM이라고 부른다. 컴포넌트의 상태가 변경될 때마다 새로운 가상 DOM을 생성하지만 이는 실제 DOM 구조를 업데이트하는 방식에 비해 훨씬 낮은 비용으로 처리할 수 있다(그림 1.1.1).

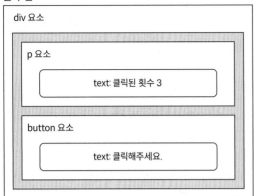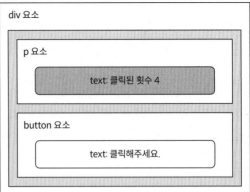

그림 1.1.1 가상 DOM의 예

새로운 가상 DOM과 이전의 가상 DOM을 비교해보면 대부분은 변하지 않고 단순히 문자열만 변경된 것을 알 수 있다. 이것을 알면, 비용이 드는 DOM 요소의 생성과 교체 없이 직접 텍스트를 업데이트하면 더 좋을 것이라고 판단할 수 있다(코드 1.1.2).

코드 1.1.2 직접 텍스트 업데이트

```
if (changed.name) {
  text.data = name;
}
```

가상 DOM은 매번 DOM 구조를 다시 작성하거나 변화가 발생할 때 요소별로 생성이나 교체하는 것에 비하면 빠르지만, DOM 구조에서 텍스트만 업데이트하는 작업과 비교하면 비용이 드는 작업이다. 만약 해당 부분만 실행할 수 있으면 그보다 더 좋은 방법은 없을 것이다.

스벨트가 컴파일러 전략을 택한 것은 바로 이 때문이다. 리액트가 컴포넌트의 코드를 평가하는 것은 유저의 브라우저에 로드되어 실행될 때가 처음이다. 그러나 스벨트는 사용자에게 로드되기 훨씬 전인 빌드 과정에서 컴포넌트의 코드가 컴파일되므로 이때 DOM 구조의 변화를 파악한다.

그 결과 '이 타이밍에서는 텍스트만 변경한다', '이 이벤트가 실행되면 해당 요소가 추가되고 다른 요소는 삭제된다'와 같은 구조를 스벨트가 파악할 수 있게 되므로 상황에 따른 최소한의 필수 코드만 생성한다. 결과적으로 실제로 실행되는 것은 jQuery나 자바스크립트로 작성한 DOM 요소의 속성 업데이트 처리가 대부분이다.

여기서 중요한 것은 인간이 아닌 컴파일러가 이러한 처리를 하는 것이다. 인간은 리액트로 작성하는 것과 같은 추상 코드를 작성하면 된다. 리액트는 인간이 파악하기 어려운 복잡한 프론트엔드의 DOM 구조를 적절하게 파악하여 문제를 해결한다. 그리고 스벨트는 같은 문제에 대해 다른 접근 방법을 사용한다.

1.2 스벨트 튜토리얼: 온라인 쇼핑 페이지 만들기

다음 장에서 스벨트의 기능에 대해 순서대로 설명하지만, 먼저 구체적인 예를 통해 스벨트에 익숙해지도록 하자.

여기서는 스벨트와 스벨트킷을 사용하는 샘플 애플리케이션으로 온라인 쇼핑몰 사이트를 구축한다. 스벨트를 이해하기 위한 예이므로 실제 온라인 사이트에 필요한 기능을 전부 만들기보다는 상품 페이지에 초점을 맞춰서 상품 정보 페이지나 장바구니 담기 등 최소한의 기능만 생성한다.

이번 절의 앞부분에서는 스벨트를 사용해 상품 페이지의 외형만 만든다. 뒷부분에서는 애니메이션이 들어간 UI의 예로 상품 화면이 좌우로 슬라이드되는 이미지 슬라이드를 생성한다. 완성된 이미지는 그림 1.2.1과 같다.

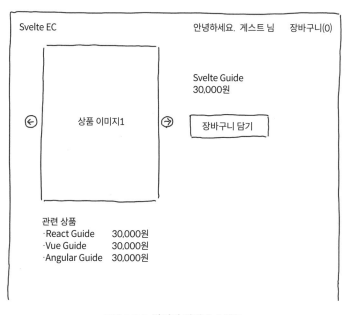

그림 1.2.1 완성된 이미지 스케치

이번 장은 스벨트에 익숙해지는 것이 목적이므로 상품 정보를 고정으로 하고 장바구니도 작동하지 않는 이미지만 추가한다. 5장에서 스벨트킷을 사용하여 장바구니 기능도 추가할 예정이다.

1.2.1 프로젝트 준비

이제 개발을 시작해보자. 다음과 같은 자바스크립트 개발 환경이 준비되어야 한다.

- **CLI 환경**
- **익숙한 에디터**(특별히 익숙한 것이 없다면 스벨트 공식 플러그인을 제공하는 **VS Code 추천**)
- **Node.js**
- **npm**

개발 환경이 준비되면 커맨드 라인에 다음 명령어를 입력하여 프로젝트를 생성한다. 여기서는 Vite라는 빌드 도구를 사용하여 환경을 구축한다. 자세한 것은 '2.1 환경 구축' 절에서 설명한다.

```
$ npm create vite@latest svelte-book-first-tutorial -- --template svelte
```

※ 'Ok to proceed? (y)' 메시지가 나올 때는 y를 입력하고 enter를 누른다.

커맨드의 실행이 끝나면 svelte-book-first-tutorial이라는 이름의 폴더가 생성된다. 해당 폴더로 이동해보자. 폴더 내부에 스벨트 프로젝트에 필요한 파일이 생성된 것을 확인할 수 있다.

```
$ cd svelte-book-first-tutorial
```

생성 후 초기 상태의 파일 구조를 살펴보자. 그림 1.2.2와 같은 구성으로 되어 있을 것이다.

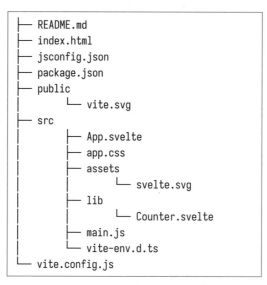

```
├── README.md
├── index.html
├── jsconfig.json
├── package.json
├── public
│      └── vite.svg
├── src
│      ├── App.svelte
│      ├── app.css
│      ├── assets
│      │      └── svelte.svg
│      ├── lib
│      │      └── Counter.svelte
│      ├── main.js
│      └── vite-env.d.ts
└── vite.config.js
```

그림 1.2.2 **프로젝트 초기 상태의 파일**

src 폴더에는 스벨트로 작성된 코드인 `App.svelte`와 이를 사용하는 코드가 작성된 `main.js` 등이 있다. 이후에는 이 파일들을 수정하여 자신의 코드로 변경한다.

책에서는 자세히 다루지 않지만 `vite.config.js` 파일도 중요하다. 이것은 Vite라는 도구의 설정 파일로 스벨트로 작성된 코드를 일반 자바스크립트 모듈로 변환(컴파일)하기 위한 설정 등을 위한 파일이다.

스벨트 플러그인을 설치하거나 스벨트 컴파일러 설정을 변경할 때 사용하므로 기억하도록 하자.

COLUMN   **스벨트의 타입스크립트 지원**

스벨트는 타입스크립트를 지원하므로 코드를 타입스크립트로 작성하도록 설정할 수 있다. 이 장의 튜토리얼은 타입스크립트로 고민하지 않도록 자바스크립트로 진행한다. 2장 이후에 타입스크립트 설정 방법이나 추가 설명을 진행한다.

1.2.2 HTML/CSS를 사용한 화면 구성 요소 생성

먼저 `src/App.svelte`를 다음과 같이 수정하여 상품 페이지를 생성해보자. 우선은 표시하는 정보를 고정하여 버튼을 눌러도 특별한 이벤트가 발생하지 않도록 한다(코드 1.2.1).

코드 1.2.1 상품 페이지(src/App.svelte)

```html
<header class="header">
  <a class="header-title" href="/">Svelte Site</a>
  <nav>
    <ul class="header-links">
      <li>안녕하세요. 게스트님</li>
      <li>
        <a href="/cart">장바구니(0)</a>
      </li>
    </ul>
  </nav>
</header>

<article class="product">
  <div class="product-main">
    <div class="image-container">
      <img
src="https://github.com/developer-book/svelte/raw/main/static/svelte-book-1.png"
alt="Svelte Guide 표지"
      />
    </div>

    <div>
      <h2>Svelte Guide</h2>
      <dl>
        <dt>금액</dt>
        <dd>30,000원</dd>
      </dl>
      <div>
        <button>장바구니 담기</button>
      </div>
    </div>
  </div>

  <footer>
    <h3>관련상품</h3>
    <ul>
      <li>
        <a href="/products/react-book">React Book</a>
        - 30,000원
      </li>
      <li>
        <a href="/products/vue-book">Vue Book</a>
        - 30,000원
      </li>
      <li>
        <a href="/products/angular-book">Angular Book</a>
```

```
      - 30,000원
    </li>
  </ul>
 </footer>
</article>

<style>
  :global(body) {
    margin: 0;
    background-color: #eee;
    padding: 0;
  }

  .header {
    display: flex;
    justify-content: space-between;
    align-items: center;
    margin: 0 auto;
    background-color: #fff;
    padding: 0 15px;
    width: 100%;
    max-width: 800px;
    height: 50px;
  }

  .header-title {
    font-weight: bold;
  }

  .header-links {
    display: flex;
    gap: 10px;
    margin: 0;
    padding: 0;
    list-style: none;
  }

  .product {
    margin: 0 auto;
    background-color: #fff;
    padding: 15px;
    width: 100%;
    max-width: 800px;
  }

  .product-main {
    display: flex;
    flex-wrap: wrap;
```

```
      gap: 20px;
    }

    .image-container {
      width: 100%;
      max-width: 400px;
      overflow: hidden;
    }

    .image-container img {
      width: 100%;
    }
  </style>
```

<article> 요소는 상품 정보를 표시하는 부분으로 상품 이미지, 상품명, 가격 등을 표시한다.
<footer> 요소는 관련 상품에 대한 링크를 표시한다. 장바구니 담기 버튼은 장바구니에 상품을
추가하는 버튼이다. 현재 버튼에 대한 이벤트는 뒤에서 추가할 예정이다. <header> 요소는 유저명
과 장바구니에 담긴 상품의 수를 표시한다. 이것도 역시 현재는 고정값이다.

프로젝트 초기 상태는 샘플로 준비된 CSS 파일을 불러온다. 이번에는 이 CSS 파일을 사용하지 않
으므로 src/main.js에서 해당 파일을 불러오는 행을 주석 처리한다(코드 1.2.2).

코드 1.2.2 CSS 파일을 불러오지 않도록 설정(src/main.js)

```
// import './app.css'
```

이제 이 상태에서 화면을 확인해보자. 처음에는 npm install을 사용해 필요한 npm 패키지를 설
치한다. 설치 후 npm run dev를 실행하면 화면을 확인할 수 있는 웹 서버(개발 서버)가 시작된다.

```
$ npm install
$ npm run dev
```

크롬Chrome이나 파이어폭스Firefox 등의 브라우저로 http://localhost:5173에 접속하면 스벨트로 생성한
화면이 표시되는 것을 확인할 수 있다(그림 1.2.3).

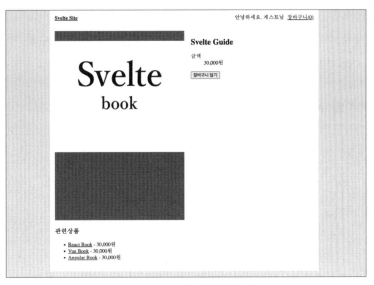

그림 1.2.3 브라우저에서 확인

개발 서버는 파일을 업데이트하면 자동으로 반영된다. 따라서 `npm run dev` 실행 후에는 변경 사항의 반영을 위해 서버를 재시작하거나 화면을 다시 로드할 필요가 없다. 앞으로는 `npm run dev`가 실행된 상태를 가정하고 설명을 진행한다. 개발 서버를 종료하려면 Ctrl + C를 입력한다.

`App.svelte`는 분명 스벨트로 작성한 코드지만 스벨트 특유의 형식보다는 HTML과 CSS의 형식으로 작성된 것을 알 수 있다. 이와 같이 스벨트 구문은 일반적인 HTML/CSS와 매우 유사하므로 프론트엔드에 익숙하지 않은 개발자나, 코드를 다루는 디자이너가 함께 일하는 팀에도 스벨트 도입이 큰 장점이 될 수 있다.

이제부터 화면에 기능을 추가하고 개선하는 작업을 통해 스벨트의 주요한 기능을 경험해보자.

1.2.3 변수와 이벤트 핸들러를 사용한 장바구니 담기 버튼 기능 추가

상태란?

여기까지 생성한 화면은 어떤 상태에서 표시(렌더링)되더라도 같은 화면이 표시된다. 즉 방금 작성한 HTML이 그대로 브라우저로 전달되며 변화는 발생하지 않는다.

같은 화면만 보이면 재미가 없으므로 장바구니 담기 버튼을 눌렀을 때 상품의 개수와 버튼의 표시 내용을 변경해보자. 버튼을 누를 때마다 표시되는 내용이 바뀌는 것을 '**상태**를 갖는다'라고 표현한다.

변수로 상태 표현하기

스벨트에서 상태를 추가하는 것은 매우 간단하다. 스벨트에서 상태는 **변수**를 사용해 표현한다. App.svelte의 시작 부분에 태그를 추가하자(코드 1.2.3).

코드 1.2.3 cart 변수 생성(App.svelte)

```
<script>
  let cart = [];
</script>

<!-- 아래는 같음 -->
<header class="header">
...
```

cart라는 변수를 생성한다. cart는 장바구니에 담는 상품의 ID를 배열로 저장하기 위한 변수이며, 처음에는 장바구니에 담긴 상품이 없으므로 초깃값은 빈 배열이다.

장바구니 담기 버튼 부분은 코드 1.2.4와 같이 변경한다.

코드 1.2.4 장바구니 담기 버튼의 기능 변경(App.svelte)

```
// 변경 전
<button>장바구니 담기</button>

// 변경 후
{#if !cart.includes('svelte-book')}
  <button>장바구니 담기</button>
{:else}
  <button disabled>장바구니 담기 완료</button>
{/if}
```

{#if} ~ {:else} ~ {/if} 블록은 자바스크립트의 if-else 문과 유사한 역할을 한다. #if 뒤에 작성한 조건이 true면 첫 번째 블록의 HTML, false면 두 번째 블록의 HTML이 표시된다. 주의할 점은 조건식의 값이 변할 때마다 자동으로 표시 내용이 전환된다는 것이다. 이 샘플에서는 cart라는 상태(변수)가 변경될 때마다 동적으로 HTML이 업데이트된다.

그러나 현재 단계에서 cart는 초깃값인 []에서 변경되지 않는다. 따라서 표시되는 내용도 변경이 없다.

이벤트 핸들러 사용하기

버튼을 누를 때마다 변화가 발생하도록 해보자. 먼저 <script> 태그 안에 addToCart 함수를 추가한다(코드 1.2.5).

코드 1.2.5 addToCart 함수 추가(App.svelte)

```
<script>
  let cart = [];

  // 추가
  function addToCart(productId) {
    cart = [...cart, productId];
  }
</script>
```

이제 장바구니 담기 버튼에 코드 1.2.6과 같이 on:click{...} 부분을 추가하자.

코드 1.2.6 이벤트 핸들러 설정 추가(App.svelte)

```
<button on:click={() => addToCart('svelte-book')}>장바구니 담기</button>
```

스벨트는 HTML 요소에 on:click={...}과 같이 작성하여 **이벤트 핸들러**를 설정할 수 있다. 이벤트가 발생할 때마다 =>의 오른쪽에 작성한 함수가 호출된다. 여기서는 앞에서 지정한 addToCart 함수를 호출하여 cart 배열에 상품의 ID를 추가한다.

addToCart 함수의 정의에서 cart = [...cart, productID] 대신 cart.push(productId)를 사용해도 동일하지 않을까라고 생각하는 독자가 있을 수도 있다. 그러나 실제로 적용해보면 예상한 방식으로 작동하지 않는 것을 확인할 수 있다. 이는 스벨트가 변수를 특별하게 다루기 때문이다.

스벨트는 **변수에 값이 대입될 때** '상태 변경'을 인식하고 필요에 따라 새로운 상태로 리렌더링된다. 반대로 말하면 변수에 값을 대입하지 않으면 스벨트는 상태 변화를 인식하지 못한다. 따라서 여기서는 변수에 값을 할당하기 위해 cart = [...]와 같은 방식으로 작성한다. cart.push(...)는 요소를 추가하기는 하지만 스벨트가 변경을 인식하지는 못하므로 화면은 리렌더링되지 않는다.

push와 같은 메서드를 통한 상태 변화의 감지는 기술적으로 불가능한 것은 아니다. 실제로 Vue에서는 이 방법을 사용할 수 있다.[2] 스벨트가 이 방법을 사용하지 않는 이유는 개발자 경험을 단순화하기 위해서다.

객체를 유연하게 구성할 수 있는 자바스크립트는 메서드에 따라 상태 변화의 다양한 엣지 케이스가 발생한다. 네스팅 구조에서 자식 객체에 대한 메서드 호출 등 Vue에서도 지원하지 않는 케이스가 많고, 이것들을 상세히 파악하는 것은 어렵기도 하다. 또한 런타임에서는 이러한 변화를 감지하기 위한 장치도 필요하므로 성능에도 좋지 않은 영향을 끼친다.

자바스크립트는 대입 연산자의 오버로드를 지원하지 않으므로 프로그램을 평가하는 것만으로도 대입 연산을 감지할 수 있다. 이는 가능한 한 많은 것을 컴파일 단계에서 처리하여 효율적인 런타임의 생성을 중시하는 스벨트의 방식과도 일치한다.

이를 통해 스벨트를 사용하는 개발자나 팀은 대입문을 작성하면 반응성이 높아진다는 단순한 사실을 공유할 수 있다.[3]

1.2.4 배열과 {#each} 구문을 통한 관련 상품 표시

앞의 예에서는 관련 상품을 표시하는 HTML 요소를 상품의 수만큼 작성했으므로 불필요하게 내용이 길어졌다. 따라서 먼저 관련 상품을 표시하는 변수인 relatedProducts를 작성하고 이 변수를 사용해 모든 상품을 표시해보자(코드 1.2.7).

코드 1.2.7 관련 상품을 표시하는 변수 추가(App.svelte)

```
<script>
  // ↓추가
  let relatedProducts = [
    {
      id: 'react-book',
      name: 'React Book',
      price: 30000,
    },
    {
      id: 'vue-book',
      name: 'Vue Book',
      price: 30000,
    },
    {
      id: 'angular-book',
```

---

2   https://vuejs.org/guide/essentials/list.html#array-change-detection
3   https://github.com/sveltejs/svelte/issues/5934#issuecomment-768488403

```
    name: 'Angular Book',
    price: 30000,
  },
];

// <script>의 나머지 부분은 그대로
let cart = [];

// ...
</script>

...

  <footer>
    <h3>관련 상품</h3>
    <ul>
      <!-- ↓ <ul> 내부는 다음과 같이 변경 -->
      {#each relatedProducts as product}
        <li>
          <a href="/products/{product.id}">{product.name}</a>
          - {product.price}원
        </li>
      {/each}
    </ul>
  </footer>

...
```

{#each 배열 as 변수} ~ {/each}와 같이 작성하면 **배열**의 각 요소가 하나씩 변수에 대입되고 {#each} ~ {/each}의 내용이 렌더링된다. 관련 상품처럼 같은 내용을 여러 번 표시하고 싶을 때 편리한 방법이다. {#each}를 사용하면 관련 상품의 HTML이 간결해지고, relatedProducts 배열 에 요소를 추가하여 화면을 업데이트할 수 있다.

{ 식 }과 같이 자바스크립트 표현식을 '{'와 '}'로 감싸면 해당 부분에 표현식의 결과가 문자 열로 삽입된다. 이 예에서는 상품명 {product.name}과 금액 {product.price}를 표시한다. 또한 { 식 }은 HTML 텍스트 이외에 속성값(a 태그 href 속성)에도 사용할 수 있으므로 참고하자.

{ 식 }의 문법은 #{each} 밖에서도 사용할 수 있다. 관련 상품뿐만 아니라 페이지의 상품 정보도 변수로 사용하여 상품명 등을 표시하도록 변경해보자(코드 1.2.8).

코드 1.2.8 페이지 상품 전체 정보를 변수로 사용하기(App.svelte)

```
<script>
  // ↓추가
  let product = {
      id: 'svelte-book',
      name: 'Svelte Guide',
      price: 30000,
  };

  let relatedProducts = [
  // ...
</script>

  ...

  <!-- ↓상품 정보의 각 부분을 다음과 같이 변경 -->
  <div class="product-main">
    <div class="image-container">
      <img src="https://github.com/developer-book/svelte/raw/main/static/svelte-book-1.
png"
          alt="{product.name} 표지"
      />
    </div>

    <div>
      <h2>{product.name}</h2>
      <dl>
        <dt>금액</dt>
        <dd>{product.price}원</dd>
      </dl>
      <div>
        {#if !cart.includes(product.id)}
          <button on:click={() => addToCart(product.id)}>장바구니 담기</button>
        {:else}
          <button disabled>장바구니 담기 완료</button>
        {/if}
      </div>
    </div>
  </div>

  ...
```

지금까지 내용 그대로 작성되어 있던 부분을 { 식 }으로 변경했다. product.id와 같이 여러 번 사용되는 부분도 product 변수로 변경하는 것만으로 모든 위치에 반영할 수 있게 되었다.

이제 상품에 이미지를 표시해보자. 다만 모든 이미지를 순서대로 표시하는 것이 아니라 온라인 쇼핑몰에서 자주 볼 수 있는 것처럼 좌우 이미지 슬라이드 형식으로 만들어보자.

먼저 상품의 변수에 이미지 URL 배열을 추가한다(코드 1.2.9). 여기서는 책의 샘플 애플리케이션의 일부로 깃허브를 통해 제공하는 이미지 URL을 사용한다.

코드 1.2.9 이미지 URL을 저장하는 배열 추가(App.svelte)

```
<script>
  let product = {
    id: 'svelte-book',
    name: 'Svelte Guide',
    price: 30000,
    // ↓추가
    images: [
      'https://github.com/developer-book/svelte/raw/main/static/svelte-book-1.png',
      'https://github.com/developer-book/svelte/raw/main/static/svelte-book-2.png',
      'https://github.com/developer-book/svelte/raw/main/static/svelte-book-3.png',
    ],
  };
  // ...
</script>
...
```

이미지 슬라이더를 위한 변수와 함수도 추가하자(코드 1.2.10).

코드 1.2.10 이미지 슬라이더를 위한 변수와 함수 추가(App.svelte)

```
<script>
  // ...

  // ↓여기서부터 추가
  let sliderCenterIndex = 0;
  let sliderLeftIndex = product.images.length - 1;
  let sliderRightIndex = 1;

  function sliderMoveLeft() {
    const length = product.images.length;
    sliderCenterIndex = (sliderCenterIndex - 1 + length) % length;
    sliderLeftIndex = (sliderCenterIndex - 1 + length) % length;
    sliderRightIndex = (sliderCenterIndex + 1) % length;
  }

  function sliderMoveRight() {
```

```
    const length = product.images.length;
    sliderCenterIndex = (sliderCenterIndex + 1) % length;
    sliderLeftIndex = (sliderCenterIndex - 1 + length) % length;
    sliderRightIndex = (sliderCenterIndex + 1) % length;
  }
  // ↑여기까지 추가
</script>
...
```

마지막으로 이미지를 표시하는 HTML을 슬라이더 기능을 위한 HTML로 변경하고, 이미지 슬라이더를 위한 CSS도 추가하자(코드 1.2.11).

코드 1.2.11 이미지 슬라이더 설정

```
...

<article class="product">
  <div class="product-main">
    <div class="image-container">
      <!-- ↓<img>를 다음으로 변경 -->
      <div class="slider">
        <img src={product.images[sliderLeftIndex]} alt="sliderImage(left)" class="slider-item left" />
          <img src={product.images[sliderCenterIndex]} alt="sliderImage" class="slider-item"
 />
          <img src={product.images[sliderRightIndex]} alt="sliderImage(right)" class="slider-item right"
/><button class="slider-left-button" on:click={sliderMoveLeft}>←</button>
        <button class="slider-right-button" on:click={sliderMoveRight}>→</button>
      </div>
      <!-- ↑여기까지 변경 -->
    </div>

    <div>
      <h2>{product.name}</h2>

      ...

</article>

<style>
...

  /↓스타일 추가 */
  .slider {
    position: relative;
```

```
      width: 80%;
      margin: 0 10%;
    }

    .slider-item {
      width: 100%;
    }

    .slider-item.left {
      position: absolute;
      top: 0;
      right: 100%;
    }

    .slider-item.right {
      position: absolute;
      top: 0;
      left: 100%;
    }

    .slider-left-button {
      position: absolute;
      top: 50%;
      right: 100%;
    }

    .slider-right-button {
      position: absolute;
      top: 50%;
      left: 100%;
    }
    /*↑여기까지 추가 */
  </style>
```

이제 이미지 슬라이더가 작동할 것이다. 이미지 좌우의 '←', '→' 버튼을 클릭하면 이미지가 슬라이드된다(그림 1.2.4).

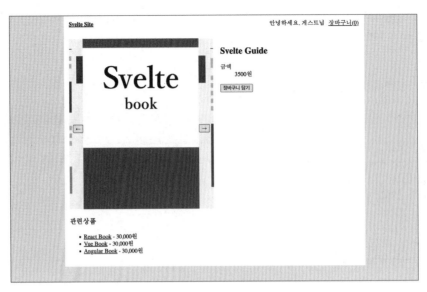

그림 1.2.4 **이미지 슬라이드**

이것으로 작동에는 문제가 없지만 `App.svelte`의 코드가 길어져 가독성이 떨어진다. 컴포넌트를 분리하여 코드를 간결하게 만들어보자.

1.2.5 컴포넌트 분리

이미지 슬라이더 컴포넌트 생성하기

컴포넌트component란 UI를 구성하는 요소의 단위다. 예를 들면 버튼 컴포넌트나 폼 컴포넌트가 있다.

스벨트에서는 하나의 .svelte 파일이 하나의 컴포넌트에 해당한다. 지금까지 작성한 `App.svelte`도 하나의 컴포넌트로 볼 수 있으며, `App.svelte`를 컴포넌트의 관점에서는 App 컴포넌트로 부를 수도 있다.

지금까지는 `App.svelte` 단일 컴포넌트를 사용해 코드를 작성했다. 이 컴포넌트는 애플리케이션 전체를 구성하므로 내부에는 애플리케이션에 관련된 모든 것이 한 컴포넌트에 존재한다. 모든 코드가 한 컴포넌트에 존재하므로 특정 부분만 변경할 때도 다른 부분에 대한 영향도를 항상 염두에 두어야 한다. 이와 같은 구성은 변경이나 테스트가 어렵다.

이번에는 애플리케이션에 관한 상태 중 '이미지 슬라이드 관련' 부분만 관리하는 컴포넌트를 생성해보자. 이미지 슬라이드 관련 부분은 해당 컴포넌트가 관리하도록 하고 `App.svelte`는 해당 부분은 신경 쓰지 않도록 한다.

컴포넌트의 생성을 위해 App.svelte와 동일한 위치에 Slider.svelte 파일을 생성한다. 이것이 Slider 컴포넌트다. 이 컴포넌트도 App.svelte와 같은 스벨트 컴포넌트이므로 작성 방법도 기본적으로는 동일하다.

이제 이미지 슬라이드와 관련된 코드를 Slider.svelte로 이동하자(코드 1.2.12). 이동한 코드는 App.svelte에서 삭제해도 문제가 없다.

코드 1.2.12 **Slider 컴포넌트 생성(Slider.svelte)**

```
<script>

  export let images; // 의미는 뒤에서 설명

  let centerIndex = 0;
  let leftIndex = images.length - 1;
  let rightIndex = 1;

  function moveLeft() {
    const length = images.length;
    centerIndex = (centerIndex - 1 + length) % length;
    leftIndex = (centerIndex - 1 + length) % length;
    rightIndex = (centerIndex + 1) % length;
  }

  function moveRight() {
    const length = images.length;
    centerIndex = (centerIndex + 1) % length;
    leftIndex = (centerIndex - 1 + length) % length;
    rightIndex = (centerIndex + 1) % length;
  }
</script>

<div class="slider">
  <img src={images[leftIndex]} alt="sliderImage(left)" class="slider-item left" />
  <img src={images[centerIndex]} alt="sliderImage" class="slider-item" />
  <img src={images[rightIndex]} alt="sliderImage(right)" class="slider-item right" />
  <button class="slider-left-button" on:click={moveLeft}>←</button>
  <button class="slider-right-button" on:click={moveRight}>→</button>
</div>

<style>
  .slider {
    position: relative;
    width: 80%;
    margin: 0 10%;
```

```
    }

  .slider-item {
    width: 100%;
  }

  .slider-item.left {
    position: absolute;
    top: 0;
    right: 100%;
  }

  .slider-item.right {
    position: absolute;
    top: 0;
    left: 100%;
  }

  .slider-left-button {
    position: absolute;
    top: 50%;
    right: 100%;
  }

  .slider-right-button {
    position: absolute;
    top: 50%;
    left: 100%;
  }
</style>
```

파일의 분리를 통해 이미지 슬라이드와 관련된 부분을 명확히 구분할 수 있으므로 변수명과 함수명을 더욱 간단하게 변경할 수 있다. 이것이 컴포넌트 분리의 장점 중 하나다.

이 컴포넌트에서 이미지 URL 리스트는 images 변수를 참고해서 가져온다. 원래 코드에서 images에 해당하는 것은 상품을 표시하는 product 변수 내 images에서 가져온다. 상품을 관리하는 역할은 지금도 App.svelte가 담당하므로 product 변수는 App.svelte에서 관리하는 상태로 둔다.

App.svelte에서 상품의 이미지에 대한 정보를 Slider.svelte에 전달해야 한다. 여기서 사용하는 것이 **속성**(properties/props)이다.

속성은 기본적으로 변수와 마찬가지로 내부 상태를 나타내지만 한 가지 특별한 차이점은 바로 컴포넌트 외부에서 값을 설정할 수 있다는 것이다.

속성은 export let으로 작성한다. Slider.svelte의 첫 부분에 다음과 같이 작성하며, 이 경우에는 'images라는 속성을 정의한다'라는 의미가 된다.

```
<script>
  export let images;

  // ...
</script>
```

Slider 컴포넌트를 사용하는 곳(App.svelte)은 코드 1.2.13과 같이 변경한다.

코드 1.2.13 Slider 컴포넌트 사용(App.svelte)

```
<script>
  // ↓추가
  import Slider from './Slider.svelte';

  // ...
</script>

...

<article class="product">
  <div class="product-main">
    <div class="image-container">
      <!-- ↓div.slider를 다음과 같이 변경 -->
      <Slider images={product.images} />
    </div>

    <div>
      <h2>{product.name}</h2>

...
```

import 문으로 .svelte 파일을 지정하면 해당 파일이 작성된 컴포넌트를 가져올 수 있다. 가져온 컴포넌트는 HTML 태그와 같이 <Slider>의 방식으로 사용할 수 있다. 주의할 점은 닫는 태그는 생략이 불가능하므로 반드시 <Slider>...</Slider> 또는 <Slider />의 방식으로 작성해야 한다.

Slider 컴포넌트의 내부 상태로 사용할 images는 속성으로 사용하기 위해 선언되었으므로 호출하는 쪽에서 값을 설정할 수 있다. 속성은 HTML의 속성과 마찬가지로 prop={...}과 같이 작성한다.

이것으로 컴포넌트의 분리가 완성되었으므로 브라우저에서 작동을 확인해보자.

의존 관계에 있는 다른 상태를 참조하여 상태 업데이트하기

마지막으로 코드를 조금만 더 개선하기 위해 Slider의 코드를 다시 한번 확인해보자(코드 1.2.14).

코드 1.2.14 Slider 컴포넌트(Slider.svelte)

```
<script>
  export let images;

  let centerIndex = 0;
  let leftIndex = images.length - 1;
  let rightIndex = 1;

  function moveLeft() {
    const length = images.length;
    centerIndex = (centerIndex - 1 + length) % length;
    leftIndex = (centerIndex - 1 + length) % length;
    rightIndex = (centerIndex + 1) % length;
  }

  function moveRight() {
    const length = images.length;
    centerIndex = (centerIndex + 1) % length;
    leftIndex = (centerIndex - 1 + length) % length;
    rightIndex = (centerIndex + 1) % length;
  }
</script>

...
```

leftIndex와 rightIndex를 자세히 보면 항상 centerIndex와 images.length를 통해 계산된다는 것을 알 수 있다. 즉 leftIndex와 rightIndex는 centerIndex, images.length와 의존 관계다. 이와 같이 의존 관계에 있는 상태를 각각 관리하게 되면 코드가 길어져 버그가 발생하기 쉽다.

스벨트에는 하나의 상태와 의존 관계에 있는 다른 상태를 업데이트하기 위한 방법이 존재한다(코드 1.2.15).

코드 1.2.15 의존 관계에 있는 다른 상태를 참조한 상태 업데이트(Slider.svelte)

```
<script>
  export let images;

  let centerIndex = 0;
    $: leftIndex = (centerIndex - 1 + images.length) % images.length;
    $: rightIndex = (centerIndex + 1) % images.length;

  function moveLeft() {
    centerIndex = (centerIndex - 1 + images.length) % images.length;
  }

  function moveRight() {
    centerIndex = (centerIndex + 1) % images.length;
  }
</script>

...
```

leftIndex와 rightIndex의 대입 부분에 주목하자. 앞에 **$:** 기호가 붙어 있다. 이는 의존하고 있는 상태의 변화에 따라 leftIndex와 rightIndex의 변경을 의미한다.

어떤 상태에 의존하는지는 스벨트가 대입문을 해석하여 스스로 판단한다. 이 샘플에서 스벨트는 centerIndex와 images에 의존하여 leftIndex, rightIndex의 변경을 인식한다. 이와 같이 **$:**로 시작하는 작성 방식을 **Reactive Statement**라고 한다.

moveLeft와 moveRight도 살펴보자. 앞에서는 함수 내에서 leftIndex와 rightIndex를 업데이트 해야 했지만 이제는 centerIndex의 업데이트에 따라 자동으로 leftIndex와 rightIndex도 업데이트되므로 변수에 대입할 필요가 없다. 이로써 코드가 간단해지고 버그도 숨어들기 어려운 코드가 되었다.

이것으로 수정이 완료되었으므로 애플리케이션의 작동을 확인해보자. 코드는 간결해졌지만 작동은 동일한 것을 확인할 수 있다.

컴포넌트는 각각 독립된 존재

이 장의 튜토리얼은 App 컴포넌트의 일부를 Slider 컴포넌트로 분리한다. 앞에서 설명한 것과 같이 작고 좁은 단위로 분리하여, 생각해야 하는 것(관심사)의 범위를 좁혀 코드를 간결하게 유지하는 효과가 있다.

컴포넌트 분리의 다른 장점은 해당 컴포넌트를 독립적으로 사용할 수 있다는 것이다. 이번 예에서는 App에서 Slider를 분리했지만 그렇다고 해서 Slider를 App에서만 사용할 수 있는 것은 아니다. 다른 컴포넌트에서도 가져오기import를 통해 사용할 수 있다.

또한 src/main.js를 코드 1.2.16과 같이 변경하면 Slider를 단독으로도 사용할 수 있다.

코드 1.2.16 Slider 단독으로 사용하기(src/main.js)

```
// import './app.css'
// import App from './App.svelte' // ←주석 아웃
import Slider from './Slider.svelte'

const app = new Slider({
  target: document.getElementById('app'),
  props: {
    // Slider에 전달하는 속성
    images: [
      'https://github.com/developer-book/svelte/raw/main/static/svelte-book-1.png',
      'https://github.com/developer-book/svelte/raw/main/static/svelte-book-2.png',
      'https://github.com/developer-book/svelte/raw/main/static/svelte-book-3.png'
    ]
  }
})

export default app
```

이 아이디어를 실현한 도구가 **스토리북**Storybook이다. 스토리북은 여러 컴포넌트를 개별적으로 테스트할 수 있도록 컴포넌트 카탈로그와 같은 웹 페이지를 생성하는 도구다. 책에서 따로 설명하지는 않지만 실제 개발에서는 이와 같이 컴포넌트를 가볍게 테스트할 수 있는 환경이 구성되어 있으면 매우 편리하다. 관심 있는 독자는 꼭 사용해보도록 하자.

• **Storybook**

  https://storybook.js.org/

CHAPTER 2

스벨트 기초

스벨트는 HTML과 같은 방식으로 작성할 수 있는 간단하면서도 강력한 템플릿 구문을 사용한다. 관련 있는 자바스크립트, CSS를 컴포넌트 단위로 묶어서 하나의 파일로 관리할 수 있다.

이번 장에서는 스벨트의 기본적인 구문과 기능에 대해 설명한다. 이 장에서 배우는 내용을 통해 간단한 UI를 만들 수 있다. 각 기능에 대한 설명은 최대한 간결한 코드를 사용했으므로 코드를 직접 작성해보면 이해하는 데 많은 도움이 될 것이다. 실습을 최대한 활용하도록 하자.

2.1 환경 구축

기능을 설명하기 전에 스벨트 애플리케이션을 개발하기 위한 환경 구축에 대해 먼저 알아보자.

환경 구축 방법은 두 가지가 있다. 하나는 공식 REPL_{read-eval-print loop}로 웹 브라우저에서 스벨트를 사용해볼 수 있다. 다른 하나는 Vite를 사용하는 방법으로 실습을 위한 환경 구축은 이 방식을 사용한다.

이번 절은 스벨트를 단독으로 사용하기 위한 환경 구축에 대해 설명한다. 스벨트 자체는 클라이언트 사이드 기능밖에 없으므로 웹 서버로서의 기능(예를 들어 라우팅과 SSR 등)은 없다. 해당 기능이 필요한 경우에는 5장 이후에 설명하는 스벨트킷을 사용해야 한다.

2.1.1 스벨트 공식 REPL

스벨트 개발팀은 웹 브라우저에서 작동하는 스벨트의 실행 환경을 제공한다. 다음 URL로 접속할 수 있다.

https://svelte.dev/repl/

책에서는 이 페이지를 'Web REPL'이라고 부르겠다. **REPL**은 read-eval-print loop의 약자로, 대화형으로 기능을 시험해볼 수 있는 환경을 말한다. Web REPL을 사용하면 스벨트 개발 환경을 구축하지 않아도 간단하게 스벨트 기능을 테스트할 수 있다.

Web REPL의 사용법을 간단하게 알아보자. 브라우저에서 해당 URL로 접속하면 그림 2.1.1과 같은 화면이 표시된다.

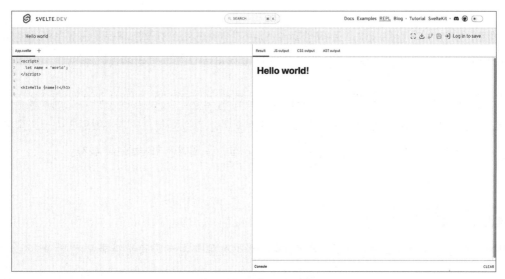

그림 2.1.1 스벨트 공식 REPL

왼쪽이 코드를 입력하는 에디터 부분이며, 오른쪽이 결과를 표시하는 부분이다. 에디터의 위쪽에는 파일명을 표시하는 탭이 있으며, + 버튼을 클릭하면 새로운 파일을 추가할 수 있다. 파일명의 변경은 탭을 클릭한다. 기본값은 .svelte 확장자가 붙어 있지만 `main.js`와 같이 .svelte 이외의 확장자를 입력하면 다른 확장자로 사용할 수 있다.

2장에서 4장까지 소개하는 대부분의 예는 Web REPL에서 작동한다. 단순히 스벨트를 경험해보고 싶거나 학습하는 용도라면 Web REPL로도 충분하다.

2.1.2 Vite를 사용하는 개발 환경 구축

스벨트의 개발 환경을 로컬에 구축하기 위해서는 웹 프론트엔드 개발 도구인 **Vite**를 사용할 수 있다. Vite는 웹 프론트엔드 개발에 필요한 기능을 모두 모아둔 스벨트팀의 추천 개발 도구다. Vite를 사용하면 간단하게 환경을 구축할 수 있을 뿐만 아니라 개발 중에도 코드의 수정 사항이 화면에 즉시 반영되어 편리하게 개발할 수 있다.

Vite를 사용한 스벨트 환경 설정

Vite를 사용한 스벨트 환경 설정 방법을 확인해보자. Node.js가 설치된 환경에서 다음 커맨드를 실행한다.

```
$ npm create vite@latest svelte-book-playground -- --template svelte
```

COLUMN 타입스크립트 설정

본문에서는 자바스크립트를 사용해 컴포넌트를 생성하도록 설정하지만, 스벨트는 타입스크립트를 사용할 수도 있다. 타입스크립트 설정은 뒤의 --template svelte를 --template svelte-ts로 변경하여 실행하면 된다.

```
$ npm create vite@latest svelte-book-playground -- --template svelte-ts
```

본문의 코드는 기본적으로 자바스크립트를 사용하지만, 타입스크립트를 사용하는 경우를 대비해 신경 써야 하는 부분에 대해서는 별도로 관련 정보를 전달할 예정이니 참고하자.

---

svelte-book-playground 부분은 스벨트 애플리케이션 프로젝트의 폴더명이므로 다른 이름으로 변경해도 상관없다. create-vite가 설치되어 있지 않은 경우 사용자에게 설치 여부를 묻게 되며, y를 입력하고 Enter를 누르면 자동으로 설치가 진행된다.

해당 커맨드를 실행하면 지정한 폴더에 필요한 파일이 생성된다. 폴더로 이동하여 필요한 패키지를 설치하기 위해 npm install을 실행한다.

```
$ cd svelte-book-playground
$ npm install
```

이것으로 설정은 완료되었다. 다음 커맨드를 사용해 서버를 실행하자.

```
$ npm run dev
```

브라우저에서 http://localhost:5173/에 접속하면 초기 화면이 표시된다.

프로젝트 구성
현재 시점에서 파일과 폴더의 구성은 그림 2.1.2와 같다.

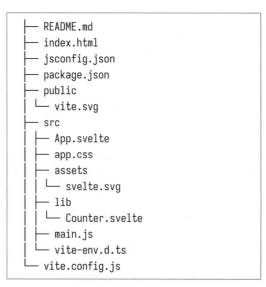

```
├── README.md
├── index.html
├── jsconfig.json
├── package.json
├── public
│   └── vite.svg
├── src
│   ├── App.svelte
│   ├── app.css
│   ├── assets
│   │   └── svelte.svg
│   ├── lib
│   │   └── Counter.svelte
│   ├── main.js
│   └── vite-env.d.ts
└── vite.config.js
```

그림 2.1.2 **프로젝트 파일과 폴더 구성**

src/ 폴더는 애플리케이션 코드인 .js 파일과 .svelte 파일 등을 배치한다. 여기에 위치한 파일은 필요에 따라 Vite에 의해 자동으로 브라우저에서 실행하기 위한 형태로 변환(컴파일)된다.

public/ 폴더에 위치한 파일은 서버에서 그대로 전송된다. 예를 들어 http://localhost:5173/vite.svg에 접근하면 public/vite.svg가 그대로 표시된다.

vite.config.js는 Vite의 설정에 사용한다. 스벨트 템플릿을 사용하여 설정한 경우에는 기본 설정이 되어 있으므로 특별히 변경할 필요는 없다.

본문의 코드 샘플을 적용하는 과정에서 주의할 사항
2장에서 4장까지의 코드 샘플은 src/ 폴더 바로 아래에 생성하도록 되어 있다. 예를 들어 Button.svelte 파일의 생성 위치는 src/Button.svelte이다.

현재 프로젝트에는 **app.css**도 생성되어 있지만 책에서는 다루지 않으므로 **src/main.js**에서 코드 2.1.1과 같이 해당 부분을 주석으로 처리한다.

코드 2.1.1 CSS

```
// import './app.css'
```

2.2 컴포넌트

스벨트를 비롯한 최근의 UI 프레임워크는 UI를 컴포넌트로 분리하여 개발할 수 있다는 장점이 있다. 컴포넌트를 분리하면 각각의 코드는 컴포넌트 내부의 관심사에만 집중할 수 있으며, 같은 컴포넌트는 다양한 곳에서 재활용하기 쉽다.

스벨트 컴포넌트는 .svelte 파일을 생성하고 하나의 파일 내에서 마크업(HTML), 로직(자바스크립트), 스타일(CSS)을 함께 작성할 수 있다. 이번 절에서는 스벨트를 사용해 컴포넌트를 생성하는 방법을 알아보자. .svelte 파일의 구체적인 작성 방법과 스벨트가 컴포넌트를 위해 제공하는 변수와 함수에 대해 설명한다.

2.2.1 .svelte 파일 구조

스벨트 컴포넌트는 .svelte 확장자를 사용한 텍스트 파일로 작성한다. 예를 들어 **App.svelte**, **Button.svelte**, **UserProfile.svelte**와 같은 형식이다. .svelte 확장자가 붙은 파일을 '.svelte 파일'이라고 한다.

.svelte 파일의 내부는 다음과 같은 구조로 작성한다.

```
<script>
// <script> 블록
</script>

템플릿

<style>
/* <style> 블록 */
</style>
```

<script> ~ </script>로 감싼 부분을 '<script> 블록', <style> ~ </style>로 감싼 부분을

'<style> 블록', 그리고 그 외의 부분을 '템플릿'이라고 하며, 작성 방식은 다음과 같다.

<script> 블록

자바스크립트를 작성한다. <script> 블록은 해당 컴포넌트에만 영향을 준다. 예를 들어 A.svelte 와 B.svelte의 두 가지 컴포넌트가 있을 때, 두 컴포넌트는 각각 같은 이름의 변수 x를 정의할 수 있다. 또한 각 컴포넌트의 x는 서로 영향을 주지 않는다. 즉 A.svelte에서 x를 변경해도 B.svelte 의 x는 변하지 않으며, 반대도 마찬가지다.

템플릿

HTML 태그를 작성한다. 스벨트 특유의 방식을 사용해 컨텐츠를 동적으로 변경하거나 조건 분기 와 요소 순회 작업 등을 할 수 있다. 이번 절에서는 **템플릿**에서 스벨트의 특징에 대해 자세히 설명 한다.

<style> 블록

CSS를 작성한다. <script> 블록과 동일하게 <style> 블록은 해당 컴포넌트에만 영향을 준다. 예 를 들어 A.svelte에서 .button 요소의 스타일을 정의해도 B.svelte 내부의 button 클래스를 갖 는 요소의 스타일에는 영향을 주지 않는다.

<script> 블록과 <style> 블록은 필요하지 않을 때 생략이 가능하다.

COLUMN	블록의 순서

<script> 블록, 템플릿, <style> 블록의 순서는 정해져 있지 않지만 공식 문서의 샘플 코드와 공식 Prettier 플 러그인[4]의 기본값은 <script> → 템플릿 → <style>의 순서를 갖는다. 특별한 이유가 없으면 이 방식을 따르는 것을 추천한다.

COLUMN	<script> 블록에서 타입스크립트 사용하기

'2.1.2 Vite를 사용하는 개발 환경 구축' 절에서 타입스크립트 사용을 설정하는 경우, <script> 블록에서도 타입 스크립트의 문법을 사용할 수 있다. 타입스크립트는 <script>가 아닌 <script lang="ts">로 블록을 시작한 다.

---

4   https://github.com/sveltejs/prettier-plugin-svelte

```
<script lang="ts">
  // 이 블록 내에서 타입스크립트(타입 주석 등)를 사용할 수 있음
  let count: number = 0;
</script>
```

타입스크립트를 설정하더라도 템플릿에서 사용할 수 없는 경우도 있으므로 주의하자.[5] 예를 들어 다음 event:CustomEvent 부분과 같이 타입 주석을 사용하면 에러가 발생한다.

```
<!-- 주의: 이 코드는 작동하지 않음! -->
<SomeComponent on:whatever={(event: CustomEvent) => console.log(event.detail)} />
```

2.2.2 템플릿 기초 문법

이제 .svelte 파일의 템플릿에서 사용하는 기본 문법에 대해 알아보자. 여기서 사용하는 코드 샘플은 Web REPL에서도 작동을 확인할 수 있다. Vite를 사용해 환경을 구축한 독자는 src/App.svelte 파일을 사용하자.

HTML 태그

보통 HTML 태그는 .svelte 파일의 템플릿에서 그대로 사용한다.

```
<p class="text">안녕 Svelte!</p>
<img
  src="https://github.com/sveltejs/branding/raw/master/svelte-logo.png"
  alt="Svelte 로고"
>
```

동적 컨텐츠

템플릿 내부에서 { 식 }과 같이 사용하면 식의 결과가 표시된다.

```
<div>현재 시간은 {new Date()}입니다.</div>
```

<script> 블록에서 정의한 변수의 참조도 가능하다.

```
<script>
  let name = 'Svelte';
</script>
```

---

5 현재 계속 논의 중인 부분으로, 앞으로는 지원될 가능성이 있다. https://github.com/sveltejs/svelte/issues/4701

```
<div>안녕하세요 {name}!</div>
```

변수의 값을 변경하면 해당 변수를 참조하고 있는 부분(앞의 예에서는 {name})도 자동으로 변경된다.

{} 안에는 자바스크립트도 사용할 수 있다. 정규 표현식을 사용할 때는 () 괄호로 감싸야 한다는 점을 기억하자.

```
<div>{(/^[A-Za-z ]+$/).test(value) ? 'OK' : 'NG'}</div>
```

동적 속성값

DOM 요소의 속성은 attr={ 식 }과 같이 작성하면 식의 결괏값이 attr 속성의 설정값으로 사용된다.

```
<script>
  let imageUrl = 'https://github.com/sveltejs/branding/raw/master/svelte-logo.png';
  let imageAlt = 'Svelte Logo';
</script>

<img src={imageUrl} alt={imageAlt}>
```

attr="{ 식 }"과 같이 "로 감싸도 동일한 의미를 갖는다.

```
<img src="{imageUrl}" alt="{imageAlt}">
```

다음과 같이 속성값의 일부만 {}로 감싸서 사용할 수도 있다.

```
<a href="page/{n}">다음 페이지</a>
```

속성명과 변수명이 동일할 때는 다음과 같이 생략할 수 있다.

```
<script>
  let href = 'https://svelte.dev/';
</script>

<a {href}>Svelte 공식 사이트</a>
<!-- 다음과 같음 -->
```

```
<a href={href}>Svelte 공식 사이트</a>
```

disabled, required와 같은 **논리 속성**은 {} 내의 식이 boolean[6]일 때만 속성이 설정된다.

```
<script>
  let disabled = true;
</script>

<button {disabled}>전송</button>
```

{ ...object }와 같은 방식을 사용하면 object 키와 값을 함께 속성으로 설정할 수 있다. 이 기능을 **스프레드 속성**이라고 한다. 자바스크립트의 스프레드 문법과 비슷하지만 스프레드 속성은 객체에만 사용할 수 있다(배열에는 사용할 수 없다).

```
<script>
  let attrs = { type: 'submit', disabled: false, class: 'btn' };
</script>

<button {...attrs}>전송</button>
<!-- 다음과 같음 -->
<button type={attrs.type} disabled={attrs.disabled} class={attrs.class}>전송</button>
```

이와 같이 속성값을 사용하는 방법은 뒤에서 설명할 컴포넌트의 속성에서도 사용할 수 있다. 자세한 내용은 '2.2.6 속성' 절에서 설명한다.

주석

템플릿 내부에서는 일반적인 HTML 문법처럼 <!--와 -->로 감싼 부분을 **주석**으로 인식한다.

```
<!-- 주석 -->
```

또한 <script> 블록과 <style> 블록 내부에서 자바스크립트의 주석(/* */, //)과 CSS의 주석(/* */)를 사용하는 것도 HTML과 동일하다.

```
<script>
```

---

6 참(truthy)은 자바스크립트에서 논리값 콘텍스트 true와 동일하게 취급하는 값이다. 반대로 false와 동일하게 사용하는 값은 거짓 (falsy)이다. 자바스크립트에서 false, 0, -0, ""(공백문자), null, undefined, NaN은 거짓이며, 이외의 값은 모두 참이다.

```
    /* 이 부분은 주석 */
    // 이 부분도 주석
</script>

<style>
  /* 이 부분은 주석 */
</style>
```

`<script>` 블록 주석 내부에서 `</script>`를 사용하면 에러가 발생한다. `<style>`도 마찬가지이므로 주의하자.

```
<script>
  /* 주석 내부에서 "</script>" 를 사용하면 에러가 발생 */
</script>

<style>
  /* 주석 내부에서 </style>을 사용하면 에러가 발생 */
</style>
```

2.2.3 스타일

앞에서 설명한 대로 HTML과 같은 방식으로 .svelte 파일에 `<style>` 블록으로 **스타일**을 설정할 수 있다. 스벨트는 자바스크립트에서도 스타일을 사용할 수 있도록 편리한 기능을 제공하고 있으므로 함께 알아보자.

스타일 문법

`<style>` 블록에는 일반적인 CSS 문법을 사용한다.

```
<p class="blue">이 텍스트는 파란색입니다.</p>

<style>
  .blue {
    color: blue;
  }
</style>
```

`<style>` 블록에 작성한 스타일은 .svelte 파일에 **스코프 범위**를 갖는다. 스코프 범위를 갖는 스타일은 다른 .svelte 파일의 요소에는 영향을 주지 않는다.

스코프 범위를 벗어나서 전역으로 스타일을 적용하고 싶을 때는 :global 수식자를 사용한다. 이것은 특히 <html>과 <body> 요소에 스타일을 적용하고 싶을 때 편리하다.

```
<style>
  :global(body) {
    /* 이 스타일은 <body>에 적용됨 */
    background-color: azure;
  }
</style>
```

:global 수식자는 스코프 범위를 지정해서 사용할 수도 있다. 코드 2.2.1에서 샘플을 확인해보자.

코드 2.2.1 :global 수식자와 스코프 범위 지정 사용의 예

```
<script>
  // import의 자세한 내용은 '2.2.5 컴포넌트 사용' 참고
  import SvelteLogo from './SvelteLogo.svelte';
</script>

<div class="logo">
  <!-- 1 -->
  <img src="..." alt="...">
  <!-- 2 -->
  <SvelteLogo />
</div>

<!-- 3 -->
<img src="..." alt="...">

<style>
  .logo :global(img) {
    /*
      .logo 내부의 모든 <img>에 이 스타일 적용
      위 샘플에서 1은 물론, 2와 같이 다른 컴포넌트의 <img>에도 적용됨
      3은 .logo 외부에 위치하므로 적용되지 않음
    */
    width: 64px;
  }
  .logo img {
    /*
      스코프 범위가 적용되어 .logo 내부 컴포넌트의 <img>에만 적용됨
      위의 샘플에서는 1에만 적용됨
    */
    border: 1px solid black;
  }
```

```
</style>
```

class 속성을 생략하는 문법

class 속성은 다른 속성과 동일하게 class={ 식 }과 같은 문법을 사용할 수 있다. 예를 들어 변수 active가 true일 때만 class 속성에 active라는 클래스명을 설정하고 싶을 때, 다음과 같이 사용할 수 있다.

```
<li class={active ? 'active' : ''}>TOP</li>
```

이와 같이 boolean 값에 따른 class 속성 변경은 자주 사용되는 방식이므로 스벨트는 이를 위해 생략 문법을 제공한다. 앞의 코드는 다음과 같이 작성할 수 있다.

```
<li class:active={active}>TOP</li>
```

샘플처럼 class:클래스명={ boolean }과 같이 사용하면 값이 true일 때만 클래스명을 class 속성에 추가한다.

변수명과 클래스명이 동일할 때는 다음과 같이 추가로 생략이 가능해진다.

```
<li class:active>TOP</li>
```

여러 개의 클래스명도 사용할 수 있으며, 다른 class 속성과 함께 사용할 수도 있다.

```
<button class="button" class:blue={theme === 'blue'} class:disabled>전송</button>
```

style 속성과 생략 문법

style 속성은 HTML과 동일한 방식으로 사용할 수 있다.

```
<div style="color: red;">빨간색으로 표시</div>
```

스벨트에서 style 속성도 생략할 수 있다. 앞의 코드는 다음과 같이 작성할 수도 있다.

```
<div style:color="red">빨간색으로 표시</div>
```

이처럼 style:속성명="값"과 같이 작성하면 해당 요소 속성명의 스타일을 값에 설정한다. 값은 변수로 지정할 수 있으므로 style:속성명={ 식 }과 같이 작성한다.

```
<div style:color={color}>color 변수에 따라 색상 표시</div>
```

변수명과 속성명이 동일하면 추가로 생략이 가능해진다.

```
<div style:color>color 변수에 따라 색상 표시</div>
```

여러 속성명에 사용할 수 있으며, 보통의 style 속성과 함께 사용할 수도 있다.

```
<div style="font-size: 1.2rem;" style:color style:background-color={theme === 'blue'
? 'blue' : 'white'}>...</div>
```

2.2.4 블록

HTML은 로직을 표현하는 방법, 즉 조건 분기나 반복문과 같은 문법이 없지만 스벨트의 템플릿에서는 해당 문법을 제공한다. 예를 들어 스벨트에서는 'loggedIn이 true일 때만 로그아웃 버튼을 표시', 'products 배열의 요소를 반복하여 표시'와 같이 로직을 단순하고 직관적으로 표현할 수 있다.

이 문법은 모두 {#xxx…}에서 시작해 {/xxx}로 끝나는 구조를 갖는다. 책에서는 이를 **블록**이라고 부르고, 블록 간 구별이 필요할 때는 '{#xxx} 블록'이라고 부르도록 한다.

블록은 다음과 같은 종류가 있다.

- {#if} 블록
- {#each} 블록
- {#await} 블록
- {#key} 블록

이 중 자주 사용하는 블록 세 가지를 설명한다. '{#key} 블록'과 {#each} 블록의 특수형인 '키를 포함하는 {#each} 블록'은 추가로 설명이 필요하므로 '4.1 고급 템플릿 문법' 절에서 설명한다.

{#if} 블록

{#if} 블록을 사용하면 조건에 따라 표시하는 부분을 변경할 수 있다.

```
<script>
  let loggedIn = false;

  function toggle() {
    loggedIn = !loggedIn;
  };
</script>

{#if loggedIn}
  <button on:click={toggle}>로그아웃</button>
{/if}

{#if !loggedIn}
  <button on:click={toggle}>로그인</button>
{/if}
```

{:else} 블록을 사용하면 {#if 조건문}이 성립하지 않는 조건에서의 작동을 지정할 수 있다. 자바스크립트의 else와 같다고 볼 수 있다. 앞의 코드에서 {:else}를 사용하도록 변경하면 다음과 같다.

```
{#if loggedIn}
  <button on:click={toggle}>로그아웃</button>
{:else}
  <button on:click={toggle}>로그인</button>
{/if}
```

자바스크립트의 else if와 동일하게 {:else if} 블록도 존재한다. {#if 조건식}이 성립하지 않고 {:else if 조건식}의 조건이 성립할 때 작동을 지정한다.

```
{#if rate >= 8}
  <p>높음</p>
{:else if rate >= 4}
  <p>중간</p>
{:else}
  <p>낮음</p>
{/if}
```

블록 문법의 공통 규칙

앞에서는 가독성을 위해 블록마다 줄 바꿈을 넣었지만 다음과 같이 하나의 행에 여러 블록을 사용할 수도 있다. 또한 행의 제일 앞에 작성할 필요가 없으며, 중간에서 사용할 수도 있다.

```
<div>안녕하세요. {#if name}{name}{:else}게스트{/if}님!</div>
```

그러나 태그 내부에서 다음과 같은 방식으로는 사용할 수 없다.

```
<!-- 주의: 이 코드는 작동하지 않음 -->
<button {#if !valid}disabled{/if}>전송</button>
```

속성값을 동적으로 변경하고 싶을 때는 '2.2.2 템플릿 기초 문법' 절에서 설명한 동적으로 속성값을 설정하는 방법을 사용하자.

```
<!-- 이 방식은 OK -->
<button disabled={!valid}>전송</button>
```

이 규칙은 이후에 설명하는 블록에도 동일하게 적용된다.

{#each} 블록

{#each} 블록을 사용하면 배열 요소를 반복문으로 표현할 수 있다.

```
<script>
  let products = [
    { name: '상품A', price: 100 },
    { name: '상품B', price: 500 },
    { name: '상품C', price: 1200 },
  ];
</script>

<ul>
  {#each products as product}
    <li>{product.name} - {product.price}원</li>
  {/each}
</ul>
```

{#each 배열 as 변수}와 같이 작성하면 배열의 요소가 하나씩 변수에 할당되고 {/each}까지 반복된다. 변수는 {#each} ~ {#/each} 안에 있으면 다른 변수와 마찬가지로 { 식 }과 같은 형식으로 사용할 수 있다.

{#each} ~ {/each} 사이에 {:else} 블록을 작성하면 배열이 비어 있을 때 {:else} ~ {/each}
의 내용이 표시된다.

```
<ul>
  {#each products as product}
    <li>{product.name} - {product.price}원</li>
  {:else}
    <li>상품이 존재하지 않음</li>
  {/each}
</ul>
```

만약 {#each} 블록 내에서 배열의 인덱스가 필요한 경우, {#each 배열 as 변수, 인덱스 변수}
와 같이 작성하면 **인덱스 변수**로 사용한 변수 이름으로 인덱스를 사용할 수 있다. 인덱스는 0부터
시작하므로 주의하자.

```
{#each products as product, i}
  <li>{i + 1}번째 상품: {product.name}</li>
{/each}
```

{#await} 블록

{#await} 블록은 Promise를 사용할 수 있는 편리한 블록이다. 다음과 같이 {#await Promise값}
으로 사용한다.

```
<script>
  let promise = new Promise((resolve, reject) => {
    setTimeout(() => resolve('3초 경과'), 3000);
  });
</script>

{#await promise}
  <p>Promise의 resolve 대기중...</p>
{:then message}
  <p>{message}</p>
{/await}
```

Promise가 해결(resolve가 호출)되기 전까지는 {#await}에서 {:then} 앞까지의 내용이 표시되며,
해결된 후에는 {:then 변수}의 변수에 resolve의 파라미터가 대입되고 {:then}부터 {/await}까
지의 내용이 표시된다.

reject가 호출되었을 때의 상황을 지정하는 {:catch} 블록도 사용할 수 있다. {:then} 뒤에 이어서 사용할 수 있다.

```
<script>
  let promise = new Promise((resolve, reject) => {
    reject('에러 발생');
  });
</script>

{#await promise}
  <p>Promise의 resolve 대기중...</p>
{:then value}
  <p>{value}</p>
{:catch error}
  <p>{error}</p>
{/await}
```

Promise가 reject되면 {:catch 변수}의 변수에 reject의 파라미터가 대입되고 {:catch}에서 {/await}까지의 내용이 표시된다.

Promise를 기다리는 상황에서 표시할 내용이 없다면 다음과 같이 두 가지 방식으로 생략할 수 있다.

```
<!-- then 블록만 사용 -->
{#await promise then message}
  <p>{message}</p>
{/await}

<!-- catch 블록만 사용 -->
{#await promise catch error}
  <p>{error}</p>
{/await}
```

2.2.5 컴포넌트 사용

지금까지는 하나의 .svelte 파일(컴포넌트)의 작성 방법을 알아보았다. 그러나 실제 UI는 대부분 여러 개의 컴포넌트로 구성된다. 스벨트는 하나의 컴포넌트에서 다른 컴포넌트를 사용하기 위한 방법도 제공한다.

이제부터는 App.svelte 이외의 파일도 사용하도록 한다. Web REPL에서는 에디터 상단의 + 버튼을 클릭하면 새로운 파일을 추가할 수 있다. Vite를 사용한 환경은 `App.svelte`와 같은 폴더에 새로운 파일을 추가한다.

다른 컴포넌트 사용하기

다른 컴포넌트를 사용하는 방법을 자세히 알아보자. 코드 2.2.2와 같이 샘플 컴포넌트 `SvelteLogo.svelte`를 생성한다.

코드 2.2.2 SvelteLogo 컴포넌트(SvelteLogo.svelte)

```
<img
  src="https://github.com/sveltejs/branding/raw/master/svelte-logo.png"
  alt="Svelte Logo"
>
```

같은 폴더에 있는 `App.svelte`에서 코드 2.2.3과 같이 `SvelteLogo` 컴포넌트를 사용할 수 있다.

코드 2.2.3 SvelteLogo 컴포넌트 사용 방법(App.svelte)

```
<script>
  import SvelteLogo from './SvelteLogo.svelte';
</script>

<div>Svelte Logo 이미지 삽입</div>
<SvelteLogo />
```

먼저 `import`를 사용해 .svelte 파일을 불러온다. 불러온 컴포넌트는 참조명(여기서는 `SvelteLogo`)을 HTML 태그와 같이 작성하여 컴포넌트의 내용을 표시할 수 있다. 보통 HTML 태그(`<div>` 등)와 구분하기 위해 참조명은 대문자로 시작한다.

다음과 같이 시작 태그와 종료 태그를 각각 사용할 수도 있다.

```
<SvelteLogo></SvelteLogo>
```

컴포넌트를 참조할 때 종료 태그를 생략할 수는 없다. 반드시 시작 태그와 종료 태그를 모두 명시하거나 축약형인 `<SvelteLogo />`와 같이 사용해야 한다.

HTML 태그와 같이 시작 태그와 종료 태그 사이에 내용을 삽입할 수도 있다.

```
<SvelteLogo>내용</SvelteLogo>
```

단 여기에 삽입한 '내용'은 표시되지 않는다. 해당 내용은 '2.2.7 슬롯' 절에서 자세히 설명한다.

부모 컴포넌트와 자식 컴포넌트

보통 다른 컴포넌트를 사용하는 컴포넌트를 **부모 컴포넌트** 또는 단순하게 **부모**라고 부른다. 반대로 다른 컴포넌트에 의해 사용되는 컴포넌트를 **자식 컴포넌트** 또는 **자식**이라고 한다. 앞의 예에서 App 은 SvelteLogo의 부모 컴포넌트에 해당하며, SvelteLogo는 App 컴포넌트의 자식 컴포넌트에 해당한다(그림 2.2.1).

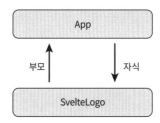

그림 2.2.1 **컴포넌트의 부모 관계 1**

이 관계는 상대적이므로 어느 컴포넌트에서는 자식 컴포넌트이지만 동시에 다른 컴포넌트에서는 부모 컴포넌트가 될 수도 있다. 예를 들어 SvelteLogo에서 Image라는 컴포넌트를 사용한다면 SvelteLogo는 App 컴포넌트에서는 자식 컴포넌트이지만, Image 컴포넌트에서는 부모 컴포넌트가 된다(그림 2.2.2).

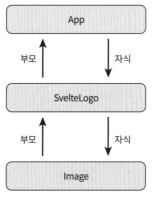

그림 2.2.2 **컴포넌트의 부모 관계 2**

2.2.6 속성

하나의 컴포넌트가 다른 컴포넌트를 사용할 때, 부모 컴포넌트 측에서 자식 컴포넌트를 동적으로 사용하고 싶을 때가 있다. 예를 들어 버튼 컴포넌트를 사용하는 상황을 생각해보면 버튼에 표시되는 문자열과 버튼의 활성화 여부를 사용하는 측(부모)에서 지정할 수 있으면 편리하다.

스벨트 컴포넌트는 이를 위해 속성property이라는 기능을 제공한다. 자식 컴포넌트에서 미리 속성을 생성해두면 이 속성을 통해 부모 컴포넌트에서 값을 전달할 수 있다. 함수의 파라미터와 같은 것으로 생각하면 이해하기 쉽다.

속성 생성하기

속성을 사용하기 위해서는 속성을 전달받는 측인 자식 컴포넌트에서 속성을 생성해야 한다. 먼저 속성을 생성하는 방법을 알아보자.

속성을 전달받는 측에서는 export let 구문을 사용해 자신이 받을 수 있는 속성을 선언한다. 예를 들어 코드 2.2.4에서 Button.svelte를 생각해볼 수 있다.

코드 2.2.4 속성 생성(Button.svelte)

```
<script>
  export let label;
</script>

<button>
  {label}
</button>
```

이 예에서는 label이라는 속성을 생성한다. 속성은 외부에서 지정할 수 있다는 특징 이외에는 변수와 같은 방식으로 사용할 수 있다. 이 예에서는 {}를 사용해 <button> 태그 내부에 문자열을 표시하는 용도로 사용한다.

이 예에서는 label 속성 하나만 선언했지만 하나 이상의 속성도 선언할 수 있다.

속성에 값 전달하기

속성에 값을 전달하는 측인 부모 컴포넌트를 확인해보자. 코드 2.2.4의 `Button.svelte`를 사용하는 `App.svelte`를 생각하면 된다(코드 2.2.5).

코드 2.2.5 Button 컴포넌트의 속성 사용(App.svelte)

```
<script>
  import Button from './Button.svelte';
  let buttonLabel = '전송';
</script>

<Button label={buttonLabel} />
```

속성은 DOM 요소의 속성값과 같이 `prop={식}`의 형식으로 지정할 수 있다. 이 예에서는 Button 컴포넌트의 `label` 속성에 `buttonLabel` 변수의 값을 전달한다.

이외에도 속성을 전달하는 다른 방법으로는 '2.2.2 템플릿 기초 문법' 절에서 설명한 동적 속성값과 같은 방식을 사용할 수 있다. 예를 들어 속성명과 변수명이 같을 때는 다음과 같이 생략하여 사용할 수 있다.

```
<script>
  import Button from './Button.svelte';

  let label = '전송';
</script>

<Button {label} />
```

고정된 문자열을 전달할 때는 속성값을 작성하는 방식처럼 ""로 감싸서 직접 문자열을 입력할 수도 있다.

```
<Button label="전송" />
```

COLUMN **타입스크립트의 속성 타입 검사**

타입스크립트에서 속성의 타입이 지정되어 있을 때, 형식에 맞지 않는 속성을 전달하면 타입 검사로 인해 오류가 발생한다. 이를 통해 의도하지 않은 데이터의 전달을 쉽게 발견할 수 있다.

```
<!-- 에러 발생 -->
<Button label={100} />
```

문자열 이외의 속성

DOM 요소의 속성값과 다르게 해당 속성은 문자열에 한정되지 않고 숫자, 불리언, 배열, 객체 등 자바스크립트의 값은 무엇이든 전달할 수 있다. 문자열 이외의 예로는 객체로 유저 정보를 전달받거나 해당 정보를 표시하는 `UserProfile.svelte`를 확인해보자(코드 2.2.6).

코드 2.2.6 객체를 전달받는 속성 생성(UserProfile.svelte)

```
<script>
  export let user;
</script>

<h2>{user.name} (@{user.id})</h2>
<p>{user.bio}</p>
```

사용하는 측에서는 코드 2.2.7과 같이 속성을 전달한다.

코드 2.2.7 user 속성의 사용(App.svelte)

```
<script>
  import UserProfile from './UserProfile.svelte';

  let yoon = { name: 'yoon', id: 'yoon', bio: 'good' };
</script>

<UserProfile user={yoon} />
```

이 예에서는 user 속성에 객체를 전달한다. 이와 같이 속성에 문자열 이외의 객체도 문제없이 전달할 수 있다.

속성의 초깃값

속성은 부모로부터 값을 전달받지 못한 경우 초깃값을 지정할 수 있다. Button.svelte에 버튼의 disabled 상태를 전달하도록 해보자. 속성이 전달되지 않으면 기본값$_{default}$은 false로 설정하도록 한다(코드 2.2.9).

코드 2.2.9 속성의 초깃값 지정(Button.svelte)

```
<script>
  export let label;
  export let disabled = false; // 추가
</script>

<button {disabled}>{label}</button>
```

export let 속성 = 초깃값과 같이 작성하면 속성을 선언하고, 속성이 전달되지 않았을 때의 초깃값을 지정할 수 있다. 이 컴포넌트의 사용 샘플은 코드 2.2.10과 같다.

코드 2.2.10 disabled 속성의 사용(App.svelte)

```
<script>
  import Button from './Button.svelte';
</script>

<!-- disabled로 전달된 true가 사용됨 -->
<Button label="전송" disabled={true} />

<!-- disabled를 전달하고 있지 않으므로 초깃값 false가 사용됨 -->
<Button label="전송" />
```

스프레드 속성과 $$props

{...object}와 같은 스프레드 속성 문법을 속성에도 사용할 수 있다. 이 방법을 사용하면 여러 속성을 한 번에 객체로 전달할 수 있다.

예를 들어 앞의 Button 컴포넌트에서 스프레드 속성 문법을 사용하면 코드 2.2.11과 같이 사용할 수 있다.

코드 2.2.11 스프레드 속성 문법의 사용(App.svelte)

```
<script>
  import Button from './Button.svelte';

  let props = { label: '전송', disabled: true };
</script>

<Button {...props} />
<!-- 아래와 같음 -->
<Button label={props.label} disabled={props.disabled} />
```

스프레드 속성과 같은 기능을 하는 $$props라는 정의된 변수가 존재한다. $$props는 해당 컴포넌트에 전달되는 모든 속성이 객체로 저장되어 있으며, 스벨트 컴포넌트 내에서 import하지 않고 사용할 수 있다.

$$props의 값을 표시하기 위해 PropsTest.svelte를 작성해보자(코드 2.2.12).

코드 2.2.12 $$props 값 표시(PropsTest.svelte)

```
<script>
  console.log($$props);
</script>
```

이를 코드 2.2.13과 같이 사용하면 콘솔에 {foo:"테스트", bar:42}가 표시된다. 이는 PropsTest 컴포넌트에 전달한 모든 속성이 객체로 표시되는 것이다.

코드 2.2.13 PropsTest 컴포넌트 사용(App.svelte)

```
<script>
  import PropsTest from './PropsTest.svelte';
</script>

<PropsTest foo="테스트" bar={42} />
```

$$props를 사용할 일은 별로 없다. 속성은 export let으로 선언한 변수에서 접근할 수 있기 때문이다. $$props는 전달받은 속성을 다른 컴포넌트에 전달할 때 유용하게 사용할 수 있다. 예를 들어 전달받은 속성을 그대로 Button 컴포넌트에 전달하고 싶을 때 다음과 같이 사용할 수 있다.

```
<script>
  import Button from './Button.svelte';
</script>

<div class="button-container">
  <Button {...$$props} />
</div>
```

$$props가 객체이므로 스프레드 속성을 사용해 Button에 모든 속성을 전달한다.

$$props와 유사한 $$restProps 변수도 있다. $$props는 전달받은 모든 속성을 저장하지만 $$restProps는 export let에서 명시적으로 선언한 속성 이외의 속성만 저장한다.

```
<script>
  import Button from './Button.svelte';

  export let containerClass;
</script>

<div class={containerClass}>
```

```
  <Button {...$$restProps} />
</div>
```

이와 같이 사용하면 컴포넌트가 전달받는 속성 중에서 `containerClass`를 제외한 속성을 모두 `Button` 컴포넌트로 전달할 수 있다. 만약 `$$props`를 사용하면 `containerClass`를 포함한 속성이 `Button` 컴포넌트로 전달된다.

2.2.7 슬롯

앞에서 설명한 속성을 사용하면 부모 컴포넌트에서 자식 컴포넌트로 데이터를 전달할 수 있다. 스벨트에는 이것과 별도로 부모 컴포넌트에서 자식 템플릿의 일부를 자유롭게 다룰 수 있는 기능이 있는데 이것이 **슬롯**slot이다.

슬롯의 정의와 사용

슬롯은 `<slot>`이라는 특별한 태그를 사용해 정의한다. 코드 2.2.14에서 `Box.svelte`를 확인해보자.

코드 2.2.14 슬롯의 정의(Box.svelte)

```
<div class="box">
  <slot />
</div>

<style>
  .box {
    border: 1px solid lightgray;
    padding: 1em;
  }
</style>
```

`<slot />`이 작성된 부분에 부모 컴포넌트에서 자유롭게 콘텐츠(DOM 요소나 컴포넌트)를 배치할 수 있다. `<slot>`은 닫는 태그가 필수이므로 `<slot></slot>` 또는 `<slot />`으로 작성한다.

슬롯을 사용하는 측의 샘플을 확인해보자. 코드 2.2.14의 컴포넌트를 사용하는 `App.svelte`를 확인해보자(코드 2.2.15).

```
<script>
  import Box from './Box.svelte';
</script>

<Box>
  <h3>Svelte</h3>
  <p>스벨트는 지금까지 없었던 UI 프레임워크</p>
</Box>
```

Box를 HTML 태그처럼 사용하여 `<Box>` ~ `</Box>`로 콘텐츠를 감싸면 해당 부분이 Box 측에서 `<slot />`을 작성한 부분에 삽입된다. 이 예에서는 `<h3>` 태그와 `<p>` 태그의 내용이 밝은 회색 테두리로 둘러싸여 표시된다.

슬롯에서는 HTML 태그분만 아니라 컴포넌트나 `{#if}` 블록 등 템플릿에서 사용할 수 있는 문법을 그대로 사용할 수 있다.

```
<Box>
  <!-- 컴포넌트와 -->
  <Button label="전송" />
  <!-- {#if} 블록 등을 사용할 수 있음 -->
  {#if condition}
    <div>...</div>
  {/if}
</Box>
```

대체 콘텐츠

슬롯에 콘텐츠가 삽입되지 않을 때는 기본값으로 표시할 **대체**fallback **콘텐츠**를 지정할 수 있다. 대체 콘텐츠는 `<slot>`과 `</slot>` 사이에 작성한다.

코드 2.2.16의 `Box.svelte`를 확인해보자.

코드 2.2.16 **대체 콘텐츠 지정(Box.svelte)**

```
<div class="box">
  <slot>
    <em>콘텐츠가 존재하지 않음</em>
  </slot>
</div>
```

슬롯에 콘텐츠가 있을 때와 없을 때의 샘플은 코드 2.2.17과 같다.

코드 2.2.17 슬롯에 콘텐츠가 있을 때와 없을 때의 사용(App.svelte)

```
<script>
  import Box from './Box.svelte';
</script>

<!-- '콘텐츠 있음'이 표시 -->
<Box>콘텐츠 있음</Box>

<!-- 대체 콘텐츠인 '콘텐츠 없음'이 표시 -->
<Box></Box>
```

이름을 갖는 슬롯

상황에 따라 컴포넌트에 여러 개의 슬롯이 필요할 때가 있다. 이때는 슬롯에 이름을 지정하여 사용한다.

이름을 갖는 슬롯은 명칭 그대로 슬롯에 이름을 지정하는 것이다. 이름을 지정하여 슬롯을 구별할 수 있으며, 이를 통해 여러 슬롯을 배치할 수 있다. 예를 들어 타이틀과 본문의 콘텐츠를 각각 지정할 수 있는 `Card.svelte`를 생각해보자(코드 2.2.18).

코드 2.2.18 이름을 갖는 슬롯 정의(Card.svelte)

```
<div class="card">
  <div class="title">
    <slot name="title" />
  </div>
  <div class="body">
    <slot name="body" />
  </div>
</div>

<style>
  .card {
    border: 1px solid lightgray;
  }

  .title {
    border-bottom: 1px solid lightgray;
    padding: .5em 1em;
  }

  .body {
```

```
    padding: .5em 1em;
  }
</style>
```

이와 같이 `<slot>` 태그의 `name` 속성에 슬롯 이름을 지정하면 해당 슬롯은 이름을 갖는 슬롯이 된다. 이 예에서는 `title`과 `body`라는 이름의 두 슬롯을 생성한다. 이후에는 각각 'title 슬롯'과 'body 슬롯'으로 부른다.

이 컴포넌트를 사용하는 측의 샘플은 코드 2.2.19와 같다.

코드 2.2.19 이름을 갖는 슬롯의 사용(App.svelte)
```
<script>
  import Card from './Card.svelte';
</script>

<Card>
  <h3 slot="title">Svelte</h3>
  <div slot="body">
    <p>스벨트는 지금까지 없었던 UI 프레임워크</p>
  </div>
</Card>
```

슬롯의 이름을 태그의 `slot` 속성에 지정하면 해당 태그와 자식 요소에 모두 해당 이름의 슬롯이 삽입된다. 이 예에서 `<Card>`의 `<h3>` 요소에는 `title` 슬롯, `<div>` 요소(내부의 `<p>` 요소 포함)에는 `body` 슬롯을 각각 삽입한다.

`slot` 속성은 HTML 태그뿐만 아니라 다음과 같이 컴포넌트에도 붙일 수 있다.

```
<SomeComponent slot="body" />
```

또한 앞의 예에서는 `body` 슬롯에 여러 요소를 삽입하기 위해 `<div>`로 감쌌다. 만약 스타일 제약 등의 이유로 `<div>`를 사용하고 싶지 않을 때는 `<svelte:fragment>`라는 특수한 태그를 사용할 수 있다. `<svelte:fragment>`는 실제로 어떤 DOM 요소에서도 렌더링되지 않으므로 요소를 추가하지 않고 여러 요소를 슬롯에 삽입할 수 있다(코드 2.2.20).

코드 2.2.20 <svelte:fragment> 태그의 사용(App.svelte)

```
<script>
  import Card from './Card.svelte';
</script>

<Card>
  <h3 slot="title">Svelte</h3>
  <!-- <div>로 감싸는 대신 <svelte:fragment>를 사용 -->
  <svelte:fragment slot="body">
    <p>스벨트는 지금까지 없었던 UI 프레임워크</p>
  </svelte:fragment>
</Card>
```

이름을 갖는 슬롯은 이름이 없는 슬롯과 함께 사용할 수 있다. 이때 slot 속성이 없는 모든 콘텐츠는 이름이 없는 슬롯에 삽입된다. 예를 들어 Card.svelte의 한쪽 슬롯을 지워보도록 하자(코드 2.2.21).

코드 2.2.21 이름을 갖는 슬롯과 이름이 없는 슬롯을 함께 사용(Card.svelte)

```
<div class="card">
  <div class="title">
    <slot name="title" />
  </div>
  <div class="body">
    <slot /> <!-- 이름 제거 -->
  </div>
</div>

<!-- 스타일은 위와 동일 -->
```

사용하는 측의 예는 코드 2.2.22와 같다.

코드 2.2.22 이름을 갖는 슬롯, 이름이 없는 슬롯의 사용(App.svelte)

```
<script>
  import Card from './Card.svelte';
</script>

<Card>
  <p>이 요소는 이름이 없는 슬롯에 삽입</p>
  <h3 slot="title">이 요소는 title 슬롯에 삽입</h3>
  <p>이 요소는 이름이 없는 슬롯에 삽입</p>
</Card>
```

$$slots

$$slots은 미리 정의된 변수로, 해당 컴포넌트에서 정의된 슬롯 이름을 키로 갖는 객체 변수다. 이를 사용하면 슬롯의 부모로부터 콘텐츠가 지정되어 있는지 확인할 수 있다.

예를 들어 앞의 Card.svelte 예에서 title 슬롯에 콘텐츠가 지정되어 있지 않을 때 .title 요소를 표시하지 않도록 해보자. 이는 $$slots를 사용하면 코드 2.2.23과 같이 구현할 수 있다.

코드 2.2.23 $$slots의 사용(Card.svelte)

```
<div class="card">
  {#if $$slots.title}
    <!-- 부모에서 title 슬롯을 지정했을 때만 이 부분을 표시 -->
    <div class="title">
      <slot name="title" />
    </div>
  {/if}
  <div class="body">
    <slot />
  </div>
</div>

<!-- 스타일은 변경없음 -->
```

사용하는 측에서 title 슬롯을 생략하면 .title 요소는 표시되지 않는다(코드 2.2.24).

코드 2.2.24 title 슬롯의 생략(App.svelte)

```
<script>
  import Card from './Card.svelte';
</script>

<Card>
  <p>body 요소만 표시됨</p>
</Card>
```

슬롯 속성

슬롯에 삽입된 요소에 대해 자식 컴포넌트 측에서 값을 전달하고 싶을 때는 슬롯의 속성을 사용한다.

예를 들어 배열의 요소를 순회하여 데이터를 표시하는 List.svelte를 확인해보자(코드 2.2.25). 이 컴포넌트는 각 요소를 표시하는 부분이 슬롯으로 되어 있어 부모 컴포넌트에서 자유롭게 외형

을 바꿀 수 있도록 한다.

코드 2.2.25 슬롯 속성으로 값을 전달하는 컴포넌트 샘플(List.svelte)

```
<script>
  let array = ['Svelte', 'React', 'Vue', 'Angular'];
</script>

{#each array as e}
  <slot item={e} />
{/each}
```

이때 `<slot>` 태그에 **속성명 = { 값 }**과 같이 작성하면 부모 컴포넌트 측에 값을 전달할 수 있다. 이것이 슬롯의 속성이다. List 컴포넌트를 사용하는 샘플은 코드 2.2.26과 같다.

코드 2.2.26 슬롯 속성으로 값을 전달받는 샘플(App.svelte)

```
<script>
  import List from './List.svelte';
</script>

<List let:item={text}>
  <div class="item">{text}</div>
</List>

<style>
  .item {
    color: blue;
  }
</style>
```

`<List>`에 **let:속성명 = { 변수 }**와 같이 작성하면 `<slot>`의 슬롯 속성을 변수로 받을 수 있다.

이 샘플에서 `item`은 List.svelte 측의 `<slot>`에 지정한 이름과 일치해야 한다. 또한 `text`는 App.svelte에서 자유롭게 결정해도 좋은 변수명이다(`text`가 아닌 다른 이름도 상관없다). 이 문법은 일반적인 속성이나 속성값의 흐름과는 반대이므로 혼동하지 않도록 주의하자(표 2.2.1).

표 2.2.1 속성과 슬롯 속성의 차이

	문법	값의 흐름
속성	xxx = { yyy }	xxx ← yyy
슬롯 속성	let:xxx = { yyy }	xxx → yyy

또한 슬롯 속성은 다음과 같이 생략할 수 있다.

```
<slot {item} />
<!-- 다음과 같음 -->
<slot item={item} />
```

```
<List let:item>
<!-- 다음과 같음 -->
<List let:item={item}>
```

이름을 갖는 슬롯 속성을 사용할 때 정의하는 측은 앞의 코드와 동일하지만 사용하는 측은 조금 다르다. value라는 슬롯 속성이 정의된 count 슬롯을 확인해보자(코드 2.2.27).

코드 2.2.27 이름을 갖는 슬롯 속성을 사용하는 샘플(Count.svelte)

```
<slot name="count" value={100} />
```

이때는 `<Count>` 자체에 `let`을 쓰는 대신 `slot="count"`가 있는 요소에 `let`을 작성한다(코드 2.2.28).

코드 2.2.28 이름을 갖는 슬롯 속성을 받아오는 샘플(App.svelte)

```
<script>
  import Count from './Count.svelte';
</script>

<Count>
  <span slot="count" let:value={v}>{v}</span>
</Count>
```

슬롯과 속성은 부모 컴포넌트에서 무엇인가를 지정할 수 있다는 점에서 비슷할 역할을 하는 기능이다. 둘을 어떻게 구분해서 사용해야 할까?

한 가지 방법은 사용하는 측에서 어느 정도의 자유도를 갖는 컨텐츠를 허가할지에 대한 기준을 정하는 것이다. 예를 들어 버튼 컴포넌트 <Button>을 생각해보면 버튼의 내용을 자유롭게 지정할 수 있도록 할 때는 슬롯, 어느 정도 고정된 내용으로 통일하고 싶을 때는 속성을 사용할 수 있다.

먼저 슬롯을 사용하는 경우를 생각해보자(코드 2.2.29).

코드 2.2.29 슬롯을 사용한 Button 컴포넌트의 예(Button.svelte)

```
<button>
  <slot />
</button>
```

이 경우, 사용하는 측에서 아이콘 이미지를 삽입할 때 유연하게 사용할 수 있다(코드 2.2.30).

코드 2.2.30 슬롯을 사용한 Button 컴포넌트의 사용(App.svelte)

```
<script>
  import Button from './Button.svelte';
</script>

<Button>
  <img src="https://example.com/plus-icon.png" alt="">
  추가
</Button>
```

유연하게 사용할 수 있다는 장점이 있지만, 한편으로는 사용하는 측에서 이미지 크기를 변경하거나 아이콘 이미지의 위치를 변경하는 등 상황에 따라 전체적으로 통일성이 없는 UI가 될 수도 있다.

다음으로 속성을 사용하는 경우를 생각해보자(코드 2.2.31).

코드 2.2.31 속성을 사용한 Button 컴포넌트의 샘플(Button.svelte)

```
<script>
  export let label;
  export let icon;
</script>

<button>
  {#if icon}
    <img src={icon} alt="" class="icon">
  {/if}
  {label}
</button>

<style>
  .icon {
```

```
      width: 24px;
      height: 24px;
    }
</style>
```

이때, 버튼의 내용은 미리 정해진 내용(이 예에서는 텍스트와 아이콘 이미지)에 한정하므로 일관된 외형을 제공할 수 있다(코드 2.2.32).

코드 2.2.32 속성을 사용한 Button 컴포넌트의 사용(App.svelte)

```
<script>
  import Button from './Button.svelte';
</script>

<Button label="추가" icon="https://example.com/plus-icon.png" />
```

다른 예로 콘텐츠를 테두리로 둘러싸는 <Box> 컴포넌트를 확인해보자. 이때는 속성을 사용하면 지나치게 용도가 한정되어 버린다(코드 2.2.33).

코드 2.2.33 속성을 사용한 Box 컴포넌트(Box.svelte)

```
<script>
  export let content;
</script>

<div class="box">
  {content}
</div>

<style>
  .box {
    border: 1px solid lightgray;
    padding: 1em;
  }
</style>
```

사용하는 측의 예는 코드 2.2.34와 같다.

코드 2.2.34 복잡한 요소는 지정할 수 없음(App.svelte)

```
<script>
  import Box from './Box.svelte';
</script>

<Box content="텍스트만 지정 가능하며 복잡한 요소는 지정할 수 없음" />
```

슬롯을 사용하면 다양한 콘텐츠에 '테두리 둘러싸기' 기능을 제공할 수 있다(코드 2.2.35).

코드 2.2.35 **슬롯을 사용한 Box 컴포넌트(Box.svelte)**

```
<div class="box">
  <slot />
</div>

<style>
  .box {
    border: 1px solid lightgray;
    padding: 1em;
  }
</style>
```

사용하는 측은 코드 2.2.36과 같다.

코드 2.2.36 **다양한 콘텐츠를 테두리로 둘러싸기(App.svelte)**

```
<script>
  import Box from './Box.svelte';
</script>

<Box>
  <h3>제목도 OK</h3>
  <p>텍스트도 OK</p>
  <!-- 이미지도 OK -->
  <img src="https://example.com/logo.png" alt="로고">
</Box>
```

이와 같이 슬롯과 속성의 사용은 컴포넌트를 사용하는 용도에 따라 선택할 수 있다. 여기서 확인한 샘플을 참고하여 좋은 밸런스를 찾아보도록 하자.

2.2.8 이벤트

DOM 요소에는 사용자의 클릭과 입력 등을 알리는 많은 이벤트가 있다. 자바스크립트에는 기본적으로 addEventListener() 등 이벤트를 다루는 API가 있지만 스벨트는 더욱 간단하게 이벤트를 다룰 수 있는 바로 가기를 제공한다. 또한 컴포넌트에서 DOM에 존재하지 않는 고유한 이벤트를 발생시킬 수 있는 기능도 있다. 이번에는 이러한 이벤트와 관련된 기능에 대해 알아보자.

DOM 이벤트

스벨트에는 이벤트 핸들러를 템플릿에서 on:이벤트명 = { 함수 }와 같이 작성하여 지정할 수 있다. 예를 들어 <button> 요소의 click 이벤트 핸들러의 설정은 다음과 같다.

```
<script>
  function handleClick() {
    alert('클릭했습니다.');
  }
</script>

<button on:click={handleClick}>여기를 클릭</button>
```

이벤트 핸들러는 인라인으로 작성할 수도 있다.

```
<button on:click={() => alert('클릭했습니다.')}>여기를 클릭</button>
```

이벤트 핸들러는 addEventListener()로 설정했을 때와 동일한 방식으로 호출되므로 파라미터에 **이벤트 객체**가 전달된다. 코드 2.2.37의 샘플을 확인해보자.

코드 2.2.37 이벤트 핸들러 사용 샘플

```
<script>
  function handleSubmit(event) {
    event.preventDefault();
    const formData = new FormData(event.target);
    alert(`검색 키워드는 ${formData.get('q')}입니다.`);
  }
</script>

<form on:submit={handleSubmit}>
  <input type="search" name="q">
  <button type="submit">검색</button>
</form>
```

이 샘플에서는 먼저 이벤트 객체의 preventDefault()를 호출하여 <form> 요소의 기본 폼 전송을 막는다. 그리고 event.target을 통해 <form>의 DOM 요소에 접근하여 FormData 객체를 생성한다.

preventDefault()의 호출은 뒤에서 설명하는 이벤트 수식자를 통해 더욱 간단하게 지정할 수 있다.

이벤트 수식자

앞에서 설명한 preventDefault()와 같이 이벤트 핸들러에는 몇 가지 자주 사용되는 처리가 있다. 스벨트는 이 처리 작업을 간단하게 지정할 수 있는 **이벤트 수식자** 문법을 제공한다.

이벤트 수식자는 'on:이벤트명' 뒤에 '|(파이프)' 기호로 구분하여 작성한다. 예를 들어 preventDefault 수식자를 click 이벤트 핸들러에 추가하려면 다음과 같다.

```
<a href="..." on:click|preventDefault={handleClick}>...</a>
```

수식자의 종류는 표 2.2.2에서 확인할 수 있다.

표 2.2.2 이벤트 수식자

수식자	기능
preventDefault	이벤트 핸들러가 호출되기 전에 이벤트의 preventDefault()를 호출하여 이벤트 기본 작동 막기
stopPropagation	이벤트 핸들러가 호출되기 전에 stopPropagation()을 호출하여 이벤트가 전파되는 것을 막기
passive	touch* 유형의 이벤트[7]와 wheel 이벤트의 스크롤 퍼포먼스 향상하기. 스벨트는 가능하면 passive를 자동으로 설정한다. addEventListener의 세 번째 인수에 {passive:true}를 전달하는 것과 같다.
nonpassive	passive를 명시적으로 false로 설정하기
capture	이벤트 핸들러를 버블링 단계 대신 캡쳐 단계에서 호출하기. addEventListener의 세 번째 인수에 {capture:true}를 전달하는 것과 같다.
once	핸들러 초기 호출 직후 핸들러를 삭제하여 한 번만 호출되도록 하기. addEventListener의 세 번째 인수에 {once:true}를 전달하는 것과 같다.
self	이벤트의 target이 해당 요소 자신일 때만 핸들러를 호출하기
trusted	이벤트의 isTrusted 속성이 true일 때, 즉 유저 조작에 의해 이벤트가 발생한 경우에만 핸들러 호출하기

예를 들어 앞에서 <form>의 전송을 취소하는 코드인 2.2.37을 이벤트 수식자로 작성하면 코드 2.2.38과 같다.

코드 2.2.38 이벤트 수식자를 사용해 코드 2.2.37을 수정

```
<script>
  function handleSubmit(event) {
    // 여기서 event.preventDefault()를 호출하지 않아도 문제없음
    const formData = new FormData(event.target);
    alert(`검색 키워드는 ${formData.get('q')}입니다.`);
  }
```

---

7   기본적으로 touchstart, touchmove, touchend, touchcancel 네 가지

```
</script>

<!-- on:submit에 이벤트 수식자 추가 -->
<form on:submit|preventDefault={handleSubmit}>
  <input type="search" name="q">
  <button type="submit">검색</button>
</form>
```

또한 이벤트 수식자는 '|(파이프)' 기호로 구분하여 여러 가지를 함께 지정할 수 있다(코드 2.2.39).

코드 2.2.39 **여러 이벤트 수식자 지정**

```
<script>
  function handleDivClick() {
    alert('div를 클릭했습니다.');
  }

  function handleButtonClick() {
    alert('button을 클릭했습니다.');
  }
</script>

<div on:click|capture|stopPropagation={handleDivClick}>
  <button on:click={handleButtonClick}>클릭</button>
</div>
```

이 예에서는 `<div>` 요소의 `on:click`에 `capture`와 `stopPropagation`을 모두 지정한다. `<button>`에 이벤트가 전파되기 전에 `handleDivClick`이 호출되고(`capture` 효과), `click` 이벤트가 자식 요소로 더 이상 전파되지 않는다(`stopPropagation` 효과). 결과적으로는 `handleButtonClick`은 호출되지 않는다.

컴포넌트 이벤트

스벨트의 컴포넌트는 DOM 이벤트와는 별도로 자체 이벤트를 발생시킨다. 이와 같은 이벤트를 **컴포넌트 이벤트**라고 한다. 컴포넌트 이벤트를 발생시키려면 다음 순서로 단계를 수행해야 한다.

1. 스벨트 패키지에서 `createEventDispatcher` 가져오기(`import`)
2. `createEventDispatcher`를 호출하고 이벤트 `dispatcher`(이벤트를 발생시키는 함수)를 생성
3. 이벤트를 발생시키고 싶은 타이밍에 이벤트 `dispatcher` 호출

버튼을 클릭하면 hello라는 이벤트를 발생시키는 HelloButton.svelte를 확인해보자(코드 2.2.40).

코드 2.2.40 컴포넌트 이벤트를 발생시키는 샘플(HelloButton.svelte)

```
<script>
  import { createEventDispatcher } from 'svelte';

  const dispatch = createEventDispatcher();
  function handleClick() {
    dispatch('hello', '안녕하세요!');
  }
</script>

<button on:click={handleClick}>여기를 클릭</button>
```

createEventDispatcher를 스벨트 패키지에서 가져와서 dispatch 함수를 생성한다. 버튼을 클릭할 때 dispatch(name, detail)과 같이 호출하면 이벤트가 발생한다. name은 임의의 문자열로, 이벤트의 이름을 나타낸다. detail은 이벤트의 추가 정보로 임의의 객체를 사용할 수 있으며, 추가 정보가 필요하지 않으면 지정하지 않아도 상관없다.

HelloButton 컴포넌트 샘플은 코드 2.2.41과 같다.

코드 2.2.41 HelloButton 컴포넌트를 사용하는 샘플(App.svelte)

```
<script>
  import HelloButton from './HelloButton.svelte';

  function handleHello(event) {
    alert(event.detail);
  }
</script>

<HelloButton on:hello={handleHello} />
```

컴포넌트 이벤트는 DOM 이벤트와 같이 on:이벤트명 = {함수} 형식으로 이벤트 핸들러를 지정할 수 있다. HelloButton에서 발생하는 이벤트 이름은 hello이므로 여기서는 on:hello={...}로 지정한다.

컴포넌트 이벤트 핸들러의 첫 번째 파라미터는 CustomEvent 객체를 전달한다. CustomEvent는 익숙하지 않을지도 모르지만 DOM 표준 인터페이스 중의 하나로, 이벤트에 자체 데이터를 추가할 수 있다.

Custom Event에는 detail이라는 속성이 있으므로 HelloButton에서 dispatch의 두 번째 파라미터로 전달한 추가 정보에 접근할 수 있다. 샘플에서는 '**안녕하세요!**'라는 문자열을 전달했으므로 alert은 event.detail이 반환하는 문자열을 표시한다.

앞에서 설명한 이벤트 수식자는 컴포넌트 이벤트에도 사용할 수 있다.

```
<script>
  import HelloButton from './HelloButton.svelte';

  function handleHello(event) {
    // 한 번만 호출
    alert(event.detail);
  }
</script>


<!-- once 수식자 사용 -->
<HelloButton on:hello|once={handleHello} />
```

COLUMN · **타입스크립트를 통한 컴포넌트 이벤트에 타입 추가**

타입스크립트를 사용하면 createEventDispatcher에 타입 파라미터를 지정할 수 있다. 타입 파라미터는 {이벤트명:detail 타입, …}과 같은 형식의 객체 타입을 지정한다.

예를 들어 앞의 HelloButton.svelte에서 코드 2.2.42와 같이 타입을 지정할 수 있다.

코드 2.2.42 createEventDispatcher에 타입 파라미터 지정(HelloButton.svelte)

```
<script lang="ts">
  import { createEventDispatcher } from 'svelte';

  // createEventDispatcher에 타입 파라미터를 전달할 수 있음
  const dispatch = createEventDispatcher<{ hello: string }>();

  function handleClick() {
    // dispatch 호출에 타입 추가
    dispatch('hello', '안녕하세요!');
  }
</script>

<button on:click={handleClick}>여기를 클릭</button>
```

이렇게 하면 dispatch의 인수에 타입이 추가된다. 이 예에서는 dispatch('invalid')와 같이 지정되지 않은 이벤트 이름을 전달하거나 dispatch('hello', 100)과 같이 detail의 타입이 다른 경우에는 타입 에러가 발생하므로 실수를 확인할 수 있다.

또한 컴포넌트 이벤트 핸들러 측에서도 코드 2.2.43과 같이 파라미터의 타입을 지정할 수 있다.

코드 2.2.43 컴포넌트 이벤트 핸들러 측에서 파라미터 타입 지정하기(App.svelte)

```
<script lang="ts">
  import HelloButton from './HelloButton.svelte';
  // 컴포넌트 이벤트는 모두 CustomEvent 타입
  // 타입 파라미터로 detail 타입을 전달할 수 있음
  function handleHello(event: CustomEvent<string>) {
    alert(event.detail); // event.detail에 string 타입 지정
  }
</script>

<HelloButton on:hello={handleHello} />
```

컴포넌트 이벤트 핸들러는 CustomEvent 타입의 파라미터가 전달된다. CustomEvent를 타입으로 사용할 때는 detail의 타입을 타입 파라미터로 받을 수 있다. 이 예에서는 hello 이벤트의 detail은 string 타입을 사용하므로 CustomEvent<string>과 같이 지정한다.

이벤트 전송

자식 요소의 컴포넌트 이벤트를 직접 처리하지 않고 부모 컴포넌트에 그대로 전달하고 싶을 때가 있다. 코드 2.2.44의 CustomButton.svelte를 확인해보자.

코드 2.2.44 CustomButton.svelte

```
<button on:click={() => {/* 이벤트를 그대로 전달하고 싶을 때 */}}>
  <slot />
</button>
```

이때 on:click만 작성하면 click 이벤트를 CustomButton에서 처리하지 않고 그대로 부모 컴포넌트로 전달한다(코드 2.2.45).

코드 2.2.45 이벤트를 부모 컴포넌트로 전달(CustomButton.svelte)

```
<button on:click>
  <slot />
</button>
```

CustomButton 컴포넌트의 사용은 코드 2.2.46과 같다.

코드 2.2.46 **CustomButton 컴포넌트 사용(App.svelte)**

```
<script>
  import CustomButton from './CustomButton.svelte';
  function handleClick() {
    alert('클릭했습니다.');
  }
</script>

<CustomButton on:click={handleClick}>여기를 클릭</CustomButton>
```

DOM 이벤트를 전달할 때 이벤트는 CustomEvent 객체가 되는 것이 아니라 원래의 객체 그대로 전달되는 것에 주의하자. 앞의 handleClick을 다음과 같이 변경하면 확인할 수 있다.

```
function handleClick(event) {
  // CustomEvent가 아니라 PointerEvent로 표시됨
  alert(event.constructor.name);
}
```

또한 DOM 이벤트가 아닌 컴포넌트 이벤트도 같은 방식으로 전달할 수 있다.

```
<!-- hello 이벤트를 부모에게 전달 -->
<HelloButton on:hello />
```

2.2.9 라이프 사이클

.svelte 파일로 작성된 컴포넌트는 최종적으로 자바스크립트 파일로 변환되어 브라우저에서 실행된다. 이 실행(런타임) 처리의 흐름을 컴포넌트의 **라이프 사이클**lifecycle이라고 한다.

라이프 사이클의 흐름

컴포넌트의 라이프 사이클은 크게 다음과 같은 흐름을 가진다.

1. 컴포넌트 마운트

2. <script> 블록 실행

3. DOM 요소 렌더링

4. 내부 상태 업데이트

5. DOM 요소 렌더링

6. 컴포넌트 언마운트

마운트mount는 컴포넌트가 DOM에 추가되는 것을 말한다. **언마운트**unmount는 마운트와 반대로 컴포넌트가 DOM에서 제거되는 것을 말한다. 예를 들어 다음과 같이 템플릿을 작성했을 때, 각 컴포넌트의 마운트와 언마운트 타이밍은 주석의 내용과 같이 작동한다.

```
<!-- ComponentA 마운트 -->
<ComponentA />

{#if condition}
  <!--
    ComponentB는 condition이 true일 때 마운트,
    false일 때 언마운트
  -->
  <ComponentB />
{/if}

<!-- ComponentC는 세 번 마운트 -->
{#each [1, 2, 3] as i}
  <ComponentC />
{/each}
```

지금까지 샘플로 사용한 `App.svelte`는 페이지를 처음 표시할 때 자동으로 마운트되고 페이지가 계속 표시되고 있는 한 언마운트되지 않는다.[8]

렌더링이란 .svelte 템플릿에 작성한 내용과 내부 상태(변수)에 따라서 DOM에 실제 요소를 추가, 업데이트, 삭제하는 것을 말한다. 렌더링은 마운트 시 한 번 발생하고, 내부 상태를 변경할 때마다 다시 발생한다.

라이프 사이클 함수

스벨트는 라이프 사이클 과정에서 특정 타이밍에 실행할 작업을 지정할 수 있는 `onMount`, `onDestroy`, `beforeUpdate`, `afterUpdate`의 네 가지 함수와 상태가 반영될 때까지 기다리는 `tick`을 제공하며, 이들을 **라이프 사이클 함수**라고 한다. 라이프 사이클 함수로 등록한 작업이 실행되는 타이밍은 그림 2.2.3, 그림 2.2.4, 그림 2.2.5와 같다.

---

8 Vite를 사용해 환경을 구축한 경우 `src/main.js`에 `App.svelte`를 마운트하는 코드가 작성되어 있다. Web REPL에서는 내부적으로 동일한 처리가 발생한다.

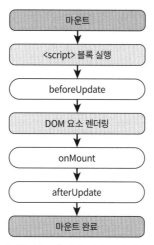

그림 2.2.3 라이프 사이클 함수에 의해 처리를 실행하는 타이밍: 마운트 시

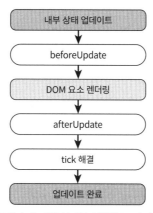

그림 2.2.4 라이프 사이클 함수에 의해 처리를 실행하는 타이밍: 내부 상태 업데이트 시

그림 2.2.5 라이프 사이클 함수로 처리를 실행하는 타이밍: 언마운트 시

이제 라이프 사이클 함수와 관련된 자세한 내용을 알아보자.

onMount

onMount는 컴포넌트가 작성되고 최초 렌더링이 완료된 직후에 호출되는 처리를 설정하는 함수다.

스벨트 패키지에서 가져와서 사용할 수 있다. onMount는 수행하려는 처리를 함수로 전달한다(코드 2.2.47).

코드 2.2.47 onMount 사용

```
<script>
  import { onMount } from 'svelte';

  onMount(() => {
    // 주의: Svelte는 getElementById를 사용하는 게 일반적이지 않음
    const canvas = document.getElementById('canvas');
    const ctx = canvas.getContext('2d');
    ctx.fillStyle = '#ddd';
    ctx.fillRect(0, 0, 100, 100);
    ctx.fillRect(100, 100, 200, 200);
  });
</script>

<canvas id="canvas" width="200" height="200" />
```

이 샘플은 onMount를 사용해 <canvas>의 DOM 요소를 가져와서 도형을 그린다. onMount를 사용하는 이유는 <canvas> 요소는 렌더링된 후가 아니면 document.getElementById를 사용해 요소를 가져올 수 없기 때문이다.

코드에서 주석으로 작성된 것처럼 스벨트는 getElementById를 사용하지 않고, 보통 this 바인딩을 사용한다. 자세한 내용은 '3.1.7 this 바인딩' 절에서 설명한다.

onDestroy

onDestroy는 onMount와 반대로, 컴포넌트가 삭제되기 직전에 호출되는 처리를 설정하는 함수다. onMount와 같이 스벨트 패키지에서 가져와서 사용한다(코드 2.2.48).

코드 2.2.48 onDestroy의 사용

```
<script>
  import { onDestroy } from 'svelte';

  let now = new Date();

  const timer = setInterval(() => {
    now = new Date();
  }, 1000);
```

```
  onDestroy(() => {
    clearInterval(timer);
  });
</script>

<div>현재 시간은 {now.toLocaleString()}입니다.</div>
```

이 컴포넌트가 렌더링되면 먼저 setInterval로 타이머를 생성한다. 타이머는 1초마다 호출되어 현재 시간을 now 변수에 할당하므로 표시되는 현재 시간은 1초마다 변경된다. 대입에 의해 표시가 업데이트되는 구조는 '3.1.1 변수 대입' 절에서 자세히 설명한다.

이 컴포넌트가 제거되면 onDestroy로 등록한 처리가 호출되므로 clearInterval을 통해 타이머가 제거된다. 이 작업을 하지 않으면 컴포넌트가 삭제된 뒤에도 타이머가 계속 호출되므로 CPU와 메모리가 낭비된다.

beforeUpdate / afterUpdate

beforeUpdate와 afterUpdate는 각각 컴포넌트의 DOM 구조가 업데이트되기 직전과 직후에 호출되는 처리를 등록하는 함수다. 스벨트 패키지에서 가져와서 사용한다.

예를 들어 SNS 타임라인의 UI를 생각해보자. 타임라인을 스크롤하는 동안 타임라인의 시작 부분에서 항목이 늘어나더라도 현재 스크롤 위치를 유지하려고 한다. 이때 beforeUpdate와 afterUpdate를 사용하여 다음과 같이 구현할 수 있다.

먼저, 단순하게 타임라인의 시작 부분에 항목을 추가하면 어떻게 되는지 살펴보자. 코드 2.2.49와 같은 App.svelte를 생성한다.

코드 2.2.49 타임라인 UI 샘플(App.svelte)

```
<script>
  // ['게시물0', '게시물1', ... , '게시물99']의 배열 생성
  let contents = Array.from({ length: 100 }, (_, i) => `게시물${i}`);

  function handleClick() {
    // 타임라인의 시작 부분에 항목 추가
    contents = [
      ...Array.from({ length: 100 }, (_, i) => `게시물${i - 100}`),
      ...contents,
    ];
  }
</script>
```

```
<div id="timeline">
  {#each contents as item}
    <div>{item}</div>
  {/each}
</div>

<button on:click={handleClick}>
  타임라인 업데이트
</button>

<style>
  #timeline {
    width: 300px;
    height: 300px;
    border: 1px solid gray;
    overflow: auto;
  }
</style>
```

예제를 실행하여 스크롤을 약간 아래로 이동한 후 '타임라인 업데이트' 버튼을 클릭하면 현재 스크롤 위치에 새로운 항목이 표시되고, 원래 위치에 있던 콘텐츠는 아래로 내려가는 것을 확인할 수 있다.

이제 이것은 beforeUpdate와 afterUpdate를 사용해 개선해보자(코드 2.2.50).

코드 2.2.50 **타임라인 UI 개선**

```
<script>
  import { beforeUpdate, afterUpdate } from 'svelte';

  let prevHeight;

  beforeUpdate(() => {
    const element = document.getElementById('timeline');
    // 초기 실행 시에는 아직 #timeline 요소가 없으므로 주의
    if (element) {
      // DOM 업데이트 직전에 요소의 scrollHeight 저장
      prevHeight = element.scrollHeight;
    }
  });

  afterUpdate(() => {
    if (prevHeight) {
      // 업데이트 후에 scrollHeight가 늘어난 부분만큼 스크롤 위치를 조정
```

```
        const element = document.getElementById('timeline');
        const diff = element.scrollHeight - prevHeight;
        element.scrollTop += diff;
      }
    });

    // 다른 부분은 같음
</script>

<!-- 템플릿 부분은 같음 -->
```

이 예는 beforeUpdate에서 업데이트 직전에 #timeline 요소의 scrollHeight를 저장하고 afterUpdate에서 업데이트 후의 scrollHeight와 차이를 비교하여 어느 정도 스크롤 위치를 조정할지 계산한다. beforeUpdate에 등록한 함수의 초기 실행은 DOM이 마운트되기 전에 실행되므로 주의하자.

이 예제를 실행하면 이전과는 다르게 '타임라인 업데이트' 버튼을 클릭해도 콘텐츠가 아래로 내려가지 않고 원래의 위치 그대로 표시되는 것을 확인할 수 있다.

tick

tick은 스벨트가 제공하는 특수한 함수로, 컴포넌트 내부에 보류 상태의 DOM 업데이트가 있으면 업데이트가 끝날 때까지 기다리는 Promise를 반환한다. 보류 상태의 업데이트가 없으면 Promise는 즉시 해결된다.

tick이 필요한 이유는 컴포넌트 내부 상태를 변경할 때 즉시 DOM에 반영되지 않기 때문이다. 내부 상태의 변경은 현재 실행 중인 스크립트나 함수가 완료된 후 한 번에 처리된다.

따라서 코드 2.2.51과 같이 상태에 따라 표시되는 DOM 요소에 상태를 변경한 직후에 접근하려고 해도 예상과 다른 결과를 볼 수 있다.

코드 2.2.51 상태 변경 직후 DOM 접근 시 예상대로 작동하지 않는 샘플

```
<script>
  let clicked = false;

  function handleClick() {
    // 상태 변경
    clicked = true;
    // 주의: 이 단계에서는 아직 DOM에 상태가 반영되지 않았으므로
    // <canvas> 요소를 찾을 수 없어 에러가 발생
```

```
    const canvas = document.getElementById('canvas');
    const ctx = canvas.getContext('2d');
    ctx.fillStyle = '#ddd';
    ctx.fillRect(0, 0, 100, 100);
    ctx.fillRect(100, 100, 200, 200);
  }
</script>

<div>
  <button on:click={handleClick}>표시</button>
</div>
{#if clicked}
  <canvas id="canvas" width="200" height="200" />
{/if}
```

제대로 작동하기 위해서는 tick을 사용한다(코드 2.2.52).

코드 2.2.52 tick 사용 샘플

```
<script>
  import { tick } from 'svelte';

  let clicked = false;

  // tick을 await하기 위해 async 함수로 변경
  async function handleClick() {
    // 상태 변경
    clicked = true;
    // 상태 업데이트가 반영될 때까지 대기
    await tick();
    // 여기서부터는 상태가 반영되어 <canvas> 요소가 존재하므로 에러가 발생하지 않음
    const canvas = document.getElementById('canvas');
    const ctx = canvas.getContext('2d');
    ctx.fillStyle = '#ddd';
    ctx.fillRect(0, 0, 100, 100);
    ctx.fillRect(100, 100, 200, 200);
  }
</script>

<div>
  <button on:click={handleClick}>표시</button>
</div>
{#if clicked}
  <canvas id="canvas" width="200" height="200" />
{/if}
```

tick을 사용하면 상태 변경이 DOM에 반영될 때까지 기다릴 수 있다. tick이 해결되면 상태 변경이 DOM에 반영된 상황이므로 의도한 작업을 실행할 수 있다.

CHAPTER 3

스벨트의 리액티비티

스벨트는 상태 변경에 따라 DOM을 업데이트하는 구조다. 이러한 데이터(상태)의 변화에 따라 UI가 동기화되어 업데이트되는 특성을 **리액티비티**reactivity라고 한다. 따라서 스벨트는 리액티비티의 구조를 갖는 UI 프레임워크라고 할 수 있다. 이를 통해 버튼 클릭으로 요소의 수를 늘리거나, 텍스트박스에 입력한 내용에 따라 에러 메시지를 표시하는 등의 동적 작업을 할 수 있다. 스벨트는 일반적인 자바스크립트와 거의 비슷한 방식으로 내부 상태의 변화를 DOM에 반영한다.

이번 장에서는 스벨트가 어떤 리액티브 구조를 제공하는지 설명한다. 먼저 컴포넌트에서 사용할 수 있는 리액티브 구조에 대해 설명하고, 컴포넌트를 통해 리액티브한 상태를 공유할 수 있는 '스토어'에 대해 설명한다.

3.1 컴포넌트의 리액티비티

스벨트 컴포넌트는 리액티브 기능으로 변수의 변경에 따라 DOM을 업데이트하거나 반대로 DOM의 변경에 따라 변수를 변경하는 방식을 제공한다.

3.1.1 변수 대입

가장 기본적인 리액티브 방식은 변수의 대입이다. 스벨트는 변수에 대한 대입을 내부 상태의 변경으로 간주하고 관련 DOM 구조에 자동으로 반영한다.

자바스크립트에서 변수는 let 키워드로 정의한다. const 키워드로 정의된 상수는 다시 대입할 수 없기 때문에 리액티브 구조에서는 사용할 수 없다. 클릭 시 클릭 횟수를 표시하는 버튼 컴포넌트를 확인해보자(코드 3.1.1).

코드 3.1.1 클릭된 횟수를 표시하는 버튼 컴포넌트

```
<script>
  let count = 0;

  function handleClick() {
    count = count + 1;
  }
</script>

<button on:click={handleClick}>
  {count}번 클릭됨
</button>
```

이 샘플에서는 let에 변수 count를 정의하고 <button> 요소를 표시하기 위해 사용한다. <button> 요소의 click 이벤트 핸들러인 handleClick은 count 값을 1 증가시키고, 다시 count에 대입한다. 여기서 스벨트는 상태 업데이트가 있다고 판단하고 컴포넌트 내 DOM 요소를 새로운 변숫값으로 업데이트한다. 그 결과, 버튼에 표시되는 숫자가 1 증가한다.

추가로 +=와 -=와 같은 복합 대입 연산자도 대입과 동일하게 상태 변경으로 인식된다. 따라서 샘플의 handleClick은 코드 3.1.2와 같이 조금 더 간단하게 줄일 수 있다.

코드 3.1.2 복합 대입 연산자의 사용

```
function handleClick() {
  count += 1;
}
```

3.1.2 $:prefix

어떤 변수가 업데이트되면 이에 따라 DOM 업데이트 이외의 다른 작업도 처리하고 싶을 때가 있다. 이때 $: 문법을 사용한다.

하나의 변수가 변경되면 다른 변수도 변경하기

$:를 가장 많이 사용하는 사례는 하나의 변수 변경에 따라 다른 변수도 함께 업데이트하고 싶을

때다. 한 변의 길이를 입력했을 때 그 길이를 갖는 정사각형과 정육면체의 면적과 부피를 표시하는 컴포넌트를 확인해보자(코드 3.1.3).

코드 3.1.3 한 변의 길이를 사용해 면적과 부피를 표시하는 컴포넌트

```
<script>
  let x = 1;

  $: area = x * x;
  $: volume = x * x * x;
</script>

<div>
  한 변의 길이:
  <button on:click={() => (x = x - 1)} disabled={x <= 1}>
    -
  </button>
  {x}m
  <button on:click={() => (x = x + 1)}>
    +
  </button>
</div>
<div>면적: {area}m<sup>2</sup></div>
<div>부피: {volume}m<sup>3</sup></div>
```

샘플에서 area와 volume은 모두 x 값을 사용하여 계산하는 변수다. $: 뒤에 이와 같은 대입식을 작성하면 어떠한 변수(지금은 x 변수)가 업데이트될 때 area, volume도 함께 업데이트된다. area와 volume에는 let 선언이 없지만 $:의 바로 뒤에 대입문을 작성하면 스벨트가 자동으로 let 선언을 추가해주기 때문에 직접 작성할 필요가 없다.

하나 이상의 구문 작성하기

$: 뒤에는 대입문 이외에 임의의 구문을 작성할 수도 있다. 하나 이상의 구문을 작성하고 싶을 때는 {}로 감싸서 블록을 만든다(코드 3.1.4).

코드 3.1.4 대입문 이외의 구문 작성 샘플

```
<script>
  let n = 1;
  let stars;

  // 함수 호출도 가능
  $: console.log(`n의 값이 ${n}로 변경되었습니다.`);
```

```
// 여러 개의 구문을 작성할 때는 블록으로 감싸기
$: {
  const newStars = [];
  for (let i = 0; i < n; i++) {
    newStars.push(i % 2 === 0 ? '*' : '');
  }
  stars = newStars;
}
</script>

<div>
  {#each stars as star}{star}{/each}
</div>
<div>
  <button on:click={() => (n = n - 1)} disabled={n <= 1}>
    별 제거하기
  </button>
  <button on:click={() => (n = n + 1)}>
    별 추가하기
  </button>
</div>
```

여기서는 stars의 let 선언을 명시적으로 표현한다. 이는 앞에서 설명한 area, volume과는 다르게 stars의 대입은 $:의 바로 뒤가 아니므로 스벨트가 let 선언을 별도로 추가하지 않기 때문이다.

조건을 만족할 때만 처리 실행하기

$:의 뒤에는 임의의 구문을 작성할 수 있으므로 if 문도 사용할 수 있다. 변수가 특정 조건을 만족하는 상황에서 작업을 설정할 때 자주 사용된다(코드 3.1.5).

코드 3.1.5 **조건을 만족할 때만 처리를 실행하기**

```
<script>
  let n = 1;
  $: if (n > 10) {
    alert('수가 너무 많습니다. 10개 이내로 생성해주세요.');
    n = 10;
  }
</script>

<div>
  수량: {n}
</div>
<div>
  <button on:click={() => (n = n - 1)} disabled={n <= 1}>
```

```
    제거하기
  </button>
  <button on:click={() => (n = n + 1)}>
    추가하기
  </button>
</div>
```

3.1.3 배열과 객체의 업데이트

스벨트는 여러 유형의 변수를 리액티브하게 사용할 수 있지만 배열과 객체를 사용할 때는 주의해야 한다.

배열

배열에서 요소가 늘어나거나 줄어드는 등의 작업을 하는 함수인 push, pop, splice, sort 등을 사용해도 변경 사항은 스벨트가 자동으로 검사하지 않고 DOM 구조도 업데이트되지 않는다. 만약 이러한 메서드를 사용했다면 반드시 배열의 변수에 대입 작업을 진행해야 한다(코드 3.1.6).

코드 3.1.6 변수 대입 작업이 필요한 예

```
<script>
  let todos = [];

  function handleClick () {
    todos.push('새로운 TODO');
    // DOM 업데이트는 대입이 필수
    todos = todos;
  }
</script>

<ul>
  {#each todos as todo}
    <li>{todo}</li>
  {/each}
</ul>
<button on:click={handleClick}>추가</button>
```

여기서는 '추가' 버튼을 클릭하면 push를 사용해 배열 todos에 새로운 요소를 추가한다. 추가 후 todos = todos의 대입 작업을 진행한다. 이 행은 무의미해 보일 수도 있지만 스벨트에서는 매우 중요하다. 즉 이 대입에 의해 스벨트는 배열이 업데이트된 것을 인식하고 DOM을 업데이트한다. 만약 todos = todos 행을 주석 처리하면 버튼을 클릭해도 <li> 요소가 추가되지 않는 것을 확인할 수 있다.

자바스크립트의 스프레드 구문을 사용하여 조금 더 간결하게 작성할 수도 있다(코드 3.1.7).

코드 3.1.7 자바스크립트의 스프레드 구문을 사용하는 샘플

```
<script>
  let todos = [];

  function handleClick () {
    todos = [...todos, '새로운 TODO'];
  }
</script>

<!-- 템플릿 부분은 같음 -->
```

객체

어떤 변수가 **객체**일 때는 해당 객체의 속성에 값을 대입하면 변수의 대입과 동일하게 취급한다(코드 3.1.8).

코드 3.1.8 속성 대입에 의한 화면의 업데이트

```
<script>
  let range = { min: 0, max: 5 };
  let values = [];

  $: {
    const newValues = [];
    for (let i = range.min; i <= range.max; i++) {
      newValues.push(i);
    }
    values = newValues;
  }

  function handleMinChange(event) {
    // 변수가 아닌 변수의 속성에 대입해도 화면이 업데이트된다.
    range.min = parseInt(event.target.value);
  }

  function handleMaxChange(event) {
    // 위와 같음
    range.max = parseInt(event.target.value);
  }
</script>
```

```
<div>
  <input type="number" min={0} max={range.max} value={range.min} on:change={handleMinChange}>
  <input type="number" min={range.min} max={100} value={range.max}
 on:change={handleMaxChange}>
</div>
{#each values as value}
  <button>{value}</button>
{/each}
```

이 샘플은 두 개의 `<input>`에 값의 범위를 입력하면 해당 범위의 정수 레이블이 있는 버튼을 생성하는 컴포넌트다. `<input>`의 change 이벤트 핸들러에서 range 객체의 min과 max 속성을 각각 업데이트한다. 앞에서 설명한 대로 객체 속성에 대입하는 것은 변수에 대입하는 것과 동등하게 취급되므로 DOM이 업데이트되고 버튼의 수가 증가한다(정확히는 먼저 `$:`의 블록이 실행되고 values가 업데이트된다. 이에 따라 버튼의 수가 변한다).

이것은 대입의 좌변에 원래 객체의 변수가 명시적으로 존재할 때만 유효하므로 주의해야 한다. 간접적인 대입은 스벨트가 상태의 변경을 감지할 수 없다(코드 3.1.9).

코드 3.1.9 **스벨트가 상태 변경을 감지할 수 없는 샘플**

```
<script>
  // 변수는 setting
  let setting = {
    volume: { value: 50 },
  };

  function updateVolume(diff) {
    const volume = setting.volume;
    // 감지할 수 없는 예1: 대입의 좌변에 변수 setting이 존재하지 않음
    volume.value += diff;
  }

  function handleReset() {
    // 감지할 수 없는 예2: 변수를 인수로 전달
    resetVolume(setting);
  }
  function resetVolume(arg) {
    // 인수를 업데이트해도 감지할 수 없음
    arg.volume = { value: 50 };
  }
</script>

<div>음량: {setting.volume.value}%</div>
```

```
<div>
  <button on:click={() => updateVolume(-10)}>-10</button>
  <button on:click={() => updateVolume(10)}>+10</button>
  <button on:click={handleReset}>리셋</button>
</div>
```

작동을 위해서는 반드시 좌변에 변수 setting이 직접 존재하게끔 해야 한다(코드 3.1.10).

코드 3.1.10 스벨트가 상태 변경을 감지하는 샘플

```
<script>
  // 변수는 setting
  let setting = {
    volume: { value: 50 },
  };

  function updateVolume(diff) {
    // 수정1: 변수 setting을 직접 참조
    setting.volume.value += diff;
  }

  function handleReset() {
    // 수정2: 변수를 인수로 전달하지 않음
    resetVolume();
  }
  function resetVolume() {
    // 함수 내에서 직접 변수를 업데이트
    setting.volume = { value: 50 };
  }
</script>

<!-- 템플릿 부분은 같음 -->
```

3.1.4 입력 바인딩

보통 DOM 요소의 속성을 스벨트 컴포넌트에서 설정해도 데이터는 컴포넌트 → DOM 요소의 방향으로만 흐르기 때문에 DOM 요소에 의해 직접 컴포넌트의 데이터가 변경되는 일은 없다. 보통은 이 방식이 문제가 없지만 `<input>` 요소 등 유저 입력을 다루는 요소를 사용할 때 DOM 요소 → 컴포넌트의 방향으로 데이터를 전달하는 것이 편리할 때가 있다. 스벨트에는 이러한 상황에서 사용할 수 있는 **바인딩** 기능이 있다. 바인딩을 사용하면 속성값이 DOM 요소에서 업데이트될 때 컴포넌트 측의 변수도 자동으로 반영된다.

텍스트

바인딩의 가장 일반적인 예는 텍스트 입력 바인딩이다. 먼저 바인딩을 사용하지 않는 예를 확인해보자(코드 3.1.11).

코드 3.1.11 바인딩을 사용하지 않는 샘플

```
<script>
  let message = '';

  function handleClick() {
    alert(`'${message}'가 입력되었습니다.`);
    message = '';
  }
</script>

<input type="text" value={message}>
<button on:click={handleClick}>표시</button>
```

이 샘플은 입력란에 입력한 텍스트를 알림창으로 표시하는 간단한 예다. 그러나 실행해보면 입력란에 어떤 텍스트를 입력해도 message가 빈 상태인 것을 확인할 수 있다.

이유는 바로 <input> 요소에 지정한 value={message}가 value 속성의 초깃값만 설정하고 있기 때문이다. 이후 <input> 요소 내부에서 입력값이 변경되어도 변수 message에는 영향을 주지 않는다. 이것은 데이터가 컴포넌트 → DOM 요소로 흐름이 한 방향임을 의미한다.

이것을 바인딩을 사용하도록 변경해보자. 수정할 위치는 한 곳으로 value={message}를 bind:value={message}로 변경한다(코드 3.1.12).

코드 3.1.12 텍스트 입력에 바인딩을 사용한 샘플

```
<script>
  let message = '';

  function handleClick() {
    alert(`'${message}'가 입력되었습니다.`);
    message = '';
  }
</script>

<input type="text" bind:value={message}><!-- 변경 -->
<button on:click={handleClick}>표시</button>
```

실행하면 예상대로 작동하는 것을 확인할 수 있다. 이와 같이 속성명의 앞에 `bind:`를 사용하면 해당 속성이 변경될 때 컴포넌트 측의 변수도 함께 변경한다는 의미다. 이것이 바인딩이다.

바인딩도 다른 문법과 같이 속성명과 변수명이 같으면 생략할 수 있다.

```
<input type="text" bind:value>
<!-- 아래와 같은 의미 -->
<input type="text" bind:value={value}>
```

숫자

`<input type="number">`나 `<input type="range">`와 같이 **숫자**를 입력받는 요소는 바인딩한 변수를 자동으로 숫자로 변환하여 업데이트한다(코드 3.1.13).

코드 3.1.13 숫자 입력에 바인딩을 사용한 샘플

```
<script>
  // 부가가치세
  const taxRate = 0.1;

  let price = 100;
  $: priceWithTax = Math.floor(price * (1 + taxRate));
</script>

<div>가격: <input type="number" bind:value={price}>원</div>
<div>세금 포함: {priceWithTax}원</div>
```

변수 price를 `<input type="number">` 요소의 value에 바인딩하고 있으므로 price는 숫자로 업데이트된다. 따라서 priceWithTax의 계산과 같이 직접 숫자 계산에 사용할 수 있다.

체크박스

`<input type="checkbox">`에서는 checked 속성을 바인딩할 수 있다(코드 3.1.14).

코드 3.1.14 체크박스를 바인딩에 사용하는 샘플

```
<script>
  let isAccepted = false;
</script>

<label>
  <input type="checkbox" bind:checked={isAccepted}>
  동의
```

```
  </label>
  <div>
    <button disabled={!isAccepted}>전송</button>
  </div>
```

샘플에서는 checked에 바인딩한 변수 isAccepted에 체크 여부를 Boolean으로 저장한다. 체크박스를 체크하면 <button> 요소의 disabled가 false가 되어 전송 버튼이 활성화된다.

그룹

라디오 버튼과 체크박스는 여러 요소를 그룹화하여 하나의 변수로 바인딩할 수 있다. 라디오 버튼을 그룹화할 때는 여러 값 중에서 하나만 선택할 수 있으므로 바인딩할 변수는 하나의 문자열이나 숫자가 된다. 반면 체크박스는 여러 값을 선택할 수 있으므로 바인딩할 변수는 배열이 된다.

그룹화하여 바인딩할 때는 bind:group을 사용한다. 또한 바인딩된 변수에 대입할 때는 각 요소의 value 속성으로 지정된 값을 사용한다. 예를 확인해보자(코드 3.1.15).

코드 3.1.15 그룹으로 바인딩하는 샘플

```
<script>
  // 그룹화한 라디오 버튼에 바인딩하는 변수
  let size = 'M';

  // 그룹화한 체크박스에 바인딩하는 변수
  let options = [];
</script>

<h4>사이즈</h4>
<label>
  <input type="radio" bind:group={size} value="S">
  S 사이즈
</label>
<label>
  <input type="radio" bind:group={size} value="M">
  M 사이즈
</label>
<label>
  <input type="radio" bind:group={size} value="L">
  L 사이즈
</label>

<h4>토핑</h4>
<label>
  <input type="checkbox" bind:group={options} value="마요네즈">
```

```
    마요네즈
  </label>
  <label>
    <input type="checkbox" bind:group={options} value="케첩">
    케첩
  </label>
  <label>
    <input type="checkbox" bind:group={options} value="핫소스">
    핫소스
  </label>

  <button>
    {size} 사이즈
    {#if options.length > 0}
      (토핑: {options.join(',')})
    {/if}
    으로 주문
  </button>
```

이 예는 음식 주문 폼에 대한 샘플이다. 사이즈는 여러 개 중에서 하나만 선택할 수 있으므로 라디오 버튼을 사용한다. bind:group을 사용해 세 개의 `<input>` 요소를 하나의 size 변수에 바인딩하므로 라디오 버튼 중 하나를 선택하면 해당 value 속성에 지정된 사이즈가 size 변수에 대입된다.

토핑은 복수 선택이 가능하므로 체크박스를 사용하며, bind:group으로 여러 요소를 하나의 options 변수에 바인딩한다. 다중 선택이 가능하므로 options 변수는 배열을 사용하며, 해당 시점에 선택된 체크박스의 value 속성의 값을 요소로 갖는 배열이 대입된다.

HTML과 다르게 value 속성에 지정하는 값은 문자열 이외의 다른 값을 사용할 수도 있다. 이때 바인딩된 변수에는 value에 지정한 값(문자열로 인식되는 것이 아님)이 그대로 대입된다(코드 3.1.16).

코드 3.1.16 바인딩된 변수에 숫자를 대입

```
<script>
  let aspect = 1 / 1;
</script>

<!-- 각각의 value에 숫자를 지정하면 aspect에도 숫자가 대입됨 -->
<label>
  <input type="radio" bind:group={aspect} value={1 / 1}>
  1:1
</label>
```

```
<label>
  <input type="radio" bind:group={aspect} value={4 / 3}>
  4:3
</label>
<label>
  <input type="radio" bind:group={aspect} value={16 / 9}>
  16:9
</label>

<!-- aspect는 숫자이므로 계산식에도 사용할 수 있음 -->
<div
  style:width="300px"
  style:height="{300 / aspect}px"
  style:background-color="gray"
/>
```

이 예는 라디오 버튼으로 선택한 비율에 따라 표시할 사각형의 크기를 변경한다. 각각 <input>의 value는 1/1과 같이 숫자로 지정되어 있다. 따라서 <div>의 style:height의 계산과 같이 aspect 를 숫자로 사용할 수 있다.

select

<select> 요소에 대한 바인딩도 bind:value를 사용할 수 있다. 바인딩된 변수에는 선택된 <option> 요소의 value 속성값이 대입된다(코드 3.1.17).

코드 3.1.17 select 요소의 바인딩

```
<script>
  let size = 'M';
</script>

<select bind:value={size}>
  <option value="S">S 사이즈</option>
  <option value="M">M 사이즈</option>
  <option value="L">L 사이즈</option>
</select>

<button>{size} 사이즈 주문</button>
```

그룹화하는 라디오 버튼의 샘플에서 본 것과 비슷하지만 여기서는 <select> 요소에 size 변수를 바인딩한다. 선택박스에서 옵션 중 하나를 선택하면 선택한 <option> 요소의 value 속성에 지정 된 사이즈가 size 변수에 대입된다.

`<select>` 요소는 `multiple` 속성을 지정하여 다중 선택이 가능한 선택박스로 사용할 수도 있다. 이때는 `bind:value`로 변수를 바인딩할 수 있지만 다중 선택을 위해 변수는 배열이 되므로 주의하자(코드 3.1.18).

코드 3.1.18 **선택박스의 바인딩**

```
<script>
  let options = [];
</script>

<select multiple bind:value={options}>
  <option value="마요네즈">마요네즈</option>
  <option value="케첩">케첩</option>
  <option value="핫소스">핫소스</option>
</select>

<div>
  토핑:
  {#if options.length > 0}
    {options.join(',')}
  {:else}
    선택하지 않음
  {/if}
</div>
```

이 샘플도 그룹화하는 체크박스와 비슷하다. `<select>` 요소에 `options` 변수를 바인딩하여 선택이 변경될 때마다 현재 선택된 `<option>` 요소의 `value` 값을 요소로 갖는 배열이 `options` 변수에 대입된다.

3.1.5 미디어 요소의 바인딩

미디어를 다루는 DOM 요소의 바인딩은 지금까지 살펴본 입력을 다루는 DOM 요소와 조금 다르다. 미디어를 다루는 요소는 `<video>`와 `<audio>`가 있다.

이 요소에는 동영상과 음악 재생을 제어하는 플레이어 UI가 있다. 바인딩을 사용하면 UI를 조작한 결과가 자동으로 변수에 반영되므로 편리하다.

예를 들어 동영상의 현재 재생 위치를 바인딩하려면 `bind:currentTime`을 사용한다(코드 3.1.19).

코드 3.1.19 동영상을 재생하는 위치를 바인딩[9]

```
<script>
  let time;
</script>

<video
  src="https://interactive-examples.mdn.mozilla.net/media/cc0-videos/flower.mp4"
  width="300"
  controls
  bind:currentTime={time}
>
  <track kind="captions">
</video>

<div>
  {#each [1, 2, 3, 4, 5] as t}
    <button on:click={() => (time = t)}>{t}초 위치로 이동</button>
  {/each}
</div>

{#if time !== undefined}
  <div>{time}초 근처 재생 중...</div>
{/if}
```

이 샘플을 실행하면 브라우저의 기본 비디오 플레이어가 표시된다. 재생 버튼을 클릭하여 동영상 재생을 시작하면 time 변수에 동영상의 현재 재생 위치(초)가 정기적으로 대입된다. 이에 따라 플레이어 아래 'O초 근처 재생 중…'의 표시가 현재 재생 위치에 따라 업데이트된다. 탐색바를 사용해 재생 위치를 변경해도 동일한 결과를 확인할 수 있다.

'O초 위치로 이동' 버튼을 누르면 해당 초의 재생 위치로 이동할 수 있다. 버튼의 click 이벤트 핸들러에서 time 변수가 업데이트되고 바인딩된 <video> 요소의 재생 위치도 따라서 업데이트된다.

여기서는 currentTime을 살펴보았지만 다른 미디어 요소로 바인딩할 수 있는 속성도 많다. 다른 속성 리스트는 표 3.1.1과 같다.

---

9   동영상 파일 출처: https://developer.mozilla.org/en-US/docs/Web/HTML/Element/video

표 3.1.1 바인딩 가능한 미디어 요소

속성명	\<video\>	\<audio\>	참조	쓰기	설명
currentTime	○	○	○	○	현재 재생 위치(초)
playbackRate	○	○	○	○	재생 속도(1이 기본 속도)
paused	○	○	○	○	재생 멈춤 여부
volume	○	○	○	○	음량(0~1의 값)
muted	○	○	○	○	음소거 여부
duration	○	○	○		미디어 길이(초)
buffered	○	○	○		버퍼 범위의 배열
played	○	○	○		재생한 범위의 배열
seekable	○	○	○		탐색 가능한 범위의 배열
seeking	○	○	○		탐색 중 여부
ended	○	○	○		끝까지 재생 완료 여부
videoWidth	○		○		동영상의 기본 너비
videoHeight	○		○		동영상의 기본 높이

'쓰기'에 ○가 없는 속성은 자바스크립트에서 duration=10과 같이 대입하더라도 DOM 요소에는 반영되지 않는다는 것을 의미한다.

buffered, played, seekable로 바인딩할 수 있는 '범위의 배열'은 {start, end}라는 형태의 객체를 요소로 갖는 배열이다. 예를 들어 1~1.5초의 구간과 3~5초의 구간이 버퍼되어 있다고 한다면 buffered는 [{start:1, end:1.5}, {start:3, end:5}]와 같은 배열이 된다.

3.1.6 컴포넌트 바인딩

바인딩은 DOM 요소의 속성 이외에 스벨트 컴포넌트의 속성에도 사용할 수 있다. 예를 들어 컴포넌트에서 자체 입력 UI를 생성했을 때 \<input\>을 사용할 때와 같이 입력값을 바인딩하여 사용할 수 있다.

자체 선택박스의 구현을 코드 3.1.20의 CustomSelect.svelte로 확인해보자.

코드 3.1.20 자체 선택박스(CustomSelect.svelte)

```
<script>
  export let value;
  export let options;
  let open = false;
```

```
  const handleButtonClick = () => {
    open = !open;
  }

  const handleOptionClick = (option) => () => {
    value = option;
    open = false;
  };
</script>

<button on:click={handleButtonClick}>{value}</button>
{#if open}
  <ul>
    {#each options as option}
      <li on:click={handleOptionClick(option)}>{option}</li>
    {/each}
  </ul>
{/if}
```

선택박스는 <button>, 선택 옵션은 <ul>로 구현한다. 이 코드는 설명을 위한 샘플이므로 디자인 부분은 크게 고려하지 않았으나 실제 선택 옵션은 다른 요소 위에 겹치도록 표시하는 등의 방식을 생각해보면 좋다.

선택 옵션을 클릭하면 handleOptionClick에서 변수 value에 대입하고 있으므로 주의하자. value는 export let으로 선언하고 있으므로 외부의 속성으로 지정되지만 샘플과 같이 참조하는 것 이외에 대입도 가능하다. 이때 컴포넌트를 사용하는 측에서 value={...}가 아니라 bind:value={...}와 같이 사용하면 여기에 대입된 값이 그대로 사용하는 측의 변수에 바인딩된다.

여기서는 HTML의 <select>와 유사한 사용을 위해 value라는 명칭을 사용하지만 바인딩하는 속성의 이름은 value가 아니어도 상관없다.

사용하는 측의 샘플은 코드 3.1.21과 같다.

코드 3.1.21 코드 3.1.20의 컴포넌트를 사용하는 샘플(App.svelte)

```
<script>
  import CustomSelect from './CustomSelect.svelte';

  let fruit = '사과';
```

```
</script>

<div>선택 중: {fruit}</div>

<CustomSelect bind:value={fruit} options={['사과', '바나나', '포도']} />
```

이 예에서는 CustomSelect 컴포넌트의 value 속성을 fruit 변수에 바인딩한다. 선택 옵션을 변경하면 바인딩하는 fruit 변수가 업데이트되고, '선택 중:' 뒤에 표시되는 문자열의 변경도 확인할 수 있다.

3.1.7 this 바인딩

DOM 요소에 대한 바인딩

this 바인딩은 DOM 요소의 속성이 아니라 DOM 요소 자체를 변수에 바인딩할 수 있는 기능이다. 이 기능을 사용하면 템플릿에 존재하는 DOM 요소를 간단하게 가져올 수 있다. 이것은 DOM 요소의 속성이나 메서드를 자바스크립트에서 사용할 때 편리하다.

'2.2.9 라이프 사이클' 절에서 <canvas>를 사용해 도형을 그리는 컴포넌트를 this 바인딩을 사용해 다시 작성해보자. this 바인딩을 사용하려면 bind:this={변수}와 같이 작성한다(코드 3.1.22).

코드 3.1.22 this 바인딩의 사용 샘플

```
<script>
  import { onMount } from 'svelte';

  let canvas;

  onMount(() => {
    const ctx = canvas.getContext('2d');
    ctx.fillStyle = '#ddd';
    ctx.fillRect(0, 0, 100, 100);
    ctx.fillRect(100, 100, 200, 200);
  });
</script>

<canvas bind:this={canvas} width="200" height="200" />
```

여기서는 bind:this를 사용해 <canvas>의 DOM 요소를 canvas 변수에 바인딩한다. 자바스크립트에서 이 변수를 통해 Canvas API를 호출할 수 있다. canvas 변수는 초기 상태가 undefined로

되어 있으므로 최초 렌더링 타이밍에 DOM 요소가 만들어지고 나서 canvas에 대입된다. 따라서 이 샘플은 onMount를 사용해 초기 렌더링 직후 canvas를 사용하는 코드를 실행한다.

스벨트 컴포넌트에 대한 바인딩

this 바인딩은 DOM 요소 이외에 스벨트 컴포넌트에도 사용할 수 있다. 컴포넌트가 const, class, function 중 하나를 export하고 있을 때 사용이 필요하다. 이들은 읽기 전용 속성이므로 this 바인딩을 통해서만 접근할 수 있다.

입력 내용을 모두 초기화하는 기능을 갖는 CustomForm.svelte를 확인해보자(코드 3.1.23).

코드 3.1.23 **입력 내용을 초기화하는 기능을 갖는 컴포넌트(CustomForm.svelte)**

```
<script>
  let form;

  export function reset() {
    form.reset();
  }
</script>

<form bind:this={form}>
  <input type="text">
  <input type="text">
  <input type="text">
</form>
```

여기서는 컴포넌트의 외부에서 폼의 내용을 초기화하기 위해 reset 함수를 export한다. 이것을 다른 컴포넌트에서 호출할 수 있다. 이 함수의 내부에서 this 바인딩을 사용해 DOM 요소를 바인딩한 form 변수를 사용해 <form>의 reset 메서드를 호출하여 폼 입력 내용을 모두 초기화한다.

이 컴포넌트를 사용하는 예를 코드 3.1.24에서 확인해보자.

코드 3.1.24 **CustomForm 컴포넌트의 사용 샘플(App.svelte)**

```
<script>
  import CustomForm from './CustomForm.svelte';

  let customForm;

  function handleClick() {
    customForm.reset();
  }
```

```
</script>

<CustomForm bind:this={customForm} />

<button on:click={handleClick}>초기화</button>
```

<CustomForm>에 대해 컴포넌트의 this 바인딩을 사용한다. handleClick 함수를 보면 알 수 있듯이 바인딩된 customForm 변수에서 앞의 reset 함수를 호출할 수 있다. 이 코드를 실행하고 입력란에 임의의 문자를 입력한 후 초기화 버튼을 누르면 입력 내용을 모두 초기화하는 것을 확인할 수 있다.

3.2 스토어

앞에서 본 것과 같이 스벨트 컴포넌트는 변수를 사용해 상태를 관리한다. 그러나 변수는 단일 컴포넌트 내에서만 사용할 수 있다. 이것과는 별도로 스벨트에는 여러 컴포넌트의 상태를 공유하기 위해 **스토어**store라는 구조를 제공한다.

스토어는 다음과 같은 유형이 있다.

- **writable 스토어**: 참조, 업데이트 모두 가능한 스토어
- **readable 스토어**: 참조만 가능한 스토어
- **derived 스토어**: 다른 스토어의 값에 따라 값이 변하는 스토어
- **custom 스토어**: 스벨트가 제공하는 함수가 아닌 방식으로 생성된 스토어

각 스토어에 대해 조금 더 자세히 알아보자.

3.2.1 writable 스토어

writable 스토어는 값의 참조와 업데이트가 모두 가능한 스토어다.

여러 컴포넌트에서 로그인 상태를 Boolean 값으로 공유하는 구조를 생각해보자. 코드 3.2.1과 같이 store.js를 생성한다.

코드 3.2.1 isLogin 스토어(store.js)

```
import { writable } from 'svelte/store';

export const isLogin = writable(false);
```

스토어와 관련이 있는 스벨트 함수는 svelte/store에서 불러와 사용할 수 있다. 이 예는 불러온 writable 함수를 사용해 스토어를 생성하고, isLogin이라는 이름의 상수로 내보낸다. writable의 인수에는 해당 스토어에 보관하고 싶은 초깃값을 전달한다.

스토어는 다음 세 가지 작업을 할 수 있다.

- **set(val)**: 스토어의 값에 val을 설정
- **subscribe(callback)**: 스토어를 구독(값이 변할 때마다 알려주는 것). 스토어의 값이 변하면 새로운 값을 인수로 callback 실행. 반환값으로 구독을 중지하는 함수를 반환
- **update(updater)**: 현재 값을 기반으로 스토어의 값을 새 값으로 업데이트. 현재 값을 인수로 updater가 실행. 반환값으로 새 값을 스토어에 설정

앞에서 생성한 isLogin 스토어를 사용해보자. 먼저 로그인 기능을 하는 Login.svelte를 코드 3.2.2와 같이 작성한다.

코드 3.2.2 Login.svelte

```
<script>
  import { onDestroy } from 'svelte';
  import { isLogin } from './stores.js';

  let login;

  const unsubscribe = isLogin.subscribe((val) => {
    login = val;
  });

  function handleLogin() {
    isLogin.set(true);
  }

  function handleLogout() {
    isLogin.set(false);
  }
```

```
  onDestroy(unsubscribe);
</script>

{#if login}
  <button on:click={handleLogout}>로그아웃</button>
{:else}
  <button on:click={handleLogin}>로그인</button>
{/if}
```

isLogin.subscribe()를 호출하여 스토어를 구독하고, 스토어에 저장된 로그인 상태값이 업데이트될 때 값을 컴포넌트 내부의 login 변수에 대입한다. 이를 통해 로그인이 아닌 상태에서 표시되는 버튼을 전환할 수 있다.

subscribe의 반환값은 스토어의 구독을 해제하는 함수로, onDestroy에 등록하여 컴포넌트 제거 직전에 호출되도록 한다. 그렇지 않으면 subscribe는 callback 함수를 계속 유지해야 하므로 메모리가 낭비된다(컴포넌트가 많이 사용될수록 불필요한 낭비가 많아진다). 따라서 구독 취소를 잊지 말고 처리하는 것이 중요하다.

그리고 handleLogin과 handleLogout 함수에서 각각 isLogin.set()을 호출하여 스토어의 값을 업데이트한다.

다른 컴포넌트에서도 isLogin 스토어를 사용해보자. 사이트의 메뉴를 표시하는 Menu.svelte를 코드 3.2.3과 같이 작성한다.

코드 3.2.3 **Menu.svelte**

```
<script>
  import { onDestroy } from 'svelte';
  import { isLogin } from './stores.js';

  let login;

  const unsubscribe = isLogin.subscribe((val) => {
    login = val;
  });

  onDestroy(unsubscribe);
</script>

<ul>
  <li><a href="/">TOP</a></li>
```

```
  <li><a href="/blog">BLOG</a></li>
  <li><a href="/about">ABOUT</a></li>
  {#if login}
    <li><a href="/dashboard">MyPage</a></li>
  {/if}
</ul>
```

여기서도 isLogin.subscribe()에 의해 로그인 상태가 변할 때, login 변수에 대입하도록 한다. 로그인한 상태에서만 MyPage 링크가 표시된다. onDestroy에서 구독 해제를 잊지 말자.

이와 같이 스토어를 사용하면 여러 컴포넌트에서 같은 상태를 공유할 수 있다. 어딘가의 컴포넌트에서 스토어의 값이 업데이트되면 해당 스토어를 사용하는 다른 컴포넌트에서도 자동으로 새 값으로 업데이트된다.

코드 3.2.4를 작성하여 컴포넌트를 확인해보자.

코드 3.2.4 **스토어 업데이트를 확인하는 샘플(App.svelte)**

```
<script>
  import Login from './Login.svelte';
  import Menu from './Menu.svelte';
</script>

<Login />
<Menu />
```

실행하면 '로그인' 버튼이 표시되고 버튼을 누르면 Login, Menu 모두 업데이트되는 것을 확인할 수 있다.

3.2.2 $를 사용하는 자동 구독

앞의 예에서는 최신 스토어의 값을 사용하기 위해 subscribe를 사용한다. 그러나 컴포넌트 측에 스토어의 값을 받는 변수를 생성하거나 구독 해제까지 매번 신경 쓰는 것은 쉽지 않다.

스토어를 구독할 때는 최신의 값을 사용하기만 하면 되는 경우가 많으므로 간단하게 $를 사용해 스토어를 자동으로 구독할 수 있는 기능을 제공한다. 스토어의 앞에 $를 추가하고 참조하면 최신 값을 바로 참조할 수 있다. 그리고 $로 참조한 경우에는 자동으로 구독 해제도 진행된다.

앞에서 작성한 Menu.svelte 샘플에 대한 자동 구독 적용은 코드 3.2.5와 같다.

코드 3.2.5 자동 구독을 적용한 Menu.svelte

```
<script>
  import { isLogin } from './stores.js';
</script>

<ul>
  <li><a href="/">TOP</a></li>
  <li><a href="/blog">BLOG</a></li>
  <li><a href="/about">ABOUT</a></li>
  {#if $isLogin}
    <li><a href="/dashboard">MyPage</a></li>
  {/if}
</ul>
```

코드 3.2.3의 샘플과 비교하면 코드의 양이 많이 줄었다. 더이상 변수 login이 필요하지 않고, $isLogin으로 직접 isLogin 스토어의 최신 값을 가져올 수 있다. 스토어의 값이 변하면 관련된 부분(이 샘플에서는 'MyPage' 링크)도 자동으로 리렌더링된다. 또한 구독 해제도 자동으로 발생하므로 onDestroy도 필요하지 않게 된다.

3.2.3 $를 사용하는 대입

자동 구독과 마찬가지로 set도 편리하게 바로 가기가 제공된다. 스토어 앞에 $를 붙여서 대입하면 스토어의 값이 업데이트된다.

Login.svelte를 수정해보자(코드 3.2.6).

코드 3.2.6 대입을 사용하는 Login.svelte

```
<script>
  import { isLogin } from './stores.js';

  function handleLogin() {
    $isLogin = true;
  }

  function handleLogout() {
    $isLogin = false;
  }
</script>

{#if $isLogin}
  <button on:click={handleLogout}>로그아웃</button>
```

```
{:else}
  <button on:click={handleLogin}>로그인</button>
{/if}
```

handleLogin과 handleLogout에서 $를 사용해 값을 대입한다. 자동 구독과 유사하므로 이해하기 쉽고 set을 사용하는 것보다 더 직관적으로 값을 업데이트할 수 있다.

이 기능은 값을 참조만 할 수 있는 readable 스토어(뒤에서 설명)에서는 사용할 수 없으므로 주의 하자.

3.2.4 readable 스토어

readable 스토어는 writable 스토어와 기능이 거의 같지만 값의 변경(set)은 할 수 없으며 참조만 가능하다. svelte/store에서 가져와 readable 함수를 생성할 수 있다.

readable 함수의 사용은 writable 함수에 비해서 복잡하다. 먼저 샘플로 현재 시간이 초 단위로 업데이트되는 스토어를 확인해보자. 우선 코드 3.2.7과 같이 stores.js를 생성한다.

코드 3.2.7 readable 스토어 샘플(stores.js)

```
import { readable } from 'svelte/store';

export const currentTime = readable(new Date(), function start(set){
  const timer = setInterval(function update() {
    set(new Date());
  }, 1000);

  return function stop() { clearInterval(timer); };
});
```

currentTime이 readable 스토어이며, readable 함수는 두 개의 인수를 받는다. 첫 번째 인수는 스토어의 초깃값, 두 번째 인수는 '스토어의 값 업데이트를 시작하고 반환값으로 업데이트를 종료 하는 함수를 반환'하는 함수다. 두 번째 인수를 조금 더 자세히 알아보자.

두 번째 인수의 함수인 start는 조금 더 생략해보면 코드 3.2.8과 같다.

코드 3.2.8 start 함수

```
function start(set) {
  const timer = setInterval(/* 생략 */, 1000);

  return /* 생략 */;
}
```

start에서는 setInterval을 사용하여 1초마다 호출되는 타이머를 설정한다. start 함수를 호출한 시점부터 타이머가 시작되며 1초마다 처리가 호출된다. start 함수는 스토어가 초기화될 때 자동으로 호출된다.

start에는 인수로 set 함수가 전달된다. 이 함수를 호출하면 스토어의 값을 업데이트할 수 있다. 이 부분은 update를 설명하는 부분에서 자세히 살펴보도록 한다.

이제 start의 반환값을 살펴보자(코드 3.2.9).

코드 3.2.9 start 함수의 반환값

```
function start(set) {
  const timer = setInterval(/* 생략 */, 1000);

  return function stop() { clearInterval(timer); };
}
```

여기서는 stop 함수를 반환한다. stop은 실행 시 clearInterval을 호출하여 start에서 생성한 타이머를 멈추는 함수다. stop 함수는 스토어가 더 이상 필요 없어 삭제할 때 자동으로 호출된다. 이와 같이 start의 반환값은 start 함수에 따라 필요한 뒤처리 함수를 반환하도록 한다. 뒤처리가 필요 없으면 빈 함수를 반환한다. 마지막으로 start 인수의 set 사용 방법을 알아보자. set은 setinterval에 전달한 update 함수 내부에서 사용한다(코드 3.2.10).

코드 3.2.10 인수 set의 사용 위치

```
function start(set) {
  const timer = setInterval(function update() {
    set(new Date());
  }, 1000);

  return function stop() { clearInterval(timer); };
}
```

update 함수는 호출되면 set 함수를 현재 시간을 인수로 넣어 호출한다. 앞에서 설명한 대로 set 은 스토어의 값을 업데이트하는 함수이므로 스토어의 값이 update를 호출한 시점의 시간으로 업 데이트된다. update는 setInterval의 인수로 전달되므로 함수가 1초마다 호출된다. 따라서 1초마 다 스토어의 값이 최신 시간으로 계속 업데이트된다.

여기서는 설명을 위해 각각의 함수에 이름을 지정했지만 익명 함수를 사용해도 상관없다. 화살표 함수를 사용하면 코드 3.2.11의 stores.js와 같이 더욱 간결하게 작성할 수 있다.

코드 3.2.11 화살표 함수를 사용하는 stores.js

```
import { readable } from 'svelte/store';

export const currentTime = readable(new Date(), (set) => {
  const timer = setInterval(() => set(new Date()), 1000);
  return () => clearInterval(timer);
});
```

readable 스토어는 참조만 할 수 있으므로 writable 스토어에서 사용할 수 있는 set, update, $ 를 사용하는 대입은 사용할 수 없다. 그러나 subscribe와 $에 의한 자동 구독은 writable 스토어 와 같은 방식으로 사용할 수 있다.

readable 스토어를 사용하는 예로 앞에서 현재 시간의 스토어를 사용하는 App.svelte를 살펴보 자(코드 3.2.12).

코드 3.2.12 readable 스토어 사용 샘플(App.svelte)

```
<script>
  import { currentTime } from './stores.js';
</script>

<p>현재는 {$currentTime.toLocaleString()}입니다.</p>
```

여기서는 자동 구독을 사용해 현재 currentTime 스토어의 값을 참조하고, 읽기 쉽도록 형식을 변 경하여 표시한다. 실행하면 현재 시간이 1초마다 업데이트되는지 확인할 수 있다.

3.2.5 derived 스토어

derived 스토어는 다른 스토어의 값에 의존하여 값이 변하는 스토어다.

앞에서 설명한 currentTime의 값을 기반으로, 어느 시점에서 현재 시간까지 경과 시간을 값으로 갖는 derived 스토어를 확인해보자.

stores.js는 코드 3.2.13과 같이 작성한다.

코드 3.2.13 **derived 스토어 사용 샘플(stores.js)**

```js
import { derived, readable } from 'svelte/store';

const currentTime = /* 생략 */;

const epoch = new Date(0);

export const elapsed = derived(currentTime, ($currentTime) => {
  return Math.floor(($currentTime.getTime() - epoch.getTime()) / 1000);
});
```

COLUMN	$의 의미 차이

$currentTime에는 앞에 $가 붙어 있지만 컴포넌트에서 $를 사용하여 자동 구독하는 것과는 의미가 다르므로 주의해야 한다. 여기서 $는 단순히 식별자의 일부다.[10] 이것은 '스토어 자체'가 아니라 '스토어 값'인 것을 알기 쉽게 하기 위한 관습으로, 스벨트의 문서 등에서도 사용된다. 물론 다른 이름을 사용해도 상관없다.

derived 스토어는 svelte/store에서 가져온 derived 함수를 사용한다. 함수의 첫 번째 인수는 참조하는 스토어, 두 번째 인수는 스토어의 값을 계산하는 방법을 함수로 전달한다.

두 번째 인수의 함수는 인수로 어떤 시점에서 기준이 되는 스토어의 값을 전달한다. 샘플에서는 $currentTime으로 받는다.

함수에서는 $currentTime과 UNIX 시간의 기점을 나타내는 epoch과의 차이를 계산하여 초로 환산한 값을 반환한다. elapsed 스토어를 참조하면 UNIX epoch(UTC로 1970년 1월 1일 0시 0분 0초)부터 경과된 초를 얻을 수 있다.

---

10 자바스크립트는 변수명 등의 식별자로 $를 사용할 수 있다.

App.svelte를 코드 3.2.14와 같이 작성하여 elapsed 스토어를 사용해보자.

코드 3.2.14 elapsed 스토어 사용 샘플(App.svelte)

```
<script>
  import { currentTime, elapsed } from './stores.js';
</script>

<p>현재는 {$currentTime.toLocaleString()}입니다.</p>
<p>UNIX epoch으로부터 {$elapsed}초 경과했습니다.</p>
```

실행하면 현재 시간과 함께 초로 환산된 값이 업데이트되는 것을 확인할 수 있다.

여러 스토어를 참조하는 스토어

derived 스토어는 하나가 아닌 여러 스토어를 참조할 수도 있다. 앞에서 확인한 elapsed의 기준 시점도 스토어로부터 전달받도록 수정해보자. stores.js를 코드 3.2.15와 같이 수정한다.

코드 3.2.15 여러 스토어를 참조하는 스토어 샘플(stores.js)

```
import { derived, readable, writable } from 'svelte/store';

const currentTime = /* 생략 */;

export const epoch = writable(new Date());

export const elapsed = derived([currentTime, epoch], ([$currentTime, $epoch]) => {
  return Math.floor(($currentTime.getTime() - $epoch.getTime()) / 1000);
});
```

여러 스토어를 참조할 때는 derived의 첫 번째 인수는 기준이 되는 스토어를 배열로 전달한다. 이때 두 번째 인수인 함수의 인수에는 스토어의 값을 배열로 전달한다. 배열 요소의 순서는 첫 번째 인수에 전달한 스토어의 순서와 같다. 여기서는 배열의 분할 대입을 이용해 각각의 값을 $currentTime과 $epoch으로 전달받는다. 이외에는 단일 스토어를 참조하는 경우와 같다.

확인을 위해 App.svelte를 코드 3.2.16과 같이 수정해보자.

코드 3.2.16 코드 3.2.15의 사용 샘플(App.svelte)

```
<script>
  import { currentTime, elapsed, epoch } from './stores.js';

  function handleChange(event) {
```

```
      epoch.set(new Date(Date.parse(event.target.value)));
  }
</script>

<div>
  <label for="epoch">기준시간</label>
  <input id="epoch" type="datetime-local" on:change={handleChange}>
</div>

<p>현재 시간은 {$currentTime.toLocaleString()}입니다.</p>
<p>기준 시간으로부터 {$elapsed}초 경과했습니다.</p>
```

날짜 <input> 요소를 추가하여 epoch 스토어의 내용을 다시 작성해보자. 실행하여 날짜를 입력하면 해당 날짜로부터 경과한 시간이 표시되는 것을 확인할 수 있다.

3.2.6 custom 스토어

지금까지 svelte/store가 제공하는 writable, readable, derived 함수를 사용하여 스토어를 생성했다. 그러나 규칙을 만족하는 객체를 생성하면 제공하는 함수를 사용하지 않고도 스토어를 생성할 수 있다. 이와 같은 스토어를 'custom 스토어'라고 한다.

custom 스토어는 다음과 같은 상황에서 유용하다.

1. 써드파티 상태 관리 라이브러리를 스벨트와 조합하여 사용하고 싶을 때
2. svelte/store로 생성한 스토어에 도메인 고유의 인터페이스를 추가하고 싶을 때

1번은 책의 범위를 넘어서는 부분이므로 여기서는 2번에 대해 알아보자.

custom 스토어의 요건

custom 스토어를 사용할 때는 객체가 표 3.2.1의 메서드를 가져야 한다.

표 3.2.1 custom 스토어에서 필요한 메서드

메서드	필수	설명
subscribe	○	값을 구독하는 함수(구독 함수)를 인수로 받아 해당 함수의 구독을 해제하는 함수를 반환한다. 구독 함수는 스토어 내부에 보관하고, 스토어의 값이 업데이트되면 해당 구독 함수에 업데이트 후의 값을 인수로 전달하고 즉시 호출한다.
set		새로운 값을 인수로 전달받고 반환값은 반환하지 않는다. set이 호출되면 스토어의 값을 해당 인수의 값으로 업데이트하고, 스토어에 보관된 구독 함수에 새로운 값을 인수로 전달하고, 즉시 호출한다. set을 갖는 custom 스토어는 writable 스토어로 취급한다.

custom 스토어의 예: 이미지 슬라이드

custom 스토어를 사용하는 예로 몇 장의 이미지를 좌우로 슬라이드하여 표시하는 UI를 생각해보자. 슬라이드는 반복되며 마지막 이미지 다음은 다시 첫 번째 이미지가 표시되도록 한다(반대의 경우에도 같음). 표시할 이미지의 URL을 배열로 유지하고, 가운데 표시하는 이미지의 인덱스를 스토어에 보관하도록 구성한다.

비교를 위해 writable 스토어의 사용을 생각해보자. 이때는 인덱스를 set 또는 update로 임의의 값으로 업데이트할 수 있으므로 다음과 같은 고려 사항이 발생한다.

- 배열의 범위를 벗어난 인덱스도 지정할 수 있게 된다.
- 이미지가 반복되도록 인덱스를 지정하는 것이 약간 복잡하다.

이번에는 이러한 문제를 해결하기 위해 custom 스토어를 사용해보자. 먼저 스토어는 코드 3.2.17의 stores.js와 같다.

코드 3.2.17 custom 스토어(stores.js)

```
import { writable } from 'svelte/store';

function createCurrentIndexStore() {
  const index = writable(0);

  return {
    subscribe: index.subscribe,
    moveLeft: (length) => {
      index.update(($index) =>
        $index === length - 1 ? 0 : $index + 1
      );
    },
    moveRight: (length) => {
```

```
      index.update(($index) =>
        $index === 0 ? length - 1 : $index - 1
      );
    },
  };
}

export const currentIndex = createCurrentIndexStore();
```

createCurrentIndexStore는 가운데 이미지의 인덱스를 유지하는 custom 스토어를 생성하는 함수다. 실행하면 먼저 내부용 writable 스토어를 생성한다. 그리고 subscribe 메서드와 moveLeft, moveRight 함수를 속성으로 갖는 객체를 반환한다. 앞에서 설명한 custom 스토어의 요구 사항에 있는 subscribe 메서드가 존재하므로 이 객체는 custom 스토어로 작동한다.

moveLeft, moveRight와 같이 custom 스토어 측에서 복잡한 로직을 구현하는 것으로 컴포넌트를 간결하게 작성할 수 있고, 재사용성도 높아진다. 또한 여기서는 이 함수만 값을 변경할 수 있는 방법을 제공하므로 실수로 배열 범위를 벗어나는 인덱스의 지정을 막을 수 있다.

이 custom 스토어를 사용하여 가로로 늘어선 이미지를 표시하는 Images.svelte는 코드 3.2.18과 같다.

코드 3.2.18 custom 스토어의 사용 샘플(Images.svelte)

```
<script>
  import { currentIndex } from './stores.js';

  export let images;

  $: leftIndex = $currentIndex === 0 ? images.length - 1 : $currentIndex - 1;
  $: rightIndex = $currentIndex === images.length - 1 ? 0 : $currentIndex + 1;
</script>

<div class="container">
  <div class="images">
    <img src={images[leftIndex]} alt="" class="image left">
    <img src={images[$currentIndex]} alt="" class="image">
    <img src={images[rightIndex]} alt="" class="image right">
  </div>
</div>

<style>
  .container {
```

```
    width: 375px;
    overflow: hidden;
  }

  .images {
    position: relative;
    width: 80%;
    margin: 0 10%;
  }

  .image {
    width: 100%;
  }

  .image.left {
    position: absolute;
    top: 0;
    right: 100%;
  }

  .image.right {
    position: absolute;
    top: 0;
    left: 100%;
  }
</style>
```

Images 컴포넌트는 images 속성으로 이미지의 URL 리스트를 받아서 가로로 늘어선 형태로 표시한다. 표시하는 것은 가운데 이미지와 좌우 한 장씩 총 3장이다.

가운데와 좌우 이미지의 인덱스는 stores.js에서 불러온 custom 스토어의 currentIndex를 사용해 지정한다. 이 샘플과 같이 custom 스토어도 $를 사용해 자동 구독을 사용할 수 있다.

currentIndex의 값은 항상 배열의 범위를 넘지 않으므로 범위 체크는 필요가 없다. 이와 같이 요구 조건에 따라 값에 제약을 둘 수 있는 것도 custom 스토어의 장점이다.

마지막으로 모두 조합하여 슬라이드 UI를 제공하는 App.svelte를 코드 3.2.19와 같이 작성한다.

코드 3.2.19 custom 스토어를 사용하는 슬라이드 UI(App.svelte)

```
<script>
  import Images from './Images.svelte';
  import { currentIndex } from './stores.js';
```

```
  let images = [
    'https://github.com/developer-book/svelte/raw/main/static/slide-1.png',
    'https://github.com/developer-book/svelte/raw/main/static/slide-2.png',
    'https://github.com/developer-book/svelte/raw/main/static/slide-3.png',
    'https://github.com/developer-book/svelte/raw/main/static/slide-4.png',
    'https://github.com/developer-book/svelte/raw/main/static/slide-5.png'
  ];
</script>

<Images {images} />

<div>
  <button on:click={() => currentIndex.moveLeft(images.length)}>←</button>
  <button on:click={() => currentIndex.moveRight(images.length)}>→</button>
</div>
```

슬라이드를 좌우로 이동하는 버튼을 설치하고 currentIndex가 제공하는 moveLeft와 moveRight를 호출하여 가운데 표시하는 이미지를 전환하도록 한다. 용도에 특화된 메서드가 제공되므로 컴포넌트는 간결해지고, 범위를 벗어나는 인덱스가 지정하는 등의 버그가 발생하기 어려운 구조의 코드가 된다.

3.2.7 스토어의 바인딩

writable 스토어는 '3.1 컴포넌트 리액티비티' 절에서 설명한 각종 바인딩의 대상으로 지정할 수 있다. 여기서 writable 스토어는 writable 함수를 사용해 만든 것은 물론이고, custom 스토어에서 구현한 set도 포함한다.

예를 들어 '3.2.5 derived 스토어' 절에서 예로 등장한 epoch 스토어를 바인딩에 사용해보자. 기본 구현은 다음과 같다.

```
export const epoch = writable(new Date());
```

이 상태에서도 문제없이 바인딩을 사용할 수 있지만 <input type="datetime-local">의 입력을 더욱 편리하게 처리하기 위해 custom 스토어로 set을 조금 더 커스터마이징해보자. stores.js를 코드 3.2.20과 같이 작성한다.

코드 3.2.20 custom 스토어 변경(stores.js)

```javascript
import { writable } from 'svelte/store';

function createDateStore(initial) {
  const { subscribe, set } = writable(initial);

  return {
    subscribe,
    set: (value) => {
      if (typeof value === 'string') {
        set(new Date(Date.parse(value)));
      } else {
        set(value);
      }
    },
  };
}

export const epoch = createDateStore(new Date());
```

set에 전달된 값이 문자열일 때는 시간을 나타내는 문자열로 해석하여 해당 값을 파싱_{parsing}한 결과를 스토어에 설정한다. 문자열 이외에는 데이터 형식으로 해석하여 직접 스토어에 값을 설정한다.

이 스토어를 바인딩하여 사용하는 `App.svelte`는 코드 3.2.21과 같다.

코드 3.2.21 스토어에 바인딩을 사용하는 샘플(App.svelte)

```html
<script>
  import { epoch } from './stores.js';
</script>

<div>
  <label for="epoch">기준 시간</label>
  <input id="epoch" type="datetime-local" bind:value={$epoch}>
</div>

<p>기준 시간은 {$epoch.toLocaleString()}입니다.</p>
```

`<input>` 요소의 `value` 속성에 epoch 스토어를 바인딩한다. 스토어를 바인딩에 사용하려면 자동 구독과 마찬가지로 스토어의 앞에 $를 붙여야 한다.

바인딩을 통해 속성값을 직접 스토어에 설정할 수 있으므로 원래 샘플에서 사용하던 `handle Change`는 필요가 없어져 코드가 깨끗해진다.

COLUMN **타입스크립트의 스토어 타입 지정**

타입스크립트를 사용하면 `writable`과 `readable`에 전달하는 초깃값에 따라 스토어에 저장되는 값의 형태를 추론한다. 또한 `derived`는 두 번째 인수에 전달되는 함수의 반환값에 따라 타입을 추론한다(코드 3.2.22). 따라서 타입스크립트를 사용할 때는 파일의 확장자를 `.js` 대신 `.ts`로 사용한다.

코드 3.2.22 **스토어의 타입을 추론하는 샘플**(stores.ts)

```ts
// string 타입의 값을 저장하는 스토어로 추론
const stringStore = writable('str');
// string 타입 이외의 값을 설정하면 타입 에러 발생
stringStore.set(100);

// Date 타입의 값을 저장하는 스토어로 추론
const dateStore = readable(new Date(), (set) => {
  // Date 타입 이외의 값을 설정하면 타입 에러 발생
  set(100);
});

// number 타입의 값을 저장하는 스토어로 추론
const numberStore = derived(dateStore, ($date) => $date.getTime());
```

만약 추론 타입과 다른 타입을 사용하고 싶거나 타입을 명시하고 싶을 때는 `writable`, `readable`, `derived` 호출 시 타입 인수를 전달하거나 `svelte/store`에서 가져오는 `Writable`, `Readable` 타입을 사용한다. 예를 들어 문자열 또는 `null`을 저장하는 `writable` 스토어는 코드 3.2.23과 같이 타입을 지정할 수 있다.

코드 3.2.23 **스토어 타입을 명시하는 샘플**(stores.ts)

```ts
import { writable, type Writable } from 'svelte/store';

const nullableStringStore = writable<string | null>(null);
// 또는
const nullableStringStore: Writable<string | null> = writable(null);

// 둘 다 가능
nullableStringStore.set('str');
nullableStringStore.set(null);
```

4

스벨트의 고급 기능

2장과 3장에서는 스벨트의 기본 기능과 컴포넌트 작성 방법 그리고 리액티비티에 대해 살펴보았으므로, 이제 간단한 UI는 앞에서 학습한 내용으로 충분히 구현할 수 있다. 더욱 확장된 기능을 위해 스벨트는 고급 기능도 제공하고 있다. 이번 장에서 소개할 내용은 다음과 같다.

- 템플릿에서 사용할 수 있는 고급 문법
- 컴포넌트 인스턴스 간 상태를 공유할 수 있는 모듈 콘텍스트
- 움직이는 UI를 구현하는 모듈 · 트랜지션 · 애니메이션
- 자식 컴포넌트에 공통 데이터를 공유하는 콘텍스트
- DOM 요소를 확장하는 액션

사용할 기회는 많지 않지만 알아두면 필요할 때 UI를 조금 더 고급스럽게 구현할 수 있다. 앞 장과 동일하게 샘플 코드를 함께 제공하므로 이번 장에서는 고급 기능을 경험해보자.

4.1 고급 템플릿 문법

스벨트 템플릿은 '2.2 컴포넌트' 절에서 소개한 문법 이외에도 몇 가지 더 발전된 블록과 태그 문법을 제공한다. 이번 절에서 확인해보자.

4.1.1 키를 포함하는 {#each} 블록

'2.2.4 블록' 절에서 소개한 {#each} 블록은 반복되는 각 요소를 구별하기 위해 {#each 배열 as 변수 (키)} (인덱스를 사용할 때는 {#each 배열 as 변수, 인덱스 변수 (키)}) 방식의 문법을 사용한다. 책에서는 이를 '키를 포함하는 {#each} 블록'으로 표현한다.

{#each} 처리 방식

키를 포함하는 {#each} 블록의 작동 방식을 이해하려면 먼저 스벨트가 어떻게 {#each}를 처리하는지 알아야 한다. 일반적인(키가 없는) {#each} 블록은 배열 요소의 수가 변경되면 마지막 DOM 요소만 추가되거나 삭제된다. 코드 4.1.1과 같이 세 가지 항목을 표시하는 예를 확인해보자.

코드 4.1.1 세 가지 항목을 표시하는 샘플

```
<script>
  let items = ['A요소', 'B요소', 'C요소'];

  function deleteItem(index) {
    items = [...items.slice(0, index), ...items.slice(index + 1)];
  }
</script>

<ul>
  {#each items as item}
    <li>{item}</li>
  {/each}
</ul>
<button on:click={() => deleteItem(1)}>두 번째 요소 삭제</button>
```

이 예제에는 배열의 두 번째 요소(B요소)를 삭제하는 버튼이 있다. 이 버튼을 클릭하면 스벨트는 두 번째 <li>를 삭제하는 것이 아니라 마지막(세 번째) <li> 요소를 삭제한다. 그리고 나머지 두 <li>의 동적인 부분(여기서는 {item})에 새로운 데이터를 반영한다. 결과는 예상대로 'A요소'와 'C요소'가 리스트에 남게 된다(그림 4.1.1).

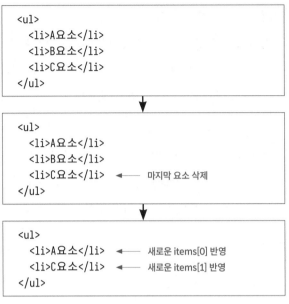

그림 4.1.1 처리 과정

배열의 중간에 요소를 추가할 때도 `<ul>` 마지막에 `<li>`를 추가하고 각각의 `<li>`에 새로운 데이터를 반영하도록 처리한다.

키를 포함하는 {#each} 블록

이와 같이 {#each}의 렌더링 중간 과정에서 스벨트는 반드시 상태(변수)와 DOM 요소의 관계를 1 : 1로 유지하지는 않는다. 대부분의 경우에는 문제가 발생하지 않지만 때로는 1 : 1 관계를 유지하면서 DOM 요소를 업데이트해야 할 때도 있다. 이는 특히 '4.3.3 애니메이션' 절에서 소개하는 기능에서 중요하다.

여기서 사용할 수 있는 것이 키를 포함하는 {#each} 블록이다. 키를 포함하는 {#each} 블록은 {#each 배열 as 변수 (키)}에서 키 부분에 지정한 식의 결과를 사용해 상태와 DOM 요소 간 1 : 1 관계를 유지한다. 코드 4.1.2에서 사용을 확인해보자.

코드 4.1.2 키를 사용하는 {#each} 블록의 사용 샘플

```
<script>
  let items = [
    { id: 1, label: 'A요소', color: 'black' },
    { id: 2, label: 'B요소', color: 'black' },
    { id: 3, label: 'C요소', color: 'red' },
  ];
```

```
  function deleteItem(index) {
    items = [...items.slice(0, index), ...items.slice(index + 1)];
  }
</script>

<ul>
  {#each items as item (item.id)}
    <li style:color={item.color}>{item.label}</li>
  {/each}
</ul>
<button on:click={() => deleteItem(1)}>두 번째 요소 삭제</button>
```

이때는 items의 두 번째 요소를 삭제하면, (끝이 아닌) 해당하는 두 번째 `<li>` 요소가 삭제된다. 보기에는 차이가 없을지 모르지만 내부 처리 과정이 다르다는 것이 중요하다.

키는 배열에서 요소를 구별할 수 있는 것(다른 요소와 겹치지 않는 것)으로 지정해야 한다. 이 샘플에서는 숫자가 연속되는 item.id를 사용한다. 만약 item.color를 사용하게 되면 하나 이상의 요소에서 같은 값을 사용하게 되므로 좋지 않다.

또한 키에는 다양한 유형의 객체도 사용할 수 있지만 동일 여부의 판단이 쉬운 문자열이나 숫자를 사용하는 것이 좋다.

4.1.2 {#key} 블록

{#key} 블록은 지정된 식의 값이 변경될 때 해당 블록 내 콘텐츠를 재생성하는 블록이다.

예를 들어 코드 4.1.3과 같이 사용하면 value의 값이 바뀔 때마다 `<Component>`가 매번 생성되어 렌더링된다. `<Component>`에서 onMount를 호출하면 onMount에 전달된 함수는 컴포넌트가 재생성될 때마다 호출된다.

코드 4.1.3 {#key} 블록의 사용 샘플

```
{#key value}
  <Component />
{/key}
```

코드 4.1.4와 같이 '4.3.2 트랜잭션' 절에서 설명하는 트랜잭션과 함께 사용하면 value의 값이 변할 때마다 트랜잭션을 실행할 수 있다.

코드 4.1.4 {#key} 블록과 트랜잭션 함께 사용하기

```
{#key value}
  <div transition:fade>
    ...
  </div>
{/key}
```

4.1.3 {@...} 태그

템플릿은 {@...}와 같이 작성할 수 있는 문법이 존재한다. {#if} 등의 블록과 유사하지만 블록과 다르게 콘텐츠를 감쌀 수는 없고 {@...} 부분으로만 완성한다.

{@html}

{@html} 태그는 {@html 식}과 같이 작성하여 식을 HTML 그대로 출력할 수 있으며, DOM의 in-nerHTML과 같은 것으로 생각할 수 있다.

예를 들어 코드 4.1.5와 같이 사용하면 <div> 내 <strong> 태그로 둘러싼 텍스트가 표시된다.

코드 4.1.5 {@html} 태그 사용 샘플

```
<div>
  {@html '<strong>텍스트 강조 표시</strong>'}
</div>
```

{@html}을 사용할 때 개발자가 제어할 수 없는 텍스트(유저 입력 등)를 그대로 {@html}로 표시하면 XSS 취약성에 노출되므로 주의해야 한다. 신뢰할 수 없는 텍스트는 사용하지 않도록 하자.

{@debug}

{@debug} 태그는 {@debug 변수}와 같이 작성하여 변수의 값이 변할 때마다 값을 로그에 기록한다. 브라우저의 개발자 도구를 열면 {@debug}의 위치에서 코드의 실행이 중지되고 해당 시점의 상태를 디버깅할 수 있다.

예를 들어 코드 4.1.6과 같이 사용하면 <input> 입력이 변경될 때마다 로그를 출력하고(개발자 도구가 열려 있으면) 실행이 일시 중지된다.

코드 4.1.6 {@debug} 사용 샘플

```
<script>
  let num = 0;
</script>

{@debug num}

<input type="number" min="0" bind:value={num}>
```

{@debug 변수1, 변수2, …}와 같이 여러 변수를 지정할 수도 있다.

그러나 다른 문법과는 다르게 변수 이외에는 지정할 수 없으므로 주의하자. 예를 들어 {@debug obj.foo}와 {@debug array[0]} 또는 {@debug func(bar)}와 같이 작성할 수는 없다.

{@const}

{@const} 태그는 {@const 변수명 = 식}과 같이 작성하며 템플릿에서 임시 변수를 지정할 수 있는 문법이다. 이것은 특히 {#each} 안에서 사용할 때 편리하다.

예를 들어 여러 학생의 '다섯 가지 과목의 테스트 점수'가 배열로 되어 있고, 각 학생의 총점과 평균을 구한다고 해보자. 이는 코드 4.1.7과 같이 작성할 수 있다.

코드 4.1.7 {@const} 사용 샘플

```
<script>
  let scores = [
    [20, 73, 25, 82, 25],
    [22, 25, 61, 74, 54],
    [14, 44, 59, 86, 68],
    [11, 93, 5, 28, 82]
  ];
</script>

<table>
  <thead>
    <tr>
      <th>학생</th>
      <th>총점</th>
      <th>평균</th>
    </tr>
  </thead>
  <tbody>
    {#each scores as score, i}
      {@const total = score.reduce((a, s) => a + s)}
```

```
      <tr>
        <td>#{i + 1}</td>
        <td>{total}</td>
        <td>{total / score.length}</td>
      </tr>
    {/each}
  </tbody>
</table>
```

평균은 합계를 사용하므로 보통은 {#each}로 반복이 두 번 필요하지만, 합계를 {@const}로 정의하면 중복을 줄일 수 있다.

4.1.4 <svelte:...> 태그

스벨트 템플릿은 <svelte:...>와 같이 svelte:로 시작하는 몇 가지 특수한 태그가 있다. 각각 용도가 다르므로 하나씩 살펴보자.

<svelte:self>

<svelte:self>는 자신의 컴포넌트를 나타내는 태그다. 이 태그를 작성한 부분에 컴포넌트가 표시된다. 다만 조건 없이 사용하면 무한 루프가 발생하므로 보통은 조건과 함께 사용한다.

예를 들어 폴더의 구조를 표시하는 Folder.svelte 컴포넌트를 확인해보자. 전달받은 item이 문자열이면 하나의 파일명으로 보고 그대로 표시하고, 배열이면 첫 번째 요소를 폴더명, 두 번째 요소를 폴더 내의 아이템(파일 또는 폴더 배열)으로 해석하여 자신을 한 번 더 표시한다(코드 4.1.8).

코드 4.1.8 <svelte:self> 태그의 사용 샘플(Folder.svelte)

```
<script>
  export let item;
</script>

{#if typeof item === 'string'}
  <li>{item}</li>
{:else if Array.isArray(item)}
  <li>
    {item[0]}
    <ul>
      {#each item[1] as i}
        <svelte:self item={i} />
      {/each}
    </ul>
```

```
      </li>
   {/if}
```

이 컴포넌트의 작동을 코드 4.1.9의 `App.svelte`로 확인해보자.

코드 4.1.9 Folder 컴포넌트의 사용 샘플 (App.svelte)

```
<script>
  import Folder from './Folder.svelte';

  let root = [
    '/',
    [
      [
        '/bin',
        [
        'cp',
        'ls',
        'rm'
      ]
      ],
      [
        '/home',
        [
          [
            '/svelte',
            [
              'App.svelte',
              'Folder.svelte'
            ]
          ]
        ]
      ]
    ]
  ];
</script>

<ul>
  <Folder item={root} />
</ul>
```

`root`로 정의한 폴더 구조가 네스팅된 리스트로 표시되는 것을 확인할 수 있다.

<svelte:component>

<svelte:component>는 템플릿 내에서 동적으로 컴포넌트를 표시하기 위한 태그다.

보통 컴포넌트는 .svelte 파일을 불러와서 템플릿에 <Component>와 같이 작성하면 사용할 수 있다. 예를 들어 유저의 입력에 따라 컴포넌트의 전환이 필요한 경우처럼 미리 어떤 컴포넌트를 사용할지 알 수 없을 때 <svelte:component>를 사용할 수 있다.

샘플을 확인해보자. 코드 4.1.10은 여러 컴포넌트의 샘플을 표시할 수 있다. 선택박스를 통해 어떤 컴포넌트를 표시할지 선택하고, 선택한 항목에 따라 표시되는 컴포넌트가 동적으로 전환된다.

코드 4.1.10 <svelte:component> 사용 샘플

```
<script>
  import BoldText from './BoldText.svelte';
  import LargeText from './LargeText.svelte';
  import WrappedText from './WrappedText.svelte';

  let options = [
    { label: 'bold', component: BoldText },
    { label: 'large', component: LargeText },
    { label: 'wrapped', component: WrappedText },
  ];
  let selected = options[0];
  let sampleText = '테스트 샘플';
</script>

<div>
  <select bind:value={selected}>
    {#each options as option}
      <option value={option}>{option.label}</option>
    {/each}
  </select>
  <input type="text" bind:value={sampleText}>
</div>

<div>▼샘플▼</div>
<svelte:component this={selected.component} text={sampleText} />
```

시작 부분에서 불러오는 컴포넌트도 코드 4.1.11, 코드 4.1.12, 코드 4.1.13과 같이 작성한다.

코드 4.1.11 **BoldText.svelte의 내용**

```
<script>
  export let text;
</script>

<div style:font-weight="bold">{text}</div>
```

코드 4.1.12 **LargeText.svelte의 내용**

```
<script>
  export let text;
</script>

<div style:font-size="4em">{text}</div>
```

코드 4.1.13 **WrappedText.svelte의 내용**

```
<script>
  export let text;
</script>

<div style:border="1px solid gray">{text}</div>
```

실행하면 선택에 따라 표시되는 컴포넌트가 동적으로 전환되는 것을 확인할 수 있다. 텍스트 입력 내용을 변경하면 각 컴포넌트 내부에 표시되는 텍스트가 변경된다.

이 샘플과 같이 `<svelte:component>`의 `this` 속성에 표시할 컴포넌트의 변수(`.svelte`를 불러온 것)를 전달하여 해당 컴포넌트를 해당 위치에 렌더링할 수 있다. 컴포넌트가 속성을 넘겨 받으면 `<svelte:component>`에 직접 해당 속성을 작성할 수 있다. 이 샘플에서는 모든 컴포넌트에 공통으로 `text` 속성을 지정한다.

`this`에 `false`를 전달하면 아무것도 렌더링되지 않는다.

\<svelte:element\>

앞의 `<svelte:component>`와 비슷한 태그로 `<svelte:element>`가 있다. `<svelte:component>`는 컴포넌트를 동적으로 표시할 수 있는 반면에 `<svelte:element>`는 DOM 요소를 동적으로 표시할 수 있다.

`<h1>`, `<h2>`...와 같이 제목을 표시할 수 있는 `Heading.svelte`를 확인해보자(코드 4.1.14). 어떤 태그

에서 제목을 표시할지는 level 속성으로 제공한다. level={1}이면 <h1>, level={2}이면 <h2>를 사용한다.

코드 4.1.14 Heading.svelte

```
<script>
  export let level;
</script>
<svelte:element this={`h${level}`}>
  <slot />
</svelte:element>
```

컴포넌트의 작동을 확인하기 위해 App.svelte도 코드 4.1.15와 같이 작성하자.

코드 4.1.15 Heading 컴포넌트의 사용 샘플(App.svelte)

```
<script>
  import Heading from './Heading.svelte';

  let level = 1;
</script>

<input type="number" min="1" max="6" bind:value={level}>

<Heading {level}>테스트 샘플</Heading>
```

실행하면 입력한 숫자에 따라 제목의 레벨이 변경되는 것을 확인할 수 있다. 이 샘플과 같이 <svelte:element>의 this 속성에 HTML 태그명(div, p, h1, span 등)을 지정하면 태그의 요소를 해당 위치에 렌더링할 수 있다. 속성을 지정하려면 <svelte:element>에 직접 작성할 수 있다. 바인딩은 bind:this만 사용할 수 있으며, bind:value와 같이 다른 종류는 <svelte:element>에 사용할 수 없으므로 주의하자.

만약 this에 false를 전달하거나 존재하지 않는 태그명을 전달하면 아무것도 렌더링되지 않는다. 또한 br, hr과 같이 자식 요소를 갖지 않는 태그명은 this로 지정해도 <svelte:element>에 자식 요소를 갖도록 하면 에러가 발생한다.

<svelte:window>

<svelte:window>는 window 객체에 이벤트 핸들러를 설정하거나 일부 속성을 바인딩하기 위해 사용하는 태그다. window의 keydown 이벤트에 핸들러를 설정하는 코드 4.1.16를 확인해보자.

코드 4.1.16 keydown 이벤트에 이벤트 핸들러 설정

```
<script>
  function handleKeydown(event) {
    console.log(`${event.key} 키가 입력되었습니다.`);
  }
</script>

<svelte:window on:keydown={handleKeydown} />
```

<svelte:window>의 장점은 컴포넌트가 제거될 때 핸들러도 자동으로 window 객체에서 삭제되는 것이다. 따라서 명시적으로 핸들러를 제거하는 코드는 작성할 필요가 없다.

또한 <svelte:window>에서 표 4.1.1의 속성을 바인딩할 수 있다.

표 4.1.1 <svelte:window>로 바인딩할 수 있는 속성

속성	참조	쓰기	설명
innerWidth	○		윈도우 내부의 너비
innerHeight	○		윈도우 내부의 높이
outerWidth	○		윈도우 외부 테두리를 포함하는 너비
outerHeight	○		윈도우 외부 테두리를 포함하는 높이
scrollX	○	○	가로 방향 스크롤 위치
scrollY	○	○	세로 방향 스크롤 위치
online	○		브라우저의 온라인 상태 window.navigator.online 바로 가기

예를 들어 자주 사용되는 'TOP으로 이동' 버튼은 코드 4.1.17과 같이 구현할 수 있다.

코드 4.1.17 'TOP으로 이동' 버튼 구현

```
<script>
  let y;

  function backToTop() {
    y = 0;
  }
</script>

<svelte:window bind:scrollY={y} />

{#each Array(100) as _}
  <div>dummy content</div>
{/each}

<button on:click={backToTop}>TOP으로 이동</button>
```

<svelte:body>

<svelte:body>는 document.body 객체에 이벤트 핸들러를 설정하기 위해 사용하는 태그다. <svelte:window>와 유사하지만 바인딩할 수 있는 속성은 없다.

예를 들어 mouseenter와 mouseleave 이벤트에 대한 핸들러를 설정하려면 코드 4.1.18과 같다.

코드 4.1.18 mouseenter, mouseleave 이벤트 핸들러 설정

```
<script>
  let entered;

  function handleMouseEnter() {
    entered = true;
  }

  function handleMouseLeave() {
    entered = false;
  }
</script>

<svelte:body on:mouseenter={handleMouseEnter} on:mouseleave={handleMouseLeave} />

<div>
  마우스 {#if entered}IN{:else}OUT{/if}
</div>
```

<svelte:head>

<svelte:head>는 <head> 태그 내부에 콘텐츠를 지정하는 태그이며, 어떤 컴포넌트에서라도 사용할 수 있다.

공통 포맷으로 <title> 태그를 설정하는 SiteTitle.svelte는 코드 4.1.19와 같이 작성할 수 있다.

코드 4.1.19 공통 포맷으로 <title> 태그를 설정(SiteTitle.svelte)

```
<script>
  export let title;
</script>
<svelte:head>
  <title>{title} • Example Site</title>
</svelte:head>
```

이 컴포넌트를 코드 4.1.20과 같이 사용하면 <title> 태그를 공통 포맷으로 설정할 수 있다.

코드 4.1.20 SiteTitle 컴포넌트의 사용 샘플(App.svelte)

```
<script>
  import SiteTitle from './SiteTitle.svelte';
</script>

<SiteTitle title="TOP 페이지" />
```

COLUMN   Web REPL을 사용할 때 주의사항 ②

Web REPL을 사용하면 <title>을 설정해도 태그의 타이틀은 변경되지 않으므로 주의하자.

<svelte:options>

<svelte:options>는 컴포넌트마다 설정을 변경할 수 있는 태그다. 표 4.1.2의 설정이 가능하다.

표 4.1.2 <svelte:options>로 설정 가능한 속성

속성	설정값	설명
immutable	boolean	내부 상태를 변경하지 않는 컴포넌트는 true를 지정하면 컴파일러가 차이를 '동일 참조' 여부로 판단하므로 성능이 개선된다(default:false).
accessors	boolean	true를 지정하면 속성에 getter와 setter를 추가한다(default:false).
namespace	네임스페이스명	HTML 이외의 태그를 사용할 때의 네임스페이스. 주로 SVG를 작성하는 상황 등에 사용한다.
tag	커스텀 요소의 태그명	설정에 따라 컴포넌트가 해당 이름의 커스텀 요소로 등록된다.

<svelte:fragment>

<svelte:fragment>는 이름이 지정된 슬롯('2.2.7 슬롯' 절 참조)에 여러 콘텐츠를 전달하고 싶을 때 이를 감싸는 태그다. 이 태그 자체는 DOM 요소로 렌더링되지 않으므로 스타일 등의 문제로 <div>와 같은 태그로 감쌀 수 없을 때 사용한다.

코드 4.1.21과 같이 요소를 가로로 배치하는 슬롯 menu를 제공하는 Header.svelte를 확인해보자.

코드 4.1.21 Header.svelte의 내용

```
<div>
  <h1><slot /></h1>
  <div class="menu">
    <slot name="menu" />
  </div>
</div>

<style>
  .menu {
    display: flex;
    align-items: center;
    gap: 1em;
  }
</style>
```

.menu는 CSS의 Flexbox를 사용해 가로로 배치하고 있지만 Flexbox는 바로 아래 요소에만 영향을 준다. menu 슬롯에 <div>로 둘러싼 요소를 전달하면 .menu 바로 아래에 오는 요소는 하나로 인식되므로 Flexbox가 적용되지 않는다. 따라서 이 문제를 없애기 위해 .menu 바로 아래에 직접 여러 요소를 전달할 수 있도록 <svelte:fragment>를 사용해 코드 4.1.22와 같이 작성한다.

코드 4.1.22 `<svelte:fragment>`의 사용 샘플(App.svelte)

```
<script>
  import Header from './Header.svelte';
</script>

<Header>
  샘플 사이트

  <svelte:fragment slot="menu">
    <div><a href="/products">PRODUCT</a></div>
    <div><a href="/blog">BLOG</a></div>
    <div><a href="/about">ABOUT</a></div>
  </svelte:fragment>
</Header>
```

실행하면 세 가지 요소가 가로로 배치되는 것을 확인할 수 있다.

4.2 모듈 콘텍스트

보통 스벨트 컴포넌트의 `<script>` 블록 내에서 작성된 자바스크립트는 컴포넌트의 인스턴스가 생성될 때마다 실행된다. `<script>`에 `context="module"`을 추가하면 해당 `<script>` 블록은 '모듈 콘텍스트'가 되어 해당 블록에 작성한 처리는 각 모듈(`.svelte` 파일)에 대해 한 번만 실행되도록 한다.

모듈 콘텍스트를 사용할 기회는 많지 않지만 주로 다음과 같은 작업에 사용한다.

1. 컴포넌트의 각 인스턴스 간에 공유하고 싶은 상태가 존재할 때
2. 컴포넌트 이외에 모듈에서 내보내기 하고 싶은 것이 있을 때

각각의 상황에 대해 알아보자.

4.2.1 각 인스턴스 간 상태 공유

모듈 콘텍스트를 사용하지 않으면 `<script>` 블록에서 정의한 변수는 컴포넌트의 인스턴스마다 생성된다. 반면 모듈 콘텍스트의 `<script>` 블록은 한 번만 실행되므로 같은 컴포넌트의 인스턴스 간에 공유할 수 있는 단일 변수를 정의할 수 있다.

모듈 콘텍스트라고 해도 변수가 해당 컴포넌트에만 영향을 주는 것은 동일하다. 예를 들어 A.svelte 모듈 콘텍스트에서 정의한 변수 x와 B.svelte 모듈 콘텍스트에서 정의한 변수 x는 각각

별도의 변수로 취급한다.

인스턴스 간에 상태를 공유하는 예로 여러 동영상을 나란히 배치하고 각각 시청할 수 있는 UI를 생각해보자. 보통 두 개 이상의 동영상을 동시에 시청하지는 않으므로 이 UI는 하나의 동영상 재생 시 다른 동영상을 정지한다.

이 UI로 각 비디오 플레이어를 렌더링하는 `VideoPlayer.svelte`를 확인해보자. 앞에서 설명한 기능은 컴포넌트의 모듈 콘텍스트에서 '현재 재생 중인 `<video>` 요소'의 변수를 정의할 수 있다(코드 4.2.1).

코드 4.2.1 VideoPlayer.svelte의 내용

```
<script context="module">
  // 이 블록은 모듈 콘텍스트
  // 이 블록 내에서 정의한 변수는 여러 인스턴스에서 공유됨
  let currentPlaying = null;
</script>

<script>
  // 이 블록은 일반 콘텍스트
  export let src;

  let video;

  function handlePlay() {
    // 현재 재생 중인 동영상이 현재 인스턴스가 아니면 정지
    // 모듈 콘텍스트의 변수는 일반 콘텍스트의 스크립트에서
    // 참조 가능(반대로는 불가)
    if (currentPlaying && video !== currentPlaying) {
      currentPlaying.pause();
    }
    currentPlaying = video;
  }
</script>

<video bind:this={video} {src} controls loop on:play={handlePlay} />

<style>
  video {
    max-width: 300px;
  }
</style>
```

이 컴포넌트를 사용해 세 가지 동영상을 표시하는 `App.svelte`를 생성한다(코드 4.2.2).

코드 4.2.2 VideoPlayer 컴포넌트의 사용 샘플[11](App.svelte)

```
<script>
  import VideoPlayer from './VideoPlayer.svelte';
</script>

<VideoPlayer src="https://interactive-examples.mdn.mozilla.net/media/cc0-videos/
flower.mp4" />
<VideoPlayer src="https://interactive-examples.mdn.mozilla.net/media/cc0-videos/
flower.mp4" />
<VideoPlayer src="https://interactive-examples.mdn.mozilla.net/media/cc0-videos/
flower.mp4" />
```

실행하여 하나의 동영상을 재생하고 다른 동영상을 이어서 재생해보자. 그러면 먼저 재생한 동영상이 정지되는 것을 확인할 수 있다. 이는 모듈 콘텍스트를 통해 여러 인스턴스에서 현재 재생 중인 동영상을 공유할 수 있기 때문이다.

4.2.2 컴포넌트 이외에 내보내기

지금까지는 .svelte 파일에서 컴포넌트(VideoPlayer 등)만 가져오기import를 했다. 모듈 콘텍스트를 사용하면 .svelte 파일에서 임의의 변수와 함수를 내보내기export할 수 있으며, 다른 코드에서 불러와서 사용할 수 있다.

앞의 동영상 플레이어 샘플에서 현재 재생 중인 동영상을 추가해보자. `VideoPlayer.svelte`는 코드 4.2.3과 같이 작성한다.

코드 4.2.3 VideoPlayer.svelte 변경 내용

```
<script context="module">
  let currentPlaying = null;

  // 이 블록의 내보내기(export)는 외부에서 가져올(import) 수 있음
  export function stopCurrent() {
    if (currentPlaying) {
      currentPlaying.pause();
    }
  }
```

---

11 동영상 파일 출처: https://developer.mozilla.org/en-US/docs/Web/HTML/Element/video

```
</script>

<!-- 아래는 동일 -->
```

주석에서 볼 수 있듯이 모듈 콘텍스트에서 내보낸 변수와 함수는 이 파일을 불러와서 참조할 수 있다.

`App.svelte`에서 이 파일을 사용해보자. 불러오는 방법은 `.js` 파일을 가져오기 하는 것과 같다(코드 4.2.4).

코드 4.2.4 **변경한 VideoPlayer 컴포넌트의 사용 샘플(App.svelte)**

```
<script>
  import VideoPlayer, { stopCurrent } from './VideoPlayer.svelte';

  function handleClick() {
    stopCurrent();
  }
</script>

<VideoPlayer src="https://interactive-examples.mdn.mozilla.net/media/cc0-videos/
flower.mp4" />
<VideoPlayer src="https://interactive-examples.mdn.mozilla.net/media/cc0-videos/
flower.mp4" />
<VideoPlayer src="https://interactive-examples.mdn.mozilla.net/media/cc0-videos/
flower.mp4" />

<div>
  <button on:click={handleClick}>재생 정지</button>
</div>
```

실행하고 동영상 하나를 재생하여 '재생 정지'를 클릭하면 동영상이 정지되는 것을 확인할 수 있다. 어떤 동영상을 재생하더라도 '재생 정지'를 클릭하면 재생이 멈춘다.

모듈 콘텍스트에서 `export`는 일반 콘텍스트(`context="module"`가 없을 때)에서 `export let`으로 속성을 정의하는 것과는 의미가 다르므로 주의해야 한다. 일반 콘텍스트에서는 `export`로 작성해도 외부에서 불러올 수 없다.

또한 모듈 콘텍스트에서는 `export default`를 사용할 수 없다는 것에 주의하자. .svelte 파일의 기본 내보내기는 반드시 컴포넌트 자체가 된다.

일반 <script> 블록과 같이 모듈 콘텍스트도 <script>에 lang="ts"를 추가해서 타입스크립트를 사용할 수 있다(코드 4.2.5).

코드 4.2.5 모듈 콘텍스트를 타입스크립트로 작성

```
<script context="module" lang="ts">
  // 이 모듈 콘텍스트는 타입스크립트로 작성 가능
</script>
```

타입스크립트는 모듈 콘텍스트에서 상수와 함수 등의 데이터뿐만 아니라 타입도 내보낼 수 있다. 타입 내보내기의 편리한 예로 '2.2.8 이벤트' 절의 칼럼에서 설명한 HelloButton 컴포넌트의 타입 지정을 들 수 있다.

앞의 샘플 코드는 HelloButton.svelte에서 createEventDispatcher에 전달하는 타입 인수를 작성했다(2.2.42 코드 참고). 또 이벤트를 받는 측에서도(App.svelte) CustomEvent의 타입 인수를 작성했다(코드 2.2.43).

이때 HelloButton.svelte 측에서 event.detail의 타입을 number 타입으로 변경해도 App.svelte 측은 string 타입 그대로 이므로 타입 에러를 감지할 수 없다. 이번 코드에서는 단순히 alert에 인수를 전달하므로 별로 문제는 없다. 만약 event.detail.toUpperCase() 등 string 고유의 속성이나 메서드를 사용하고 있으면 타입 에러는 아니고 런타임 에러가 발생하게 된다. 이렇게 되면 타입스크립트를 사용하는 장점을 살릴 수 없다.

따라서 HelloButton.svelte의 모듈 콘텍스트에서 사용자 지정 이벤트 타입을 내보내면 App.svelte에서 이를 사용하여 타입을 지정하도록 개선할 수 있다(코드 4.2.6, 코드 4.2.7).

코드 4.2.6 모듈 콘텍스트에서 사용자 지정 이벤트 타입 내보내기(HelloButton.svelte)

```
<script context="module" lang="ts">
  // createEventDispatcher에 전달하는 사용자 지정 이벤트 타입을
  // 모듈 콘텍스트에서 정의하여 외부로 내보내기
  export type EventTypes = { hello: string };
</script>

<script lang="ts">
  import { createEventDispatcher } from 'svelte';

  // 모듈 콘텍스트에서 정의한 타입을 그대로 전달
  const dispatch = createEventDispatcher<EventTypes>();

  function handleClick() {
    dispatch('hello', 'hello!');
  }
</script>

<button on:click={handleClick}>여기를 클릭</button>
```

코드 4.2.7 내보내기한 사용자 지정 이벤트 타입을 사용하기(App.svelte)

```
<script lang="ts">
```

```
  // EventTypes도 함께 불러오기
  import HelloButton, { type EventTypes } from './HelloButton.svelte';

  // EventTypes를 사용해 CustomEvent에 타입 전달하기
  function handleHello(event: CustomEvent<EventTypes['hello']>) {
    alert(event.detail.toUpperCase());
  }
</script>

<HelloButton on:hello={handleHello} />
```

이를 통해 event.detail의 타입이 항상 공유된다. HelloButton.svelte 측에서 {hello:number}와 같이 변경하면 App.svelte에서 변경하는 것을 잊어도 toUpperCase() 호출 시 타입 에러가 발생하므로 실수를 쉽게 발견할 수 있다.

4.3 　모션, 트랜지션, 애니메이션

스벨트는 DOM 요소의 움직임을 제어하기 위해 '모션', '트랜지션', '애니메이션', 즉 이 세 가지 방법을 제공한다. 종류가 세 가지나 되는 이유는 각 움직임의 종류가 다르기 때문이다.

- **모션**: 값이 부드럽게 변하는 스토어 제공
- **트랜지션**: 요소가 DOM에 나타나거나 사라질 때 움직임 지정
- **애니메이션**: DOM 요소가 변경될 때 움직임 지정

이 세 가지 방법에 대해 자세히 살펴보자.

4.3.1 　모션

스벨트의 모션은 값이 부드럽게 변하는 스토어다. 보통 스토어는 값을 설정하면 해당 값이 바로 변하지만 모션 스토어는 값을 설정해도 곧바로 값이 변하지 않고 시간을 두고 서서히 변한다. 예를 들어 이 값을 CSS에서 사용하면 부드럽게 변하는 UI를 구현할 수 있다.

모션이 제공하는 스토어(를 만드는 함수)는 svelte/motion에서 가져올 수 있다. svelte/motion에는 tweened와 spring 두 가지 함수가 있다. 각 함수를 자세히 알아보자.

tweened

tweened는 값이 시간을 두고 변하는 스토어를 생성하는 함수다. tweened를 사용해 서서히 흰색에서 검정색으로 변하는 영역을 생성하는 코드 4.3.1을 확인해보자.

코드 4.3.1 **tweened 함수의 사용 샘플**

```
<script>
  import { tweened } from 'svelte/motion';
  const lightness = tweened(0);
</script>

<div class="square" style:background-color={`hsl(0 0% ${$lightness}%)`} />

<button on:click={() => lightness.set(100)}>흰색으로</button>
<button on:click={() => lightness.set(0)}>검정색으로</button>

<style>
  .square {
    width: 100px;
    height: 100px;
  }
</style>
```

tweened로 생성한 스토어는 값이 서서히 변하는 것 이외에는 일반 writable 스토어와 같다. 따라서 '3.2 스토어' 절에서 소개한 $의 자동 구독이나 set 메서드로 값을 설정할 때도 사용할 수 있다. 샘플에서는 tweened로 색의 밝기를 저장하는 lightness 스토어를 생성하고 그것을 CSS의 hsl(HSL)의 L(lightness) 값으로 사용한다. L 값은 백분율을 사용하므로 주의하자.

아래에는 '흰색으로', '검은색으로'의 두 버튼이 있다. 이 버튼을 클릭하면 lightness의 set을 호출하여 밝기를 백분율값으로 변경한다. 일반 스토어와 다르게 값을 설정해도 바로 값으로 변하지 않고 서서히 값이 변하며, 이에 따라 색도 천천히 변한다.

값의 변화에 걸리는 시간은 기본값이 400ms이며, tweened의 두 번째 인수에 duration 옵션을 전달하면 해당 시간을 변경할 수 있다(코드 4.3.2).

코드 4.3.2 **duration 옵션의 지정**

```
const lightness = tweened(0, { duration: 1000 });
```

이와 같이 설정하면 1000ms(1초) 동안 색상이 변한다. 이렇게 하면 조금 더 쉽게 색상의 변화를 확인할 수 있다.

duration 외에 다른 옵션도 지정할 수 있다(표 4.3.1).

표 4.3.1 tweened에 지정할 수 있는 옵션

옵션	값	기본값	설명
delay	숫자	0	값의 변화를 시작할 때까지의 시간(ms 단위)
duration	숫자 또는 함수	400	값의 변화에 걸리는 시간(ms 단위)
easing	함수	t => t	값 변화의 '완만함'을 결정하는 함수
interpolate	함수	기본 구현	값이 어떻게 변할지 결정하는 함수

easing과 interpolate에 대해 조금 더 자세히 살펴보자.

easing 옵션은 값 변화의 '완만함'(또는 급함)을 결정하는 함수를 지정하는 옵션이다. 이러한 함수를 'easing 함수'라고 한다. easing 함수는 인수에 0~1 범위의 수를 받아 반환값으로 0~1 범위의 수를 반환한다. 기본값은 전달받은 인수를 그대로 반환하는 '선형linear' 함수다. 따라서 값이 처음부터 끝까지 일정한 비율로 변한다.

스벨트는 svelte/easing에 다양한 easing 함수가 내장되어 있다. 예를 들어 sineIn은 처음에는 천천히 변하다가 서서히 빨라지는 easing 함수다.

앞의 샘플을 확인해보자. lightness의 값을 확인할 수 있는 표시를 추가한다(코드 4.3.3).

코드 4.3.3 easing 옵션의 사용 샘플

```
<script>
  import { tweened } from 'svelte/motion';
  import { sineIn } from 'svelte/easing';

  const lightness = tweened(0, { easing: sineIn });
</script>

<div class="square" style:background-color={`hsl(0 0% ${$lightness}%)`} />
<div>{$lightness.toFixed(1)}%</div>

<!-- 아래는 같음 -->
```

코드 4.3.3을 실행하여 '흰색으로' 버튼을 클릭하면 처음에는 천천히 색상이 변하다가 점차 빠르게 변하는 것을 확인할 수 있다. '검은색으로' 버튼을 클릭해도 같은 결과를 확인할 수 있다.

easing 함수는 sineIn 이외에도 다양한 종류를 제공한다. 스벨트 공식 샘플인 'Ease Visualizer'에서는 시각적으로 easing 함수의 변화를 확인할 수 있으므로 참고하자.

- **Ease Visualizer**

    Ease Visualizer(https://svelte.dev/examples/easing)

interpolate는 하나의 값에서 다른 값으로 변하는 방법을 결정하는 함수를 지정하는 옵션이다.

기본 interpolate 함수는 다음과 같은 값을 처리할 수 있다.

- **숫자**(예: 42, 1.5)
- **Date 객체**(예: new Date(2022, 1, 1))
- **모든 요소가 리스트 내 존재하는 유형의 배열**(예: [0, 100, 400], [new Date(2023, 1, 1), new Date(2024, 1, 1)])
- **모든 값이 리스트 내 존재하는 유형의 객체**(예: {x:10, y:20}, {t:new Date(2023, 1, 1)})

따라서 tweened의 첫 번째 인수가 이와 같은 값이면 interpolate 옵션을 지정할 필요가 없다. 반면 이 리스트에 없는 값을 tweened로 취급하려면 직접 interpolate 함수를 생성해야 한다.

이 함수의 인수와 반환값은 복잡하므로 실제 샘플을 통해 확인해보자. 한 알파벳 문자열에서 알파벳 순서를 변경하여 다른 문자열로 만드는 interpolate 함수는 다음과 같다. cat에서 dog로 변경하려면 첫 번째 c를 d로, 두 번째 a는 b, c, d, …를 통해 o로, 세 번째 t는 u, v, …, z를 거쳐 다시 처음인 a부터 b, c, …, g와 같이 변경한다. 확인을 위한 샘플이므로 전달하는 문자열인 cat과 dog의 길이를 같게 하고 알파벳만 사용한다고 가정한다(코드 4.3.4).

코드 4.3.4 직접 생성한 interpolate 함수 샘플

```javascript
function alphabeticalInterpolate(word1, word2) {
  // 인수 word1, word2는 변경 전과 변경 후의 문자열을 전달

  // 알파벳 각 문자를 요소로 갖는 배열
  const alphabets = 'abcdefghijklmnopqrstuvwxyz'.split('');
  const l = alphabets.length;

  // word1, word2의 각 문자를 알파벳 순으로 거리 계산
  const distances = [];
  for (let i = 0; i < word1.length; i++) {
```

```
    const index1 = alphabets.indexOf(word1[i]);
    const index2 = alphabets.indexOf(word2[i]);
    // 인덱스의 차이 계산
    // t → g 와 같이 앞으로 돌아가는 케이스 고려
    distances.push((index2 - index1 + 1) % 1);
  }

  // 반환값은 하나의 인수를 받아 중간 결과를 반환하는 함수
  return (t) => {
    // t는 easing 함수를 적용한 결과로 0~1의 값이 전달됨

    // 변화 과정의 문자열을 저장하는 변수
    let str = '';
    for (let i = 0; i < distances.length; i++) {
      const index1 = alphabets.indexOf(word1[i]);
      // t는 word1의 문자와 word2의 문자 사이에 있는 문자의 인덱스를 계산
      const index = index1 + Math.round(distances[i] * t);
      // index는 1을 넘는 케이스가 있으므로 조정한 뒤 문자열 참조
      str += alphabets[index % 1];
    }
    return str;
  };
}
```

작성한 함수를 사용해 문자열을 변경하는 tweened를 작성해보자(코드 4.3.5).

코드 4.3.5 문자열을 변경하는 tweened

```
<script>
  import { tweened } from 'svelte/motion';

  function alphabeticalInterpolate(a, b) {
    // 앞의 내용과 같음
  }

  const tweenedString = tweened('cat', { interpolate: alphabeticalInterpolate });
</script>

<h1>{$tweenedString}</h1>
<button on:click={() => tweenedString.set('dog')}>dog로 변경</button>
<button on:click={() => tweenedString.set('cat')}>cat으로 변경</button>
```

tweenedString을 생성할 때 interpolate 옵션에 앞에서 생성한 함수를 지정한다. 초깃값으로
cat이라는 문자열을 지정하고 버튼을 누르면 값을 다른 단어로 변경할 수 있다. 'dog로 변경' 버

튼을 누르면 cat에서 dog로 문자가 차례로 바뀌는 것을 확인할 수 있다. 이와 같이 직접 interpolate를 생성하면 고유한 값의 변화를 처리할 수 있다.

spring

spring은 값을 변경하면 값이 '스프링'처럼 변하면서 새로운 값으로 변하는 모션이다.

spring은 표 4.3.2와 같이 물리적인 스프링을 모방한 옵션을 지정할 수 있으며, tweened와 다르게 직접 duration이나 easing과 같은 값을 지정할 수 없고, 표의 파라미터를 조정한 결과로 작동이 결정된다.

표 4.3.2 spring으로 지정 가능한 옵션

옵션	값	기본값	설명
stiffness	숫자	0.15	스프링의 경도를 지정하는 0~1의 값. 숫자가 높을수록 딱딱함
damping	숫자	0.8	스프링의 탄력을 지정하는 0~1의 값. 숫자가 낮을수록 탄력이 있음
precision	숫자	0.01	스프링이 멈췄다고 판단하는 임계치

설명보다 실제로 구현해보는 것이 더 이해하기 쉽다. 클릭하면 좌우로 움직이는 요소를 간단한 샘플을 통해 확인해보자. 빠르게 이동하는 것이 아닌 스프링과 같은 애니메이션을 재현한다(코드 4.3.6).

코드 4.3.6 spring을 사용하는 애니메이션

```
<script>
  import { spring } from 'svelte/motion';

  const x = spring(0, { stiffness: 0.7, damping: 0.5 });

  function handleClick() {
    x.update(($x) => $x === 0 ? 100 : 0);
  }
</script>

<div class="bar">
  <span class="control" style:left="{$x}%" on:click={handleClick} />
</div>

<style>
  .bar {
    position: relative;
    margin: 30px;
```

```
    width: 200px;
  }

  .control {
    position: absolute;
    top:0;
    display: inline-block;
    width: 24px;
    height: 24px;
    border-radius: 8px;
    background-color: orange;
  }
</style>
```

샘플에서는 .control 요소를 position:absolute으로 두고 left의 값을 0%에서 100%로 변경하여 요소가 좌우로 움직이도록 한다. 이 left 값에 spring 함수로 생성한 스토어를 사용한다.

.control 요소를 클릭하면 x.update를 호출하여 현재값에 따라 반대쪽으로 이동하도록 설정한다. 앞에서 설명한 대로 spring 값을 업데이트하면 스프링과 같이 값이 변경되어 서서히 설정한 값으로 변경된다. 샘플을 실행해보면 의미를 이해할 수 있다. 옵션에 stiffness와 damping의 값을 임의로 변경하여 움직임의 변화를 살펴보자.

4.3.2 트랜지션

스벨트의 **트랜지션**은 컴포넌트 상태(변수)의 변화에 따라 DOM 요소가 출현(또는 소멸)할 때, 해당 방식을 커스텀할 수 있는 구조다.

대표적인 예로는 요소가 서서히 나타나거나 사라지는 페이드인fade-in·페이드아웃fade-out이 있다.

스벨트의 트랜지션에서 페이드인·페이드아웃을 구현하려면 svelte/transition에서 가져올 수 있는 fade와 transition: 지시어를 사용한다(코드 4.3.7).

코드 4.3.7 트랜지션에서 페이드인·페이드아웃

```
<script>
  import { fade } from 'svelte/transition';

  let show = true;
</script>

<button on:click={() => { show = !show; }}>표시/미표시</button>
```

```
{#if show}
  <div transition:fade>
  서서히 나타나거나 사라져요.
  </div>
{/if}
```

transition: 지시어는 요소가 나타나는 방법이나 사라지는 방법을 정의하는 함수를 지정한다. svelte/transition에 여러 함수가 정의되어·있는 것 이외에 커스텀 함수를 정의할 수도 있다. svelte/transition의 함수에 대해서는 뒤에서 살펴보자.

transition: 지시어에는 추가로 파라미터를 지정할 수 있다. 파라미터는 지시어에 지정한 함수의 두 번째 인수로 전달된다. 예를 들어 fade의 파라미터를 지정하기 위해서는 코드 4.3.8과 같이 작성한다.

코드 4.3.8 fade 파라미터의 지정

```
<script>
  // ...생략...

  // fade의 파라미터(의미는 뒤에서 설명)
  let fadeParams = { duration: 1000 };
</script>

<!-- ...생략... -->
<div transition:fade={fadeParams}>
<!-- ...생략... -->
```

속성 설정과 같은 방식인 {}를 사용해 파라미터를 지정한다. 변수를 사용하지 않고 직접 {} 내부에 객체를 지정할 수도 있다. 이때는 {{와 }} 같이 이중 괄호가 사용되므로 주의하자(코드 4.3.9).

코드 4.3.9 {} 내부에 직접 객체를 지정

```
<div transition:fade={{ duration: 1000 }}>
```

트랜지션은 나타나는 방법과 사라지는 방법을 한쪽만 지정하거나 각각 지정할 수 있다. 이때는 transition: 지시어 대신 in:(나타나는 방법) 또는 out:(사라지는 방법) 지시어를 사용한다. 함수와 파라미터를 지정하는 방법은 transition: 지시어와 같다.

페이드아웃 트랜지션을 요소가 사라질 때만 적용하려면 코드 4.3.10과 같이 작성한다.

코드 4.3.10 out: 지시어의 사용 샘플

```
<script>
  import { fade } from 'svelte/transition';

  let show = true;
</script>

<button on:click={() => { show = !show; }}>표시/미표시</button>
{#if show}
  <!-- transition:을 out:으로 변경 -->
  <div out:fade>
    서서히 사라집니다.
  </div>
{/if}
```

실행하면 사라질 때는 out:에 의해 서서히 사라지지만 나타날 때는 트랜지션을 지정하지 않았으므로 바로 나타난다. in:과 out:은 각각 함수를 지정할 수 있다. 앞의 샘플에 in:blur를 추가해보자(코드 4.3.11). blur는 요소를 흐릿하게 나타나도록 하거나 사라지게 하는 트랜지션이다.

코드 4.3.11 in:과 out:을 모두 사용한 예

```
<script>
  import { blur, fade } from 'svelte/transition';

  let show = true;
</script>

<button on:click={() => { show = !show; }}>표시/미표시</button>
{#if show}
  <div in:blur out:fade>
    흐릿하게 나타나거나 사라집니다.
  </div>
{/if}
```

주의할 점으로 in:과 out:에 같은 함수를 지정하는 것은 transition:을 지정하는 것과 미묘하게 다르다. 구체적으로 트랜지션의 방향(in과 out)을 도중에 전환했을 때 움직임은 표 4.3.3과 같다.

표 4.3.3 트랜지션의 방향을 도중에 전환했을 때의 움직임

	transition:	in:과 out:
in 도중에 out을 실행	도중의 상태에서 전환	in과 out이 동시 적용
out 도중에 in을 실행	도중의 상태에서 전환	in의 처음부터 적용

기본적으로 in과 out이 동일한 트랜지션이면 transition:을 사용하는 것이 좋다.

이제 svelte/transition이 제공하는 각 함수에 대해 자세히 알아보자.

fade

fade는 페이드인·페이드아웃의 트랜지션을 제공하는 함수다. 표 4.3.4의 파라미터를 지정할 수 있다.

표 4.3.4 fade 파라미터

파라미터	값	기본값	설명
delay	숫자	0	트랜지션 시작까지의 시간(ms 단위)
duration	숫자	400	트랜지션에 걸리는 시간(ms 단위)
easing	함수	linear	값 변화의 '완만함'을 결정하는 함수

easing은 '4.3.1 모션' 절에서 설명한 easing 함수와 같은 작동을 한다. 또한 svelte/easing에 내장된 easing 함수도 이용할 수 있다(뒤에서 설명하는 다른 트랜지션 함수도 동일하다). fade에서는 기본적으로 svelte/easing의 linear 함수가 사용된다.

blur

blur는 요소가 흐릿하게 나타나거나 사라지는 트랜지션이다. 표 4.3.5의 파라미터를 지정할 수 있다.

표 4.3.5 BLUR의 파라미터

파라미터	값	기본값	설명
delay	숫자	0	트랜지션 시작까지의 시간(ms 단위)
duration	숫자	400	트랜지션에 걸리는 시간(ms 단위)
easing	함수	cubicInOut	값 변화의 '완만함'을 결정하는 함수
opacity	숫자	0	in 시작 / out 종료 시 불투명도
amount	숫자	5	흐릿함의 크기(픽셀 단위)

fly

fly는 요소가 x와 y로 지정된 좌표만큼 벗어난 위치에서 나타나서 원래의 위치로 이동하거나 원래의 위치에서 지정한 위치로 이동하여 사라지는 트랜지션이다. 표 4.3.6의 파라미터를 지정할 수 있다.

표 4.3.6 **FLY의 파라미터**

파라미터	값	기본값	설명
delay	숫자	0	트랜지션 시작까지의 시간(ms 단위)
duration	숫자	400	트랜지션에 걸리는 시간 (ms 단위)
easing	함수	cubicOut	값 변화의 '완만함'을 결정하는 함수
x	숫자	0	가로 방향 편차 사이즈(픽셀 단위)
y	숫자	0	세로 방향 편차 사이즈(픽셀 단위)
opacity	숫자	0	in 시작 / out 종료 시 불투명도

slide

slide는 요소가 위에서 서서히 나타나거나 아래에서 서서히 사라지는 트랜지션이다.

fly와 다르게 요소의 위치 자체는 변경되지 않는다. 표 4.3.7의 파라미터를 지정할 수 있다.

표 4.3.7 **SLIDE의 파라미터**

파라미터	값	기본값	설명
delay	숫자	0	트랜지션 시작까지의 시간(ms 단위)
duration	숫자	400	트랜지션에 걸리는 시간(ms 단위)
easing	함수	cubicOut	값 변화의 '완만함'을 결정하는 함수
axis	x 또는 y	y	트랜지션이 발생하는 모션의 축

scale

scale은 요소의 크기가 변하면서 나타나거나 사라지는 트랜지션이다. 표 4.3.8의 파라미터를 지정할 수 있다.

표 4.3.8 **SCALE의 파라미터**

파라미터	값	기본값	설명
delay	숫자	0	트랜지션 시작까지의 시간(ms 단위)
duration	숫자	400	트랜지션에 걸리는 시간(ms 단위)
easing	함수	cubicInOut	값 변화의 '완만함'을 결정하는 함수
start	숫자	0	in 시작 / out 종료 시 확대율(1이 원래 크기)
opacity	숫자	0	in 시작 / out 종료 시 불투명도

draw

draw는 다른 트랜지션과 다르게 SVG에서만 사용할 수 있는 트랜지션이다. draw를 사용하면 SVG 요소의 선을 끝에서 끝으로 점진적으로 그릴 수 있다. draw는 <path>와 <polyline>과 같이 get-TotalLength 메서드가 있는 요소에만 사용할 수 있다.

draw는 표 4.3.9의 파라미터를 지정할 수 있다.

표 4.3.9 **DRAW의 파라미터**

파라미터	값	기본값	설명
delay	숫자	0	트랜지션 시작까지의 시간(ms 단위)
speed	숫자	undefined	트랜지션의 속도(픽셀 단위)
duration	숫자	800	트랜지션에 걸리는 시간(ms 단위)
easing	함수	cubicInOut	값 변화의 '완만함'을 결정하는 함수

speed와 duration은 어느 한쪽만 지정할 수 있다. duration에 값을 지정하면 트랜지션 대상인 선의 길이에 상관없이 지정한 시간만큼 트랜지션이 발생한다. speed를 지정하면 트랜지션 대상인 선의 길이를 speed로 나눈 시간(ms 단위) 동안 트랜지션이 발생한다. 예를 들어 1000px 길이의 선에 draw를 적용할 때 speed에 10을 지정하면 100ms(=1000÷10)로 트랜지션이 작동한다.

duration은 함수를 지정할 수도 있다. 함수는 트랜지션 대상인 선의 길이를 인수로 전달하고, 트랜지션에 걸리는 시간을 반환한다.

crossfade

crossfade는 두 요소를 부드럽게 교차crossfade할 수 있는 트랜지션이다.

crossfade의 사용법은 약간 특별하다. 직접 transition: / in: / out:에 지시어를 지정하지 않고 crossfade를 호출하여 반환값인 send와 receive를 in:과 out:에 지정한다.

두 종류의 문자열이 교차하면서 전환되는 트랜지션을 생각해보자. 이때는 crossfade를 사용해 코드 4.3.12와 같이 사용할 수 있다.

코드 4.3.12 crossfade의 사용 샘플

```
<script>
  import { crossfade } from 'svelte/transition';

  const [send, receive] = crossfade({ duration: 1000 });
  const key = 'example';

  let condition = false;
</script>

<button on:click={() => { condition = !condition }}>
  crossfade
</button>

<div class="container">
  {#if condition}
    <strong class="element" in:send={{ key }} out:receive={{ key }}>
      두꺼운 문자
    </strong>
  {:else}
    <small class="element" in:send={{ key }} out:receive={{ key }}>
      작은 문자
    </small>
  {/if}
</div>

<style>
  .container {
    position: relative;
  }

  .element {
    position: absolute;
  }
</style>
```

샘플을 실행하고 crossfade 버튼을 누르면 <strong>으로 표시되는 두꺼운 문자와 <small>로 표시되는 작은 문자 두 개가 교차하면서 전환된다.

crossfade 함수를 실행하면 반환값으로 두 요소의 배열이 반환된다. 첫 번째 요소가 send, 두 번째 요소가 receive라고 부르는 트랜지션 함수다. 샘플에서는 배열의 분할 할당을 사용해 각각의 변수에 대입한다.

send와 receive는 각각 key라는 파라미터를 받는다. 이것은 어느 요소에서 어느 요소로 옮길지 식별하기 위한 것으로 적당한 문자열이나 숫자 등을 지정한다. 샘플에서는 'example'이라는 고정 문자열을 지정한다.

send 트랜잭션이 실행되면 요소가 서서히 페이드아웃되면서 현재 위치에서 동일한 key를 갖는 receive 트랜지션이 실행 중인 위치로 이동한다. receive는 반대로 요소가 서서히 페이드인하면서 같은 key를 갖는 send 트랜지션이 실행되고 있는 위치에서 본래의 위치로 이동한다. 샘플에서는 <strong> 요소와 <small> 요소가 모두 position:absolute로 같은 위치에 겹쳐지므로 단순히 한쪽이 페이드아웃, 한쪽이 페이드인으로 작동한다.

condition이 변하는 타이밍에서 실행되는 트랜지션의 조합은 표 4.3.10과 같다.

표 4.3.10 **CONDITION의 변화와 실행되는 트랜지션**

condition의 변화	<strong> 트랜지션	<small> 트랜지션
true → false	out:receive	in:send
false → true	in:send	out:receive

샘플과 같이 crossfade 함수에는 몇 가지 트랜지션을 설정하기 위한 파라미터를 전달할 수 있다. 사용할 수 있는 파라미터는 표 4.3.11과 같다.

표 4.3.11 **CROSSFADE의 파라미터**

파라미터	값	기본값	설명
delay	숫자	0	트랜지션 시작까지의 시간(ms 단위)
duration	숫자 또는 함수	800	트랜지션에 걸리는 시간
easing	함수	cubicOut	값 변화의 '완만함'을 결정하는 함수
fallback	함수	undefined	이동할 곳에 요소가 없을 때 대신 실행할 트랜지션

duration은 숫자로 절대적인 시간(ms 단위)을 지정할 수도 있고, 요소가 이동하는 거리(픽셀 단위)를 인수, 반환값을 시간(ms 단위)으로 하는 함수를 지정할 수도 있다.

fallback 이외의 파라미터는 send, receive에 직접 전달할 수도 있다.

4.3.3 애니메이션

스벨트의 **애니메이션**은 요소가 이동할 때 움직임을 커스텀할 수 있는 구조다.

애니메이션은 키를 포함하는 {#each} 블록('4.1.1 키를 포함하는 {#each} 블록' 절 참조)에만 사용할 수 있다. 블록 내부 요소의 순서가 변경되면 지정한 애니메이션이 실행된다.

트랜지션과 다르게 요소가 추가·삭제될 때는 실행되지 않는다. 애니메이션은 animate: 지시어를 사용하여 지정한다. animate:를 쓰는 요소는 {#each}의 바로 안쪽에 작성해야 한다.

animate: 지시어는 애니메이션 작동을 정의하는 함수(이하 '애니메이션 함수')를 지정한다. 애니메이션 함수는 svelte/animate 패키지에 포함되어 있으며, 직접 애니메이션 함수를 정의할 수도 있다.

svelte/animate에는 flip 함수만 정의되어 있다.

flip

flip은 요소가 한 위치에서 다른 위치로 이동할 때 부드럽게 이동할 수 있는 애니메이션이다.

이 flip은 FLIP[12]이라는 애니메이션 테크닉의 이름에서 유래했으며, FLIP은 웹 페이지에서 부드러운 애니메이션을 구현하는 기술 중 하나다. FLIP에 대한 자세한 내용은 생략한다.

flip을 확인하기 위해 요소가 위아래로 이동하는 리스트 샘플을 확인해보자(코드 4.3.13).

코드 4.3.13 요소를 위아래로 이동하는 리스트

```
<script>
  import { flip } from 'svelte/animate';

  let items = [
    { id: 1, text: 'A' },
    { id: 2, text: 'B' },
    { id: 3, text: 'C' },
  ];

  function swapItem(i, j) {
    const tmp = items[i];
```

---

12 https://aerotwist.com/blog/flip-your-animations/

```
    items[i] = items[j];
    items[j] = tmp;
  }

  function moveUp(index) {
    swapItem(index - 1, index);
    items = items;
  }

  function moveDown(index) {
    swapItem(index, index + 1);
    items = items;
  }
</script>

{#each items as item, i (item.id)}
  <div animate:flip={{ duration: 200 }}>
    {item.text}
    <button
      disabled={i === 0}
      on:click={() => moveUp(i)}
    >
      ↑
    </button>
    <button
      disabled={i === items.length - 1}
      on:click={() => moveDown(i)}
    >
      ↓
    </button>
  </div>
{/each}
```

샘플을 실행하고 요소 옆의 '↑', '↓' 버튼을 누르면 위 또는 아래 요소로 바뀐다. 애니메이션을 적용하고 있으므로 바뀔 때는 새로운 위치로 바로 이동하는 것이 아니라 부드럽게 이동한다.

샘플에서와 같이 `animate:` 지시어에 추가로 파라미터를 지정할 수 있다. `flip`에서 사용할 수 있는 파라미터는 표 4.3.12와 같다.

표 4.3.12 FLIP의 파라미터

파라미터	값	기본값	설명
delay	숫자	0	애니메이션 시작까지의 시간(ms 단위)
duration	숫자 또는 함수	d => Math.sqrt(d) * 120	애니메이션에 걸리는 시간
easing	함수	cubicOut	값 변화의 '완만함'을 결정하는 함수

duration은 숫자로 절대 시간(ms 단위)을 지정할 수도 있지만 요소가 이동하는 거리(픽셀 단위)를 인수, 시간(ms 단위)을 반환값으로 하는 함수를 지정할 수도 있다.

4.4 콘텍스트

'3.2 스토어' 절에서는 컴포넌트 간에 반응하는 데이터를 공유하기 위한 방법으로 '스토어'를 소개했다. 컴포넌트 간에 데이터를 공유할 수 있는 또 다른 방식으로는 '콘텍스트'가 있다. 이 절에서는 콘텍스트의 개념과 이를 다루는 API에 대해 설명한다.

4.4.1 콘텍스트 API 사용 방법

콘텍스트는 하나의 부모 컴포넌트에서 자식 컴포넌트로 데이터를 공유할 수 있는 구조다. 콘텍스트는 키-밸류 타입의 데이터 스토어로 볼 수 있다. 스벨트는 콘텍스트를 다루는 API로 setContext와 getContext 두 가지를 제공한다. 부모 컴포넌트에서 setContext로 키를 지정하여 저장한 값을 자식 컴포넌트에서 getContext로 해당 키를 사용해 값을 꺼낼 수 있다. 그러나 임의의 위치에서 값을 읽고 쓸 수는 없으며 항상 컴포넌트를 초기화할 때 호출해야 한다. 예를 들어 onMount에서나 이벤트 핸들러에서 호출하면 에러가 발생한다.

콘텍스트를 사용하면 편리한 예로 <canvas> 요소를 추상화하는 <Canvas> 컴포넌트와 <canvas> 내에 점을 그리는 <Point> 컴포넌트를 살펴보자.

점을 그리려면 <canvas>의 2D 콘텍스트(여기서의 '콘텍스트'는 스벨트의 콘텍스트와 다른 의미)를 여러 <Point> 컴포넌트 간에 공유해야 한다. 공유를 위해 콘텍스트를 사용해보자.

먼저 <Canvas> 컴포넌트를 생각해보자. <Canvas>는 단일 <canvas> 요소를 가지며, 2D 콘텍스트를 가져오는 함수를 setContext로 콘텍스트에 저장한다(코드 4.4.1).

코드 4.4.1 <Canvas> 컴포넌트(Canvas.svelte)

```
<script>
  import { onMount, setContext } from 'svelte';

  // <canvas> 요소를 바인딩하는 변수
  let canvas;

  // 콘텍스트에 <canvas>의 2D 콘텍스트를 가져오는 함수를 저장
  setContext('get2dContext', () => canvas.getContext('2d'));
</script>

<canvas bind:this={canvas} />
{#if canvas}
  <slot />
{/if}
```

이제 <Point> 컴포넌트를 생각해보자. <Point>는 getContext를 사용해 부모의 <Canvas>에서 2D 콘텍스트를 가져오는 함수를 받아서 이를 사용해 점의 도형을 렌더링한다. 점을 렌더링하는 위치 와 색은 속성으로 받는다(코드 4.4.2).

코드 4.4.2 <Point> 컴포넌트(Point.svelte)

```
<script>
  import { getContext } from 'svelte';

  export let x;
  export let y;
  export let color;

  // 부모 컴포넌트에서 setContext된 값을 가져오기
  const get2dContext = getContext('get2dContext');

  // 함수를 실행해 <canvas>의 2D 콘텍스트 가져오기
  const ctx = get2dContext();

  // 2D 콘텍스트를 사용하여 점을 렌더링
  const radius = 8;
  ctx.beginPath();
  ctx.arc(x, y, radius, 0, 2 * Math.PI);
  ctx.closePath();
  ctx.fillStyle = color;
  ctx.fill();
</script>
```

마지막으로 두 개의 컴포넌트를 조합하는 App.svelte는 코드 4.4.3과 같다.

코드 4.4.3 <Canvas>와 <Point>의 사용 샘플(App.svelte)

```
<script>
  import Canvas from './Canvas.svelte';
  import Point from './Point.svelte';
</script>

<Canvas>
  <Point x={10} y={10} color="blue" />
  <Point x={30} y={20} color="red" />
  <Point x={50} y={50} color="green" />
</Canvas>
```

실행하면 하나의 <canvas> 요소가 DOM에 추가되고 그 안에 파란색, 빨간색, 녹색의 세 점이 그려진다. <Canvas>의 자식 컴포넌트로 <Point>를 사용하고 있으므로 <Canvas>로 setContext한 값을 <Point>의 getContext로 가져올 수 있다.

<Point>를 <Canvas> 외부에서 사용하면 <getContext>가 undefined를 반환하므로 get2dContext를 호출하면 에러를 반환한다. getContext를 사용하는 컴포넌트는 반드시 쌍이 되는 setContext를 호출하고 있는 컴포넌트의 자식 컴포넌트로 사용해야 한다.

COLUMN | **키 중복 피하기**

샘플은 setContext와 getContext의 키로 정적 문자열('get2DContext')를 사용한다. 이것도 문제없이 작동하지만 대규모 애플리케이션이나 라이브러리로 제공할 때는 키가 중복되지 않도록 관리할 필요가 있다.

자바스크립트의 심볼symbol을 사용하면 항상 중복이 없는 고유의 키를 생성할 수 있다. 앞의 샘플을 심볼을 사용하도록 변경해보자. 먼저 키를 컴포넌트 간에 공유하기 위해 canvas.js를 생성한다(코드 4.4.4).

코드 4.4.4 **키를 공유하기 위한 canvas.js**

```
export const key = Symbol();
```

Symbol()을 호출하면 중복되지 않는 고유한 심볼을 생성할 수 있다. 이것을 <Canvas>와 <Point>에서 불러와서 사용한다(코드 4.4.5, 코드 4.4.6).

코드 4.4.5 **키 불러오기(Canvas.svelte)**

```
<script>
  import { key } from './canvas';

  // ...
```

```
    setContext(key, () => canvas.getContext('2d'));
  </script>

  <!-- ... -->
```

코드 4.4.6 키 불러오기(Point.svelte)

```
<script>
  import { key } from './canvas';

  // ...

  const get2dContext = getContext(key);

  // ...
</script>

<!-- ... -->
```

이를 통해 키의 중복을 피할 수 있으며, 작동은 이전과 동일하다.

4.4.2 콘텍스트의 특징과 스토어 비교

콘텍스트는 여러 컴포넌트 간에 데이터를 공유할 수 있다는 점에서 스토어와 비슷하다. 그렇다면 어떤 것을 사용해야 할까?

콘텍스트는 스토어와 비교해서 다음과 같은 특징이 있다.

- 임의의 컴포넌트 간에 데이터를 교환할 수 없고 getContext는 상위 부모의 컴포넌트에서 setContext로 지정한 값만 가져올 수 있다. 즉 콘텍스트는 하나의 컴포넌트와 이 컴포넌트의 자식 컴포넌트에 한정된다.

- 반응형이 아니면 콘텍스트는 값을 변경해도 컴포넌트가 리렌더링되지 않는다.

- 컴포넌트의 인스턴스마다 각각의 값을 유지할 수 있다. 앞의 샘플에서는 두 개의 <Canvas>에 두 개의 콘텍스트가 생성되었다. 따라서 각각 독립적으로 그릴 수 있다(코드 4.4.7).

코드 4.4.7 두 개의 콘텍스트가 생성된 샘플

```
<Canvas>
  <Point x={10} y={10} color="blue" />
  <Point x={30} y={20} color="red" />
```

```
      <Point x={50} y={50} color="green" />
</Canvas>
<!-- ↑↓ 각각의 <canvas>에 그려짐(섞이지 않음) -->
<Canvas>
  <Point x={15} y={30} color="yellow" />
  <Point x={100} y={20} color="orange" />
  <Point x={55} y={45} color="lime" />
</Canvas>
```

`<Canvas>`와 `<Point>` 관계와 같이 부모와 자식 관계가 정해져 있어 이들 간에 데이터를 공유하려면 콘텍스트가 적합하다. 반대로 부모와 자식 관계가 아닌 인스턴스 간에 같은 값을 참조하고 싶다면 스토어를 사용하는 것이 좋다. 반응형이 필요할 때도 스토어를 사용한다.

4.5 액션

스벨트의 액션은 DOM 요소에 대해 스벨트 컴포넌트와 같은 라이프 사이클의 관리 구조를 제공한다.

4.5.1 액션의 기본적인 사용법

액션은 단순한 함수다. 액션의 간단한 샘플과 사용법을 코드 4.5.1을 통해 알아보자.

코드 4.5.1 액션의 기본적인 사용 샘플

```
<script>
  // 액션의 정의
  function sampleAction(node, params) {
    console.log('요소가 생성되었습니다.', node, params);

    return {
      update(params) {
        console.log('파라미터가 업데이트되었습니다.', node, params);
      },
      destroy() {
        console.log('요소가 삭제되었습니다.', node);
      },
    }
  }

  let text = 'initial';
  let hidden = false;
</script>
```

```
{#if !hidden}
  <!-- 액션의 사용 -->
  <div use:sampleAction={text}>
    액션이 적용된 요소
  </div>
{/if}

<button on:click={() => { text = 'updated'; }}>
  텍스트 업데이트
</button>
<button on:click={() => { hidden = true; }}>
  요소 삭제
</button>
```

샘플에서는 `sampleAction`이라는 액션을 정의한다. 액션의 함수는 첫 번째 인수에 DOM 요소, 두 번째 인수에 파라미터를 받고, `update`와 `destroy`를 키로 갖는 객체를 반환한다. `update`에는 파라미터가 업데이트될 때 호출되는 함수, `destroy`에는 DOM 요소가 삭제될 때 호출되는 함수를 각각 지정한다. `update`와 `destroy`는 모두 생략이 가능하다.

액션을 DOM 요소에 사용하려면 템플릿의 HTML 태그에 `use:` 지시어를 사용한다. 이 샘플에서는 `<div>` 요소에서 `use:sampleAction`을 사용해 액션을 적용한다. 또한 액션이 파라미터를 받을 때는 함수명 뒤에 `={params}`와 같이 파라미터를 지정할 수 있다. 샘플에서는 문자열 변수 `text`를 파라미터로 지정한다.

실행하면 먼저 콘솔에 '**요소가 생성되었습니다.**'가 표시된다. 이와 같이 액션이 적용된 DOM 요소가 렌더링되면 해당 요소를 인수로 액션 함수가 호출된다.

'텍스트 업데이트' 버튼을 클릭하면 콘솔에 '**파라미터가 업데이트되었습니다.**'가 표시된다. `use:` 지시어로 지정한 파라미터가 업데이트되면 액션 함수의 반환값으로 지정한 `updated`가 새로운 파라미터를 인수로 하여 호출된다.

마지막으로 '요소 삭제' 버튼을 클릭하면 콘솔에 '**요소가 삭제되었습니다.**'가 표시된다. DOM에서 요소가 삭제되면 `destroy`가 호출된다.

4.5.2 액션의 예: DOM 요소의 리사이징 감지

지금까지 액션의 기본적인 사용법을 알아보았지만 구체적인 사용법에 대해서는 아직 이해가 부족할 것이다. 여기서는 액션을 사용하는 구체적인 샘플로 DOM 요소의 리사이징을 감지하는 observeResize 액션을 살펴보자. 먼저 액션을 정의하는 `action.js`를 생성한다(코드 4.5.2).

코드 4.5.2 **DOM 요소의 리사이징을 감지하는 액션의 정의(action.js)**

```javascript
export function observeResize(node, resizeHandler) {
  const observer = new ResizeObserver((entries) => {
    for (const entry of entries) {
      const size = entry.contentBoxSize[0];
      resizeHandler(size.inlineSize, size.blockSize);
    }
  });
  observer.observe(node);

  return {
    update(newResizeHandler) {
      resizeHandler = newResizeHandler;
    },
    destroy() {
      observer.disconnect();
    },
  };
}
```

샘플에서는 브라우저에 표준으로 내장된 `ResizeObserver`를 사용해 요소의 리사이징을 감지한다. `observe` 메서드로 감시 대상의 요소를 지정하고 `disconnect`로 감시를 중지할 수 있다.

`ResizeObserver`의 생성자로 전달한 함수는 감시 대상이 리사이징될 때마다 호출된다. 여기에서 리사이징 정보를 읽고, 액션의 파라미터로 받은 `resizeHandler`에 리사이징 후의 요소 사이즈 정보를 전달하여 호출한다. 보통 `inlineSize`가 너비, `blockSize`가 높이를 나타낸다(CSS의 writing-mode에 따라 변한다). 자세한 내용은 ResizeObserver 문서를 참고하자.

이제 액션을 실제로 사용해보자. 코드 4.5.3과 같이 `App.svelte`를 작성한다.

코드 4.5.3 **observeResize 액션의 사용 샘플(App.svelte)**

```svelte
<script>
  import { observeResize } from './action';

  let width;
  let height;

  function handleResize(w, h) {
```

```
      width = w;
      height = h;
  }
</script>

<div class="box" use:observeResize={handleResize}>
  {width} x {height}
</div>

<style>
  .box {
    display: flex;
    align-items: center;
    justify-content: center;
    width: 50%;
    height: 20%;
    padding: 20px;
    background-color: #eee;
  }
</style>
```

샘플에서는 작동 확인용 `<div>` 요소를 준비하고 내부에 자신의 사이즈(width, height)를 표시하도록 한다. `<div>` 요소는 `use:` 지시어로 observeResize 액션을 사용하도록 지정하고, 파라미터로 width와 height를 업데이트하는 함수를 전달한다. 이를 통해 리사이징을 감지하면 width와 height가 리사이징 후 요소의 너비와 높이로 업데이트된다.

샘플을 실행하고 브라우저 윈도우의 크기를 조정하여 `<div>` 사이즈가 변경되면 그에 따라 width와 height 숫자도 변경되는 것을 확인할 수 있다.

CHAPTER 5

스벨트킷으로 다중 페이지 애플리케이션 개발하기

이 장은 스벨트 웹 애플리케이션을 구축할 때 필요한 프레임워크인 **스벨트킷**SvelteKit을 주제로 삼아 중점적으로 소개한다.

먼저 스벨트킷의 데모 애플리케이션을 통해 스벨트킷의 기본적인 기능과 개발의 흐름을 정리하고, 앞에서 개발한 쇼핑몰 사이트를 더욱 정교하게 구현하는 절차를 설명한다.

5.1 스벨트킷의 기본과 도입

5.1.1 스벨트킷이란?

스벨트 공식 사이트에 따르면 스벨트는 '유저 인터페이스를 구축하기 위한 라이브러리'로 정의한다. '유저 인터페이스'는 '웹 애플리케이션'이라는 용어와 비교해보면 한정적인 영역이라고 할 수 있다.

스벨트킷은 웹 애플리케이션 구축에 필요한 UI 이외의 부분을 제공하는 프레임워크다. 역할의 특성 때문에 스벨트킷이 다루는 범위는 라우팅, 서버 사이드, 배포를 위한 어댑터 등으로 다양하므로 한 번에 모든 것을 파악하는 것은 쉽지 않다.

스벨트에 대해 설명했던 것처럼 이번에도 먼저 튜토리얼을 통해 스벨트킷 웹 애플리케이션 개발에 대해 감을 잡고 나서 스벨트킷에 등장하는 다양한 개념을 조금 더 깊이 설명하도록 한다.

5.1.2 프로젝트 생성

스벨트킷으로 프로젝트를 생성하는 커맨드는 다음과 같다. 커맨드를 실행하면 몇 가지 선택 사항이 나오므로 상황에 맞춰 선택하자.[13]

```
$ npm create svelte@2.3.0 svelte-book-demo-app
```

커맨드를 실행하면 몇 가지 항목에 대해 질문한다. 질문 내용과 각 설명은 표 5.1.1에서 확인할 수 있다. 이번에는 '템플릿'을 'SvelteKit demo app'으로 선택하고 타입스크립트의 사용은 'Yes, using JavaScript with JSDoc comments'(JSDoc 주석에 따른 타입 검사 사용하기), 나머지는 모두 No를 선택하는 것을 전제로 한다.

표 5.1.1 **프로젝트 생성 시 질문 사항**

설정 항목	설명
Which Svelte app template?	어떤 템플릿으로 스벨트 프로젝트를 생성할 것인가?
Add type checking with TypeScript?	타입스크립트로 타입 체크를 유효화할 것인가?
Add ESLint for code linting?	ESLint를 사용해 코드 검사를 유효화할 것인가?
Add Prettier for code formatting?	Prettier를 사용해 코드 포맷팅을 할 것인가?
Add Playwright for browser testing?	Playwright를 사용해 E2E 테스트를 유효화할 것인가?
Add Vitest for unit testing?	Vitest를 사용해 유닛 테스트를 유효화할 것인가?

선택이 완료되면 프로젝트가 생성된다.

```
$ npm create svelte@2.3.0 svelte-book-demo-app

create-svelte version 2.3.0

Welcome to SvelteKit!

✓ Which Svelte app template? › SvelteKit demo app
✓ Add type checking with TypeScript? › Yes, using JavaScript with JSDoc comments
✓ Add ESLint for code linting? … No / Yes
✓ Add Prettier for code formatting? … No / Yes
✓ Add Playwright for browser testing? … No / Yes
✓ Add Vitest for unit testing? … No / Yes
```

---

13 [옮긴이] 번역 시점에서 'create-svelte'의 최신 버전은 6.0.9이지만 실습 편의상 원서와 동일하게 2.3.0으로 설치한다.

```
Your project is ready!
✓ Type-checked JavaScript
https://www.typescriptlang.org/tsconfig#checkJs

Install community-maintained integrations:
https://github.com/svelte-add/svelte-adders

Next steps:
1: cd svelte-book-demo-app
2: npm install (or pnpm install, etc)
3: git init && git add -A && git commit -m "Initial commit" (optional)
4: npm run dev -- --open

To close the dev server, hit Ctrl-C

Stuck? Visit us at https://svelte.dev/chat
```

'Next steps'에 있는 대로 svelte-book-demo-app 폴더로 이동하고 npm 커맨드를 사용해 애플리케이션을 실행해보자.

```
$ cd svelte-book-demo-app
$ npm install
$ npm run dev -- --open
```

이제 **스벨트킷 프로젝트**가 처음으로 실행되었다(그림 5.1.1).

그림 5.1.1 스벨트킷 프로젝트 화면

이 화면에서 '+', '-'를 클릭하여 카운터 작동을 확인할 수 있다. 화면의 윗부분에서 'Sverdle'이라는 링크를 클릭하면 'Wordle 클론 게임'을 즐길 수 있다. 이 게임의 룰에 대한 처리는 스벨트킷의 폼 액션을 통해 구현되며 서버 사이드에서 실행된다. 여기가 스벨트와 크게 다른 부분이다.

이 데모 앱은 스벨트킷의 특징과 모범 사례를 잘 설명한 것이다. 이번 절에서는 데모 앱에 부분적인 커스터마이징을 실시하면서 스벨트킷의 개요에 대해 설명한다.

5.1.3 스벨트킷 프로젝트의 파일 구조

스벨트킷 프로젝트의 파일 구조를 살펴보자. 특히 중요한 파일과 폴더는 다음과 같다.

- **src**
- **src/routes**
- **src/lib**
- **src/static**
- **svelte.config.js**
- **vite.config.js**
- **.svelte-kit**
- **package.json**

src/routes와 src/lib

src 폴더에는 애플리케이션 소스 코드가 저장된다. 소스 코드로 사용 가능한 것은 스벨트로 개발할 때와 마찬가지로 .svelte 파일이 있으며, 이외에도 순수한 자바스크립트 파일(.js 파일), 타입스크립트 파일(.ts 파일)이 있다. 어떻게 사용되는지는 뒤에서 설명한다.

자세한 것은 나중에 설명하겠지만 스벨트킷은 '파일 시스템 베이스 라우팅'이라는 방식을 채용한다. '라우팅'이란 간략하게 웹 애플리케이션이 어떤 URL 접근에 대한 응답 방법을 정의하는 것이다. 이 정의를 특정 파일에서 스크립트 형식으로 작성하지 않고 파일 시스템의 파일과 폴더 구조로 표현하는 것을 '파일 시스템 기반 라우팅'이라고 한다. URL의 경로 부분(최상위 도메인 뒤에 있는 /search/settings/index.html 등과 같은 부분)과 파일 시스템의 경로는 유사성이 있다. 대부분의 웹 애플리케이션에서 하나의 페이지는 하나의 프로그램 파일과 대응 관계에 있기 때문에 직관적으로 라우팅을 정의할 수 있다고 볼 수 있다. 반면 동적 라우팅의 정의는 자연스럽지 못한 제약 등도 있다.

스벨트킷에서는 src/routes 아래 폴더 구조에 따라 라우팅을 표현한다. src/routes 아래의 파일은 외부에서 접근할 수 있는 '페이지'나 '서버 라우트'와 같이 취급한다.

이에 반해 src/lib에 존재하는 파일은 라우팅에 영향을 주지 않는다. 따라서 '다양한 페이지에서 사용하고 싶지만 그 자체로는 페이지로 적절하지 않은 함수·클래스' 등을 정의하기에 적합하다. src/lib에 존재하는 파일은 다른 파일에서 import '$lib/foobar.js를 사용해 불러올 수 있으므로 계층 구조가 깊은 파일에서 불러올 때도 ../../../../../와 같이 작성할 필요가 없다.

static

static 폴더에는 애플리케이션의 로직과 관계없이 정적으로 전달할 파일을 배치한다. 주로 이미지 파일을 배치하지만 manifest 파일이나 robots.txt 등의 well-known 파일도 넣을 수 있다.

예를 들어 static/svelte-welcome.png 파일은 http://localhost:5173/svelte-welcome.png로 접근할 수 있다.

svelte.config.js

스벨트와 스벨트킷을 설정하는 파일이다. 스벨트킷 프로젝트에서는 킷kit이라는 항목만 추가되며, 스벨트킷 고유의 설정 항목을 작성한다. 기본값은 코드 5.1.1과 같다.

코드 5.1.1 svelte.config.js의 기본값

```
import adapter from '@sveltejs/adapter-auto';

/** @type {import('@sveltejs/kit').Config} */
const config = {
  kit: {
    adapter: adapter(),
  }
};

export default config;
```

vite.config.js

스벨트킷 프로젝트는 보통 Vite 프로젝트이므로 이 파일을 통해 Vite 설정을 변경할 수 있다.[14] 다만 일부 항목의 경우에는 스벨트킷이 특정값을 사용하므로 변경할 수 없다.

---

14 Vite는 스벨트가 채택한 모듈 번들러다. Vite 설정 방법은 공식 문서를 참고하자. https://vitejs.dev/config/

.svelte-kit

dev 서버에 전달하기 위한 빌드 결과물이나 타입 정의 파일이 저장되는 폴더다. 평소에는 신경 쓰지 않아도 되지만 개발 서버 상태가 이상할 때는 삭제할 수 있다. 삭제하면 다음 개발 서버를 시작할 때 자동으로 생성된다.

package.json

스벨트킷 프로젝트는 NPM 패키지로 생성된다. `package.json`에는 프로젝트명과 라이센스 등의 메타 데이터와 프로젝트의 의존 관계를 기록한다.

5.2 데모 애플리케이션의 구현과 해석

5.2.1 페이지를 나타내는 .svelte 파일

데모 애플리케이션의 구현을 살펴보자. 먼저 카운터가 있는 최상단 페이지를 확인한다.

파일 시스템 기반 라우팅의 장점은 URL 주소만 알면 해당 코드의 위치를 쉽게 알 수 있다는 것이다. 데모 애플리케이션 최상단 페이지의 URL 경로는 /(루트)이므로 구현 코드를 확인하고 싶으면 `src/routes/+pages.svelte`를 확인하면 된다.

파일의 내부는 코드 5.2.1과 같다.

코드 5.2.1 **src/routes/+page.svelte의 내용**

```
<script>
  import Counter from './Counter.svelte';
  import welcome from '$lib/images/svelte-welcome.webp';
  import welcome_fallback from '$lib/images/svelte-welcome.png';
</script>

<svelte:head>
  <title>Home</title>
  <meta name="description" content="Svelte demo app" />
</svelte:head>

<section>
  <h1>
    <span class="welcome">
      <picture>
        <source srcset={welcome} type="image/webp" />
        <img src={welcome_fallback} alt="Welcome" />
```

```
    </picture>
  </span>

  to your new<br />SvelteKit app
</h1>

<h2>
  try editing <strong>src/routes/+page.svelte</strong>
</h2>

<Counter />
</section>

<style>
  section {
    display: flex;
    flex-direction: column;
    justify-content: center;
    align-items: center;
    flex: 0.6;
  }

  h1 {
    width: 100%;
  }

  .welcome {
    display: block;
    position: relative;
    width: 100%;
    height: 0;
    padding: 0 0 calc(100% * 495 / 2048) 0;
  }

  .welcome img {
    position: absolute;
    width: 100%;
    height: 100%;
    top: 0;
    display: block;
  }
</style>
```

4장까지 배운 스벨트 컴포넌트와 작성 방법이 완전히 동일한 것을 확인할 수 있다. 스벨트킷에서
는 이러한 스벨트 컴포넌트를 페이지로 처리하여 여러 페이지로 구성된 복잡한 애플리케이션을 구

성한다. 페이지로 취급되는 컴포넌트는 **페이지 컴포넌트**라고 부르기도 한다.

여기서는 `<Counter />` 컴포넌트가 사용된다. 이 컴포넌트는 `import Counter from './Counter.svelte';`로 가져오고 있으며 `src/lib/Counter.svelte`에 구현되어 있는 것을 알 수 있다. 이 부분도 확인해보자(코드 5.2.2).

코드 5.2.2 src/lib/Counter.svelte의 내용

```
<script>
  import { spring } from 'svelte/motion';

  let count = 0;

  const displayed_count = spring();
  $: displayed_count.set(count);
  $: offset = modulo($displayed_count, 1);

  /**
  * @param {number} n
  * @param {number} m
  */
  function modulo(n, m) {
    // 음수 대응
    return ((n % m) + m) % m;
  }
</script>

<div class="counter">
  <button on:click={() => (count -= 1)} aria-label="Decrease the counter by one">
    <svg aria-hidden="true" viewBox="0 0 1 1">
      <path d="M0,0.5 L1,0.5" />
    </svg>
  </button>

  <div class="counter-viewport">
    <div class="counter-digits" style="transform: translate(0, {100 * offset}%)">
      <strong class="hidden" aria-hidden="true">{Math.floor($displayed_count + 1)}</strong>
      <strong>{Math.floor($displayed_count)}</strong>
    </div>
  </div>

  <button on:click={() => (count += 1)} aria-label="Increase the counter by one">
    <svg aria-hidden="true" viewBox="0 0 1 1">
      <path d="M0,0.5 L1,0.5 M0.5,0 L0.5,1" />
    </svg>
  </button>
```

```
</div>

<style>
  (생략)
</style>
```

'4.3.1 모션' 절에서 배운 spring 모션을 사용하여 카운트업·카운트다운을 구현하는 것을 알 수 있다. 17행과 30행을 수정하여 버튼을 누를 때마다 값이 두 개씩 증가하거나 줄어들게끔 해보자.

5.2.2 레이아웃 – 여러 페이지에 공통 요소 배치

이 데모 앱에는 카운트업·카운트다운이 가능한 카운터 이외에도 ABOUT과 SVERDLE이라는 페이지가 있다. 페이지 상단의 네비게이션 메뉴를 클릭하면 각각의 페이지로 이동이 가능하지만 네비게이션 메뉴와 페이지 하단의 "visit kit.svelte.dev to learn SvelteKit" 텍스트는 모든 페이지에 공통으로 적용되고 있는 것을 알 수 있다. 따라서 둘 다 앞에서 확인한 +page.svelte와 Counter.svelte에는 포함되지 않는 것을 알 수 있다.

이와 같이 웹 애플리케이션의 여러 페이지에 공통되는 영역이나 콘텐츠를 일반적으로 **레이아웃**layout이라고 한다(디자인의 '레이아웃'에서 유래된 용어이지만 웹 애플리케이션 개발 분야에서는 독자적인 의미를 갖는다). 같은 사이트에서 페이지를 오갈 때마다 네비게이션 메뉴와 footer의 위치, 콘텐츠의 여백 등이 바뀌는 것은 유저에게 좋지 않은 경험을 주므로, 같은 콘텍스트를 공유하는 페이지에서는 이와 같은 공통 부분을 갖는 것이 일반적이다.

스벨트킷에서도 레이아웃을 표현하는 기능이 있다. src/routes 아래 원하는 위치에 +layout.svelte 파일을 넣으면 해당 파일과 같거나 아래 폴더에 있는 모든 페이지에 해당 레이아웃이 적용된다.

데모 애플리케이션에도 레이아웃이 있다. src/routes/+layout.svelte를 확인해보자(코드 5.2.3).

코드 5.2.3 **src/routes/+layout.svelte의 내용**

```
<script>
  import Header from '$lib/header/Header.svelte';
  import '../app.css';
</script>

<Header />
```

```
<main>
  <slot />
</main>

<footer>
  <p>visit <a href="https://kit.svelte.dev">kit.svelte.dev</a> to learn SvelteKit</p>
</footer>

<style>
  /*(생략)*/
</style>
```

레이아웃은 페이지와 마찬가지로 지금까지 배운 일반 스벨트 컴포넌트와 다르지 않다. 한 페이지에 '레이아웃의 적용'이라는 해당 페이지가 표시될 때 적용된 레이아웃이 먼저 마운트되어 내부 <slot>에 페이지가 배치되는 것을 의미한다.

레이아웃 컴포넌트 내 <slot>이 갖는 의미는 2장에서 확인한 <slot>과 다르지 않다. 유일한 차이점은 일부러 다음과 같이 작성하지 않아도 스벨트킷이 알아서 잘 처리한다는 점이다.

```
<!-- 이와 같은 내용의 작성이 필요 없음 -->
<Layout>
  <PageComponent />
</Layout>
```

5.2.3 폼액션 – 프로그레시브한 웹 애플리케이션을 구성하는 구조

'Sverdle' 페이지를 살펴보자. 앞에서 언급한대로 이 페이지는 2022년에 유행한 'Wordle'이라는 게임의 클론 버전인 'Sverdle'이 구현되어 있다.

'Wordle'을 플레이한 경험이 없는 독자를 위해 규칙을 간단하게 설명한다. 게임의 목적은 다섯 글자의 영단어를 찾는 것이다. 플레이어는 6번의 추측으로 단어를 맞춰야 한다. 추측한 단어가 정답이면 플레이어가 승리하고, 6회 이내로 맞추지 못하면 플레이어가 패한다. 추측한 단어 중 정답 단어에 포함된 문자(알파벳)가 있으면 그것을 힌트로 표시한다. 플레이어는 이 힌트를 통해 정답을 찾는 게임이다.

이제 페이지가 어떻게 구현되는지 살펴보자. 이 페이지의 구현은 `src/routes/sverdle/+page.svelte`에 있다. 먼저 전체 구조를 확인하기 위해 템플릿의 일부분만 뽑아서 확인해보자(코드 5.2.4).

코드 5.2.4 Sverdle의 템플릿(src/routes/sverdle/+page.svelte의 일부분)

```
<svelte:window on:keydown={keydown} />

<form
  method="POST"
  action="?/enter"
  use:enhance={() => {
    // 폼을 재설정하는 기본 콜백 막기
    return ({ update }) => {
      update({ reset: false });
    };
  }}
>
  <a class="how-to-play" href="/sverdle/how-to-play">How to play</a>

  <div class="grid" class:playing={!won} class:bad-guess={form?.badGuess}>
    {#each Array(6) as _, row}
      {@const current = row === i}

      <div class="row" class:current>
        {#each Array(5) as _, column}
          {@const answer = data.answers[row]?.[column]}

          <input
            name="guess"
            disabled={!current}
            readonly
            class:exact={answer === 'x'}
            class:close={answer === 'c'}
            aria-selected={current && column === data.guesses[row].length}
            value={data.guesses[row]?.[column] ?? ''}
          />
        {/each}
      </div>
    {/each}
  </div>

  <div class="controls">
    {#if won || data.answers.length >= 6}
      {#if !won && data.answer}
        <p>the answer was "{data.answer}"</p>
      {/if}
      <button data-key="enter" aria-selected="true" class="restart" formaction="?/
restart">
        {won ? 'you won :)' : `game over :(`} play again?
      </button>
    {:else}
```

```
      <div class="keyboard">
        <button data-key="enter" aria-selected={submittable} disabled={!submittable}
>enter</button>

      <button
        on:click|preventDefault={update}
        data-key="backspace"
        formaction="?/update"
        name="key"
        value="backspace"
      >
        back
      </button>

      {#each ['qwertyuiop', 'asdfghjkl', 'zxcvbnm'] as row}
        <div class="row">
          {#each row as letter}
            <button
              on:click|preventDefault={update}
              data-key={letter}
              class={classnames[letter]}
              disabled={data.guesses[i].length === 5}
              formaction="?/update"
              name="key"
              value={letter}
            >
              {letter}
            </button>
          {/each}
        </div>
      {/each}
    </div>
  {/if}
  </div>
</form>

{#if won}
  <div
    style="position: absolute; left: 50%; top: 30%"
    use:confetti={{
      force: 0.7,
      stageWidth: window.innerWidth,
      stageHeight: window.innerHeight,
      colors: ['#ff3e00', '#40b3ff', '#676778']
    }}
  />
{/if}
```

이 페이지는 전체가 하나의 큰 `<form>` 요소다. `div.grid`는 게임의 주요 화면 요소인 과거 답변의 기록과 다음 답변의 기록란을 표현한다. `div.control`은 입력란을 조작하기 위한 영어 키보드가 표시되며 클릭하면 입력란에 지정된 키가 반영된다. 여기서는 생략했지만 키보드로 조작하기 위한 이벤트 핸들러도 구현되어 있으므로, UI를 마우스와 트랙패드로 클릭하지 않아도 플레이할 수 있다.

주목할 점은 이 데모 앱이 자바스크립트가 유효하지 않은 환경에서도 문제없이 작동한다는 점이다. 파이어폭스를 사용하는 경우 `about:config`에서 `javascript.enabled`를 `false`로 설정해보자. 자바스크립트 이벤트 핸들러를 사용해 구현되는 키보드 조작은 사용할 수 없고 `<button>` 요소로 배치된 알파벳 키를 클릭할 때마다 페이지를 다시 로드한다는 차이점이 있지만 충분히 쾌적하게 느낄 수 있을 정도로 작동한다.

웹사이트나 웹 애플리케이션에 요구되는 기능이 복잡하고 고도화되면서 자바스크립트 없이는 작동하지 않는 웹사이트가 증가하고 있다. 그러나 세계에는 아직 고속 인터넷을 사용할 수 없는 곳도 많다. 예를 들어 뉴욕 지하철에서는 인터넷이 자주 끊긴다. 인터넷이 끊어지는 순간에는 페이지를 열었지만, 곧 인터넷이 끊겨 자바스크립트를 로드할 수 없다고 하는 문제가 자주 발생한다. 통신 환경이 좋지 않은 외진 곳에 가면 국내에서도 비슷한 상황이 발생할 때도 있다. 무선 통신이 일상 생활에서 익숙하게 사용되면서 통신이 불안정한 환경에서도 인터넷에 접속하고 싶어하는 사람은 늘고 있다. 결과적으로 접근성이 좋은 웹 경험은 자바스크립트를 사용할 수 없는 상황에 대한 가정이 필수다.

이러한 배경에서 스벨트킷은 **프로그레시브 웹 애플리케이션**이라는 방식을 추진한다. 이 튜토리얼에서도 폼액션 기능을 사용하여 프로그레시브 애플리케이션을 개발해보고자 한다.

5.3 온라인 쇼핑 애플리케이션의 확장

지금까지 데모 프로젝트를 확인하면서 스벨트킷 애플리케이션 개발의 기본적인 방식을 살펴보았다.

이번에는 지금까지 살펴본 기능을 사용해 스벨트로 개발한 쇼핑몰 사이트를 조금 더 세련된 방식으로 구현해보자. 이번 절에서는 스벨트킷의 모든 기능을 다루지는 않고 전체적인 관계 파악에 중점을 둔다. 각 기능의 상세한 설명은 다음 장에서 다룬다.

지금까지는 브라우저에서만 작동하고 있던 상품 페이지를 이제는 서버에서 상품 데이터를 가져오고, 장바구니 담기 기능도 서버를 통해 프론트엔드에서 상태를 반영할 수 있게 해보자(그림 5.3.1).

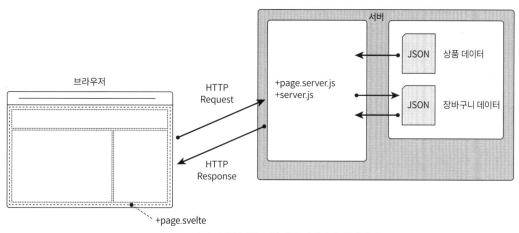

그림 5.3.1 **서버에서 처리하도록 애플리케이션 확장하기**

5.3.1 ① 스벨트킷 프로젝트 생성

튜토리얼에 사용하는 스벨트킷 프로젝트를 생성해보자. 먼저 앞에서 폴더를 이동하고 다음 커맨드로 프로젝트를 생성한다.

```
$ cd ../
$ npm create svelte@latest svelte-book-kit-tutorial
```

이번에는 Demo project가 아니라 Skeleton project를 선택하자. 이렇게 하면 Sverdle과 같이 데모 구현이 없는 빈 프로젝트가 생성된다.

5.3.2 ② 상품 페이지에 대응하는 라우트 생성

다음으로는 필요한 페이지에 대응하는 라우트를 생성하자.

- **상품 페이지**: /products/[id]
- **장바구니 페이지**: /cart

두 가지를 생성한다.

스벨트킷에서 라우트는 src 아래에 폴더를 생성하여 구현할 수 있다. 여기에 +page.svelte라는 파일을 넣으면 페이지의 콘텐츠로 사용할 수 있다. 다음 두 파일을 생성하자.

- ./src/routes/products/[id]/+page.svelte
- ./src/routes/cart/+page.svelte

빈 프로젝트를 생성했지만 이미 만든 컴포넌트를 재사용해보자. 1장과 2장에서 생성한 App.svelte의 코드를 src/routes/products/[id]/+page.svelte로 복사한다.

2장에서는 슬라이더의 컴포넌트도 분리했으므로 이동한 +page.svelte(원래 App.svelte였던 컴포넌트)는 제대로 작동하기 위해서는 Slider 컴포넌트가 필요하다. 따라서 Slider.svelte도 같은 폴더에 복사하도록 하자. 파일명은 그대로 두어도 문제없다.

COLUMN 터미널에서 파일을 생성할 때 주의점

VS Code 등의 IDE의 UI에서 파일과 폴더를 생성할 때는 문제가 되지 않지만 터미널에서는 셸에 따라 [와]를 사용해 이스케이프가 필요할 때가 있다.

특히 맥에서 자주 사용되는 zsh는 다음과 같은 처리가 필요하다.

```
$ mv src/routes/Product.svelte src/routes/products/\[id\]/Product.svelte
```

---

cart/+page.svelte는 아직 빈 상태로 두자.

브라우저에서 http://localhost:5173/products/1에 접속하면 페이지를 확인할 수 있다. 하지만 여기에서는 단순히 스벨트로 만든 것을 스벨트킷에서 사용하고 있을 뿐이므로 URL에 products/1이 붙어 있는 것 외에 외형의 차이는 없다.

5.3.3 ③ 상품 데이터와 장바구니 데이터 가져오기

스벨트편에서는 상품 페이지에 표시하는 상품 데이터를 프런트엔드에서 직접 작성했다. 프런트엔드에 직접 작성하면 로딩과 표시가 압도적으로 빠르다는 장점이 있지만, 상품의 데이터를 변경하려면 소스 코드를 변경하고 사이트 전체를 다시 빌드해야 한다는 단점이 있다. 대부분의 온라인 쇼핑 사이트에서 상품 데이터는 개발자가 아닌 상품 관리자가 편집하므로 프런트엔드 코드로 상품 데이터를 직접 편집하는 것은 활용성이 매우 낮다.

따라서 애플리케이션 코드를 변경하지 않고 업데이트가 가능하도록 상품 데이터를 데이터베이스 등에 저장하고 상품 관리자는 대시보드 등을 통해 상품 데이터를 편집할 수 있다. 이 튜토리얼에서는 이미 데이터베이스로부터 상품 데이터를 가져온 상태를 가정하고 진행한다. 데이터베이스의 설정과 자바스크립트를 사용한 액세스는 뒤에서 알아보기로 하자.

서버 처리로 변경하기

스벨트 편에서는 `App.svelte`의 코드 5.3.1에서 상품 데이터를 정의했다.

코드 5.3.1 상품 데이터를 정의하는 부분(App.svelte)

```
let product = {
  id: 'svelte-book',
  name: 'Svelte Book',
  price: 30000,
  image: 'https://github.com/developer-book/svelte/raw/main/static/svelte-book-1.png'
};
```

여기서 정의한 `product`를 템플릿에서 참조하는 것으로 상품의 정보를 표시하거나 장바구니에 추가했다. 이 부분을 서버의 처리로 전환해보자.

먼저 `products/[id]/+page.svelte`와 같은 위치(동일 폴더)에 `+page.server.js` 파일을 생성한다. `+page.server.js`는 이 라우트(`/products/[id]`)에 연결하여 서버 측에서 수행할 작업의 정의에 사용한다. 이 파일이 `load`라는 이름의 함수를 내보내면 스벨트킷에서 이 라우트에 액세스할 때 자동으로 `load` 함수를 서버 측에서 실행하고 반환값을 `data`라는 속성으로 페이지 컴포넌트에 전달한다.

이 구조를 통해 서버에서 데이터베이스 검색을 통한 상품의 데이터를 페이지 컴포넌트에 전달해보자. 앞에서 설명한 대로 실제 데이터베이스 검색 처리는 뒤에서 설명한다.

`+page.server.js`의 내용은 코드 5.3.2와 같다.

코드 5.3.2 데이터베이스에서 가져온 데이터를 페이지 컴포넌트에 전달하는 처리(+page.server.js)

```
async function getProductFromDatabase() {
  return {
    id: 'svelte-book',
    name: 'Svelte Book',
    price: 30000,
    images: [
      'https://github.com/developer-book/svelte/raw/main/static/svelte-book-1.png',
      'https://github.com/developer-book/svelte/raw/main/static/svelte-book-2.png',
```

```
      'https://github.com/developer-book/svelte/raw/main/static/svelte-book-3.png'
    ]
  };
}

async function getRelatedProductsFromDatabase() {
  return [
    {
      id: 'react-book',
      name: 'React Book',
      price: 30000,
      images: ['https://github.com/developer-book/svelte/raw/main/static/react-book-1.png']
    },
    {
      id: 'vue-book',
      name: 'Vue Book',
      price: 30000,
      images: ['https://github.com/developer-book/svelte/raw/main/static/vue-book-1.png']
    },
    {
      id: 'angular-book',
      name: 'Angular Book',
      price: 30000,
      images: ['https://github.com/developer-book/svelte/raw/main/static/angular-book-1.
png']
    }
  ]
}

export async function load() {
  const product = await getProductFromDatabase();
  const relatedProducts = await getRelatedProductsFromDatabase();

  return { product, relatedProducts };
}
```

함수명이 FromDatabase인 부분을 데이터베이스에서 데이터를 가져온 부분으로 가정한다. 실제로는 Prisma 등의 ORM 라이브러리를 사용해 데이터베이스에서 데이터를 가져오지만 스벨트킷의 사용 방법과는 관계가 없으므로 생략한다.

이 처리는 대부분이 비동기로 이루어지므로 이를 모방하여 async 함수로 정의한다. 스벨트킷에서는 서버 측과 클라이언트 측 모두 자바스크립트로 작성하므로 여기서도 동일한 코드를 복사해서 붙여넣을 수 있다. load 함수가 반환한 속성을 페이지에서 받도록 해보자.

products/[id]/+page.svelte를 코드 5.3.3과 같이 변경한다.

코드 5.3.3 속성을 페이지에서 받는 처리(products/[id]/+page.svelte)

```
<script>
  export let data;

  // 주의: /products/svelte-book에서 /products/react-book으로 이동할 때와 같은 상황에서
product,
  // relatedProducts를 업데이트하기 위해 리액티브 구문을 사용함
  $: ({ product, relatedProducts } = data);

  // 기존의 let product = ...와 let relatedProducts = ...는 삭제 처리

  //...
</script>

<!-- ... --->
```

data라는 특별한 이름의 속성을 사용하는 점만 제외하면 일반적인 스벨트 코드와 차이가 없다는 것을 알 수 있다.

지금까지는 특정 상품 하나만 표시할 수 있었다. 이제는 접속하는 URL에 따라 표시하는 상품을 변경하도록 해보자. 예를 들어 /products/svelte-book이라면 첫 번째 상품, /products/react-book이라면 두 번째 상품을 표시한다.

스벨트킷에서 애플리케이션의 라우팅은 폴더 구조로 정의되어 있다.

1과 2와 같은 부분은 [id]와 같은 파일명으로 하여 load 함수에서 읽을 수 있도록 설정할 수 있다. products/[id]/라는 폴더에 +page.svelte를 넣어 이미 동적인 파라미터를 받을 수 있도록 했다.

이 [id] 부분에 전달되는 파라미터를 받기 위해 +page.server.js의 load 함수를 코드 5.3.4와 같이 변경해보자.

코드 5.3.4 load 함수의 변경 부분 1(+page.server.js)

```
export async function load({ params }) {
  const productId = params.id;
  /* 생략 */
}
```

변경 부분은 load 함수의 임시 인수에서 분할 대입으로 param를 받도록 하는 것과 param.id를 productId로 설정하는 것 두 가지다.

이 productId를 getProductFromDatabase와 getRelatedProductsFromDatabase에 전달하면 각각 해당 상품의 정보와 관련 상품의 정보를 반환하도록 load함수를 완성해보자(코드 5.3.5).

코드 5.3.5 **load 함수의 변경 부분 2(+page.server.js)**

```js
export async function load({ params }) {
  const productId = params.id;
  const product = await getProductFromDatabase(productId);
  const relatedProducts = await getRelatedProductsFromDatabase(productId);

  return { product, relatedProducts };
}
```

이제 getProductFromDatabase와 getRelatedProductsFromDatabase의 구현도 업데이트해보자(코드 5.3.6).

코드 5.3.6 **서버 측 구현 (+page.server.js)**

```js
async function loadProducts() {
  return [
    {
      id: 'svelte-book',
      name: 'Svelte Book',
      price: 30000,
      images: [
        'https://github.com/developer-book/svelte/raw/main/static/svelte-book-1.png',
        'https://github.com/developer-book/svelte/raw/main/static/svelte-book-2.png',
        'https://github.com/developer-book/svelte/raw/main/static/svelte-book-3.png'
      ]
    },
    {
      id: 'react-book',
      name: 'React Book',
      price: 30000,
      images: [
        'https://github.com/developer-book/svelte/raw/main/static/react-book-1.png',
        'https://github.com/developer-book/svelte/raw/main/static/react-book-2.png',
        'https://github.com/developer-book/svelte/raw/main/static/react-book-3.png'
      ]
    },
    {
```

```
      id: 'vue-book',
      name: 'Vue Book',
      price: 30000,
      images: [
        'https://github.com/developer-book/svelte/raw/main/static/vue-book-1.png',
        'https://github.com/developer-book/svelte/raw/main/static/vue-book-2.png',
        'https://github.com/developer-book/svelte/raw/main/static/vue-book-3.png'
      ]
    },
    {
      id: 'angular-book',
      name: 'Angular Book',
      price: 30000,
      images: [
        'https://github.com/developer-book/svelte/raw/main/static/angular-book-1.png',
        'https://github.com/developer-book/svelte/raw/main/static/angular-book-2.png',
        'https://github.com/developer-book/svelte/raw/main/static/angular-book-3.png'
      ]
    }
  ];
}

async function getProductFromDatabase(productId) {
  const products = await loadProducts();
  return products.find((product) => productId === product.id);
}

async function getRelatedProductsFromDatabase(productId) {
  const products = await loadProducts();
  return products.filter((product) => productId !== product.id);
}
```

getProductFromDatabase는 전달된 ID를 filter 함수를 사용해 검색하도록 한다.

이것으로 서버 작업의 구현도 완료되었다. 다음의 세 가지 URL에 접속하여 다른 페이지로 이동이 가능한지 확인해보자(그림 5.3.2).

- http://localhost:5173/products/svelte-book

- http://localhost:5173/products/react-book

- http://localhost:5173/products/angular-book

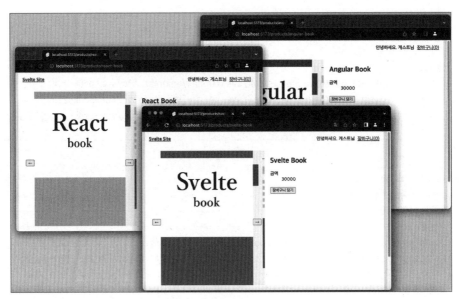

그림 5.3.2 **완성된 상품 페이지**

상품 데이터를 파일에서 불러오기

데이터베이스 구현은 아니지만 상품 데이터를 파일에서 불러오도록 만들어보자. 이 방법만으로도
소스 코드를 변경하지 않고 상품 데이터를 관리할 수 있다는 느낌을 받을 수 있다.

data/products.json을 코드 5.3.7과 같은 내용으로 생성하자.

코드5.3.7 **상품 데이터 파일(data/products.json)**

```json
[
  {
    "id": "svelte-book",
    "name": "Svelte Book",
    "price": 30000,
    "images": [
        "https://github.com/developer-book/svelte/raw/main/static/svelte-book-1.png",
        "https://github.com/developer-book/svelte/raw/main/static/svelte-book-2.png",
        "https://github.com/developer-book/svelte/raw/main/static/svelte-book-3.png"
    ]
  },
  {
    "id": "react-book",
    "name": "React Book",
    "price": 30000,
    "images": [
        "https://github.com/developer-book/svelte/raw/main/static/react-book-1.png",
```

```
            "https://github.com/developer-book/svelte/raw/main/static/react-book-2.png",
            "https://github.com/developer-book/svelte/raw/main/static/react-book-3.png"
        ]
    },
    {
        "id": "vue-book",
        "name": "Vue Book",
        "price": 30000,
        "images": [
            "https://github.com/developer-book/svelte/raw/main/static/vue-book-1.png",
            "https://github.com/developer-book/svelte/raw/main/static/vue-book-2.png",
            "https://github.com/developer-book/svelte/raw/main/static/vue-book-3.png"
        ]
    },
    {
        "id": "angular-book",
        "name": "Angular Book",
        "price": 30000,
        "images": [
            "https://github.com/developer-book/svelte/raw/main/static/angular-book-1.png",
            "https://github.com/developer-book/svelte/raw/main/static/angular-book-2.png",
            "https://github.com/developer-book/svelte/raw/main/static/angular-book-3.png"
        ]
    }
]
```

+page.server.js의 loadProducts 함수를 코드 5.3.8과 같이 작성한다.

코드 5.3.8 **파일에서 불러오도록 변경(+page.server.js)**

```
import { readFile } from 'fs/promises';

//...

async function loadProducts() {
  const content = await readFile('data/products.json', { encoding: 'utf-8' });
  return JSON.parse(content);
}
```

이것으로 상품 정보를 파일에서 불러오도록 변경되었다. JSON 파일의 내용을 다양하게 변경해보자.

5.3.4 ④ 폼액션으로 장바구니 추가

다음으로는 장바구니 담기 기능을 개선해보자. 이 부분도 역시 프런트엔드에서 임의로 표시한 부분이다. 실제 쇼핑몰 사이트에서는 장바구니 정보가 쇼핑몰에도 전달되어야 의미가 있다. 앞에서 설명한 폼액션 기능을 사용해 장바구니 담기 기능을 구현해본다.

코드 5.3.9 '장바구니 담기' 버튼: 변경 전(products/[id]/+page.svelte)

```
{#if !cart.includes(product.id)}
  <button on:click={() => addToCart(product.id)}>장바구니 담기</button>
{:else}
  <button disabled>장바구니 담기 완료</button>
{/if}
```

코드 5.3.10 '장바구니 담기' 버튼: 변경 후(products/[id]/+page.svelte)

```
{#if !cart.includes(product.id)}
  <form method="POST">
    <input type="hidden" name="productId" value={product.id} />
    <button>장바구니 담기</button>
  </form>
{:else}
  <button disabled>장바구니 담기 완료</button>
{/if}
```

load 함수만 작성된 +page.server.js에 actions 객체를 추가한다(코드 5.3.11).

코드 5.3.11 actions 객체 추가(+page.server.js)

```
export const actions = {
  default: async ({ request }) => {
    const data = await request.formData();
    await addToCart(data.get('productId'));
  }
};
```

전체적으로는 뒤에서 설명하지만 actions 객체는 다양한 이름의 함수를 저장하는 객체다. 여기서는 default라는 이름으로 request라는 파라미터를 받는 함수를 정의하지만 다른 함수도 정의할 수 있다.

request 객체의 formData 함수를 사용해 폼에서 제출한(POST 요청으로 전송된) 폼 데이터를 가져올 수 있다. 여기서는 productId라는 필드를 찾고 addToCart 함수에 전달하여 장바구니에 추가되는 것을 표현한다.

addToCart 함수를 지금부터 생성해보자. src/lib/server/cart.js 파일을 생성하고 코드 5.3.12와 같이 작성한다.

코드 5.3.12 addToCart 함수(src/lib/server/cart.js)

```javascript
import { readFile, writeFile } from 'fs/promises';

const dataPath = 'data/cart.json';

export async function addToCart(productId) {
  const cart = await loadCart();
  if (!cart.includes(productId)) {
    cart.push(productId);
  }
  await writeFile(dataPath, JSON.stringify(cart), { encoding: 'utf-8' });
}

export async function loadCart() {
  try {
    const content = await readFile(dataPath);
    return JSON.parse(content);
  } catch (err) {
    if (err.code === 'ENOENT') {
      return [];
    } else {
      throw err;
    }
  }
}
```

조금 복잡한 내용이지만 기본적으로 Node의 fs 모듈을 사용해 장바구니 정보(ID의 배열)를 JSON 파일로 읽고 쓴다. fs 모듈은 브라우저에서는 사용할 수 없다. 반드시 Node에서 실행되는 서버의 코드로 처리해야 한다. 튜토리얼에서는 모두 로컬 환경에서 작동하고 있지만 스벨트킷이 호스팅하는 Node에서 실행되는 서버 코드와 스벨트킷에서 전달된 스크립트를 브라우저가 실행하는 클라이언트의 코드는 완전히 별개라고 생각해야 한다.

실제로는 유저별로 장바구니를 나누어야 하지만 지금 단계에서는 로그인 기능이 없으므로 모두 같은 내용을 표시하도록 한다. 이것으로 data/cart.json에 데이터가 저장된다. 그러나 아직 브라우저에서 '장바구니의 상품 수'는 업데이트되지 않는다. load 함수로 장바구니 정보를 읽고 속성을 통해 페이지에 정보를 전달하여 표시하도록 해보자(코드 5.3.13, 코드 5.3.14).

코드 5.3.13 장바구니 정보를 불러오는 처리(products/[id]/+page.server.js)

```
import { addToCart, loadCart } from '$lib/server/cart';

export async function load({ params }) {
  const products = await loadProducts();
  const product = products.find((product) => product.id === params.id);
  const relatedProducts = products.filter((product) => product.id !== params.id);
  const cart = await loadCart();

  return { product, relatedProducts, cart };
}
```

코드 5.3.14 장바구니의 상품 수를 표시하는 처리(products/[id]/+page.svelte)

```
<script>
  export let data;
  $:({ product, relatedProducts, cart } = data);

  // 기존의 let cart = ... 는 제거

  //...
</script>
```

이제 장바구니 정보는 계속 유지된다. http://localhost:5173에 접속하여 장바구니를 사용해보고 스벨트킷 서버를 재시작하여 데이터가 제대로 유지되는지 확인해보자. data/cart.json 내부에 데이터가 저장되는 모습도 궁금하면 확인해보는 것도 좋다. 장바구니에서 상품을 삭제하는 기능은 아직 없으므로 장바구니를 비우려면 파일을 수동으로 삭제한다.

COLUMN **아이템 수를 화면에 반영하기**

앞에서는 간단하게 작업하기 위해 '장바구니 담기' 버튼이 '장바구니 담기 완료' 버튼으로 변경되고 클릭할 수 없도록 하여 아이템이 추가된 것을 확인할 수 있게 한다.

그러나 이미 cart 속성을 받고 있으므로 이를 사용하면 화면에 '장바구니(0)'에 아이템의 수를 간단하게 반영할 수 있으니 한 번 시도해보자. cart/+page.server.js에서 장바구니의 데이터를 읽고 cart/+page.svelte에서 표시하도록 하여 장바구니 페이지를 만들 수도 있다. 이 방법은 시간이 조금 더 걸리겠지만 한번 시도해보도록 하자.

반복해서 설명한 것처럼 폼액션 기능을 사용하여 구현한 기능은 브라우저의 자바스크립트 비활성화 상태에서도 작동한다. 자바스크립트를 비활성화하는 방법은 브라우저에 따라 다르지만 꼭 사용해보도록 하자.

5.3.5 ⑤ '추천 상품' 표시

어떻게 데이터를 가져올까?

마지막으로는 관련 상품과는 별도로 '추천 상품'을 표시해보자.

여기서는 관련 상품은 '상품의 속성에 따라 정해지며 해당 상품과 관련이 있는 다른 상품'을 의미한다. 예를 들어 맥북 프로 상품 페이지에 전원 케이블이나 아이폰과 같은 상품을 표시하는 것을 생각해볼 수 있다. 이는 누가 언제 보더라도 상품 목록이 변경되지 않는 한 변경되지 않으므로 사전에 처리하여 정적 데이터로 만들거나 동적으로 계산하여 캐싱할 수 있다.

추천 상품은 '유저의 속성과 상품의 속성으로 정하며 해당 유저가 구입할 가능성이 높은 다른 상품'으로 볼 수 있다. 예를 들어 맥북 프로 상품 페이지라도 유저가 이전에 마이크로소프트의 Surface 상품을 검색한 이력이 있으면 해당 제품을 표시하는 것으로 생각할 수 있다. 맥북 프로와 Surface는 제품 간에 강한 연관성이 없고 오히려 배타적이지만 방문자의 속성에 따라 맥북 프로가 아닌 Surface를 구입하도록 권할 수도 있다. 이러한 표시 내용은 방문자에 따라 달라지고 같은 방문자라도 마이크로소프트의 상품을 자주 검색한 경우와 Dell의 상품을 자주 검색한 경우에 따라 결과가 다를 수도 있다. 따라서 이들은 정적으로 생성하거나 캐싱이 어려울 수 있다.

이러한 데이터 특성의 차이는 데이터를 가져오는 방법에 영향을 미친다. 앞의 데이터는 지금까지와 같이 load 함수로 가져오므로 아무 문제가 없지만 뒤의 데이터를 가져오는 방법은 비교적 계산 비용이 높은 처리(예를 들어 머신러닝 모델에 따른 추론)를 실행할 필요가 있다. load 함수를 사용하여 SSR을 통해서 데이터를 가져오는 것은 데이터를 HTTP Response에 넣는 점에서는 좋지만, 전통적인 웹 애플리케이션과 마찬가지로 처리가 완료될 때까지는 응답을 반환하지 않으므로 사용자 경험에는 좋지 않은 영향을 줄 수 있다.

다행히도 추천 상품 표시가 애플리케이션의 사용 사례에서 필수적인 경우가 많지 않고 '있으면 비지니스에 도움이 되는' 것으로, 없어도 유저의 목적 달성에는 방해가 되지 않는 경우가 대부분이다. 따라서 추천 상품의 데이터는 load 함수로 전달하지 않고, 페이지 렌더링 후 동적으로 가져오는 방법을 생각해보자. 이와 같이 사용하면 유저는 페이지가 표시될 때까지 기다릴 필요 없이 페이지는 준비된 상태에서 더 풍부한 기능을 사용할 수 있다.

스벨트킷에는 이를 지원하는 '서버 라우트'의 기능이 있다. 여기서는 서버 라우트와 `fetch` 함수를 사용하여 추천 상품을 동적으로 가져와서 표시하는 방법을 구현해보자.

> **COLUMN** **스벨트킷의 기능과 웹 표준**
>
> `fetch`는 브라우저에서 HTTP 통신을 구현하기 위한 웹 표준으로 정의된 API 중 하나[15]다. 라이브러리와 프레임 워크에 따라 이러한 함수를 독자적으로 개발하고 제공할 수도 있다. 스벨트킷은 자체 API를 제공하지 않고 웹 표준에서 제공하는 구조를 최대한 사용하려고 한다. 이는 라이브러리와 프레임워크를 개발하는 입장에서 바퀴를 재발명하는 것을 방지한다는 이점이 있다. 프레임워크 유저가 웹 표준에 익숙하다면 그 지식을 그대로 활용할 수 있고, 웹 표준에 익숙하지 않더라도 스벨트킷을 배우면 웹 기술 전반을 학습하는 것과 같은 효과가 있다.

서버 라우트로 데이터 가져오기

서버 라우트는 간단히 말하면 '인간이 볼 수 있는 데이터가 아니라 기계가 읽기 위한 데이터'를 전달하는 라우트로 볼 수 있다. 폼액션도 같은 목적으로 사용할 수 있지만 서버 라우트는 더욱 유연한 제어가 가능하다.

예를 들어 폼액션에서는 보통 브라우저에서 네비게이션으로 전송되는 POST 요청밖에 다룰 수 없지만 서버 라우트에서는 PUT, DELETE, PATCH 등의 요청도 처리할 수 있다.

서버 라우트도 라우트의 하나이므로 폴더 구조로 정의한다는 점은 페이지와 동일하다. 페이지와 다른 점은 폴더에 넣는 파일의 이름이다. 페이지는 `+page.svelte`를 사용하지만 서버 라우트는 `+server.js`를 사용한다. 이름이 암시하는 것과 같이 서버 라우트에서 정의된 함수는 클라이언트에서 처리되지 않고 반드시 서버에서 실행된다.

하나의 기능을 제공하는 여러 엔드포인트를 모아서 API라고 부르는 경우가 많으므로 서버 라우트를 모아서 api 폴더(루트)를 생성하는 것이 일반적이다. 이렇게 하면 요청의 호출 부분을 보고 '여기서 api를 사용하고 있다'라는 것을 한눈에 알 수 있다.

여기서는 `/api/recommend`라는 URL을 사용하고 싶으므로 `src/routes/api/recommend/+server.js`에 코드 5.3.15를 작성하자.

---

15 https://developer.mozilla.org/en-US/docs/Web/API/Fetch_API

코드 5.3.15 src/routes/api/recommend/+server.js의 내용

```javascript
import { getRecommends } from '$lib/server/product';
import { json } from '@sveltejs/kit';

export async function GET({ url }) {
  const recommends = await getRecommends(url.searchParams.get('id'));
  return json(recommends);
}
```

이렇게 정의한 서버 라우트는 GET /api/recommend로 액세스할 수 있다. 쿼리 파라미터에는 url.searchParams로 액세스할 수 있다. 여기서는 /api/recommend?id=1과 같이 사용할 때 ID를 기반으로 추천 상품을 계산하고 싶으므로 id의 값을 가져와서 getRecommends(id) 함수를 통해 추천 상품을 가져오도록 해보자. getRecommends(id) 함수는 src/lib/server/products.js에서 코드 5.3.16과 같이 구현하여 내보낸다.

코드 5.3.16 getRecommends(id) 함수의 내용(src/lib/server/product.js)

```javascript
import { readFile } from 'fs/promises';

async function loadProducts() {
  const content = await readFile('data/products.json', { encoding: 'utf-8' });
  return JSON.parse(content);
}

export async function getRecommends(baseId) {
  const products = await loadProducts();
  const candidates = products.filter((product) => product.id !== baseId);
  return randomSelect(candidates, 3);
}

// array 배열에서 1개 이상, n개 이하의 요소를 임의로 추출
function randomSelect(array, n) {
  const indices = Array.from({ length: array.length }, (_, i) => i);
  indices.sort(() => Math.random() - 0.5);
  const count = Math.floor(Math.random() * n + 1);
  return Array.from({ length: count }, (_, i) => array[indices[i]]);
}
```

추천 상품은 표시 중인 상품 이외에 임의로 최대 3개까지 추출한다. 여기에서는 Array 클래스의 기능을 사용해 구현하고 있으므로 충분히 빠르게 처리할 수 있지만, 실제로는 1초 이상 걸리는 처리가 많으므로 주의하자. getRecommends(id)로부터 2초 정도가 경과할 때까지 값을 얻을 수 없

는 Promise를 반환하는 샘플을 만들어보는 것도 좋다.

이것으로 서버 라우트의 구현은 완성되었다. 다음으로는 페이지에서 fetch 함수를 호출하여 결과를 페이지의 일부로 표시하도록 해보자(코드 5.3.17).

코드 5.3.17 페이지 처리(products/[id]/+page.svelte)

```
<script>
  import { afterNavigate } from '$app/navigation';
  import Slider from './Slider.svelte';

  export let data;
  $: ({ product, relatedProducts, cart } = data);
  let recommendRequest = new Promise(() => {});

  afterNavigate(() => {
    recommendRequest = fetch(`/api/recommend?id=${product.id}`).then((res) => res.json());
  });
</script>

<!-- ... -->

  <footer>
    <h3>추천 상품</h3>
    {#await recommendRequest}
      <div>로딩 중...</div>
    {:then products}
      <ul>
        {#each products as product}
          <li>
            <a href="/products/{product.id}">{product.name}</a>
            - {product.price}원
          </li>
        {/each}
      </ul>
    {:catch}
      <div>로딩 에러</div>
    {/await}

    <h3>관련 상품</h3>
  <!--...-->
</footer>
```

페이지 전환이 완료되면 afterNavigate에 전달된 함수가 실행되고 fetch 함수에 의해 /api/recommend 서버 라우트를 호출한다. res에는 Response의 Promise가 전달되므로 응답 바디를

JSON으로 resolve하는 Promise로 변환하여 recommendRequest 상태로 설정한다.

recommendRequest에 Promise를 설정하면 템플릿에서 {#await} 문법을 사용해 로드 중과 로드 후의 표시를 구분할 수 있다. Promise가 resolve될 때까지는 로드 중인 블록, resolve 후에는 {:then} 블록이 렌더링된다. products에는 Promise의 resolve 후의 값이 설정된다. 동일하게 맞추기 위해 recommendRequest의 초깃값은 아무것도 하지 않는 Promise로 한다.

코드 중복 해결하기

여기까지 구현한 loadProducts는 src/lib/server/product.js와 src/routes/products/[id]/+page.server.js 두 곳에 존재한다. 코드 중복의 관점에서는 바람직하지 않다. 예를 들어 product.js에서 이 함수를 내보내고 +page.server.js는 이것을 불러와서 사용하게 하면, 중복이 적고 유지 보수성이 좋은 코드가 될 수 있다(코드 5.3.18, 코드 5.3.19).

코드 5.3.18 처리의 중복 해결(src/lib/server/product.js)

```js
// ↓export를 제일 앞에 추가
export async function loadProducts() {
  const content = await readFile('data/products.json', { encoding: 'utf-8' });
  return JSON.parse(content);
}
```

코드 5.3.19 처리의 중복 해결(src/routes/products/[id]/+page.server.js)

```js
// ↓아래 import 제거
// import { readFile } from 'fs/promises';
// ↓아래 import 추가
import { loadProducts } from '$lib/server/product';

// ↓원래의 loadProducts 함수 제거
// async function loadProducts() {
// const content = await readFile('data/products.json', { encoding: 'utf-8' });
// return JSON.parse(content);
// }
```

7장 이후의 튜토리얼은 수정 후의 코드를 전제로 한다. 따라서 7장을 읽기 전에 해당 부분을 수정하도록 하자. 다음 장에서는 내용을 조금 더 자세히 설명한다.

2023년 1월 스벨트킷에 스냅숏 기능이 도입되었다.[16]

입력 중인 폼의 데이터나 스크롤 상태 등 일부 유형의 상태는 페이지를 이동하면 유지되지 않고, 브라우저에서 '이전 페이지' 버튼 등을 통해 원래의 페이지로 돌아오더라도 해당 상태는 복원되지 않는다. 항목이 많은 폼이나 긴 텍스트 입력이 있는 경우 등 상태를 유지하는 것이 좋을 때는 +page.svelte와 +layout.svelte에 코드 5.3.20과 같이 스냅숏 기능을 사용하면 DOM의 상태를 유지하고 재방문 시 복원할 수 있다.

코드 5.3.20 스냅숏 기능으로 DOM 상태 유지

```
<script>
  let profile = '';

  /** @type {import('./$types').Snapshot<string>} */
      export const snapshot = {
    capture: () => profile,
    restore: (snapshot) => profile = snapshot,
  };
</script>

<form method="POST">
  <label for="profile">프로필</label>
  <textarea id="profile" bind:value={profile} />
  <button>프로필 업데이트</button>
</form>
```

capture() 함수가 리턴한 객체는 무엇이든 세션 스토리지에 저장되어 유저가 페이지에 돌아왔을 때 restore(snapshot) 함수의 첫 번째 인수로 전달된다. 이 값을 사용해 페이지와 컴포넌트의 상태를 복원하여 원활한 사용자 경험을 제공할 수 있다.

capture() 함수가 반환하는 값은 JSON으로 직렬화가 가능해야 한다. 또한 세션은 메모리에 저장되므로 너무 큰 객체는 반환하지 않는 것이 좋다.

---

16 https://kit.svelte.dev/docs/snapshots

CHAPTER 6

스벨트킷 레퍼런스

5장에서는 스벨트킷의 기능을 살펴보고 간단한 웹 애플리케이션 개발 방법을 학습했다. 스벨트킷은 스벨트의 특징인 간단한 개발 스타일을 UI 개발부터 웹 애플리케이션 전체까지 확장한다. 이장에서는 앞에서 다룬 다양한 기능에 대해 더욱 자세히 설명한다. 레퍼런스로 활용하도록 하자.

6.1 스벨트킷의 주요 개념

6.1.1 페이지 라우트

스벨트킷은 스벨트의 컴포넌트보다 조금 더 넓은 '페이지'라는 개념을 사용한다.

기본적으로는 'URL이 할당된 하나의 페이지'에 대응하는 개념이라고 생각할 수 있다. 스벨트 편에서 개발한 컴포넌트도 작동 확인은 브라우저에서 했기 때문에 혼동하기 쉽지만, 컴포넌트는 단독으로 웹 페이지에 삽입할 수 있으면 다른 컴포넌트에도 삽입할 수 있다.

반대로 스벨트킷의 '페이지'는 브라우저에서 표시하는 페이지 자체에 직접 대응하며, 페이지를 다른 페이지나 컴포넌트에 삽입할 수 없다. 페이지는 브라우저의 URL과 이력 등의 메타 정보를 직접처리해야 하기 때문이다.

따라서 스벨트킷의 '페이지'는 스벨트 컴포넌트를 포함하는 더욱 구체적인 개념으로 볼 수 있다(그림 6.1.1). 페이지는 뒤에서 설명하는 '라우팅'을 통해 애플리케이션의 URL과 1 : 1로 대응한다.

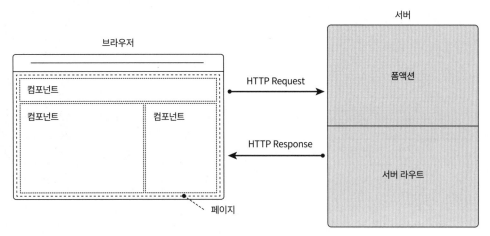

그림 6.1.1 스벨트킷 애플리케이션의 개념도

6.1.2 서버 라우트

페이지 라우트와 쌍을 이루는 개념으로 '서버 라우트'라는 개념이 있다. 많은 부분에서 페이지와 유사하지만, 사람이 직접 입력하는 것을 가정하지 않고 다른 페이지로부터 HTTP 요청으로 데이터를 가져오는 것을 가정한다. 따라서 표시하는 내용도 HTML로 렌더링할 수 있는 스벨트 컴포넌트가 아니며, JSON 등 프로그램이 해석하기 쉬운 형식이 된다.

페이지는 GET 또는 POST로만 접근할 수 있지만 서버 라우트는 PUT, PATCH, DELETE 등 다른 HTTP 메서드로도 접근할 수 있다. 서버 라우트는 페이지와 동일하게 뒤에서 설명하는 라우팅을 통해 URL과 1 : 1로 대응할 수 있다.

6.1.3 폼액션

폼액션은 페이지와 서버 라우트 사이의 개념이다. 페이지가 서버 라우트 데이터를 전송하기 위해서는 `fetch` 등을 사용해 브라우저에서 독립적인 HTTP 요청을 보내야 한다. 브라우저는 자바스크립트를 사용하지 않고도 POST 요청을 전송할 수 있는 구조를 예전부터 갖고 있다.

`<form>` 요소를 이용한 POST 요청으로 페이지 이동을 사용하면 `fetch` 등 자바스크립트를 사용할 수 없는 환경에서도 최소한의 기능으로 작동하는 웹 페이지를 개발할 수 있다. 이를 구현하기 위해 서버와 프런트엔드 모두 지원하는 것을 폼액션 API라고 한다.

6.1.4 라우팅

앞에서 설명한 웹 애플리케이션의 구성 요소는 웹 브라우저에서 접근할 수 있도록 하기 위해 URL을 각각 할당해야 한다. 이때 URL을 할당하는 방법을 **라우팅**이라고 한다(그림 6.1.2). 스벨트킷에서는 소스 코드의 파일을 배치하는 방법을 라우팅으로 표현한다.

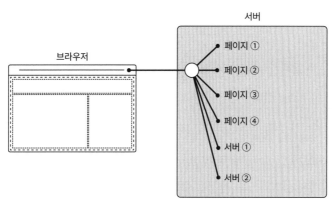

그림 6.1.2 **라우팅 개념도**

6.1.5 레이아웃

많은 페이지로 구성된 웹 사이트는 일관된 사용자 경험을 제공하기 위해 일정 부분을 공통으로 갖는 부분이 많다. 보통 네비게이션 메뉴와 팝업 메뉴 등의 형태로 구현한다. 이것들을 효과적으로 다루기 위한 방식으로 스벨트킷은 '레이아웃'의 개념을 제공한다.

레이아웃 자체는 단순한 개념이지만 부분에 따라 여러 개의 다른 레이아웃을 제공하고 싶거나 특정 부분을 상위 레이아웃에서 상속받으려 할 때, 특정 레이아웃에서만 실행되는 서버 처리를 정의하고 싶을 때 등과 같이 다양한 엣지 케이스가 있으므로 하나의 중요한 개념으로 다룬다.

6.1.6 스벨트킷의 실행 모델

스벨트로 작성한 코드는 브라우저에서만 실행되지만, 스벨트킷에서는 많은 코드가 브라우저에서 실행되거나 서버에서 실행된다. 코드의 구분과 실행 타이밍을 정리한 그림 6.1.3을 참고하자.

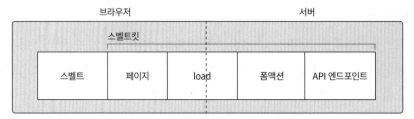

그림 6.1.3 스벨트킷 애플리케이션의 실행 모델

스벨트 컴포넌트와 페이지는 원칙적으로 브라우저에서 실행되지만 상황에 따라 서버에서 렌더링된 후 HTTP 응답의 일부로 브라우저에 전달될 때도 있다(그림에서 '스벨트', '페이지', 'load'). 서버 라우트와 폼액션 코드는 항상 서버에서 실행된다.

서버에서 렌더링을 사용하지 않도록 설정하여 애플리케이션 전체와 일부 컴포넌트 및 페이지를 브라우저에서만 실행되도록 할 수 있다. 뒤에서 설명할 라이프 사이클 훅을 사용하면 컴포넌트의 일부 코드만 브라우저에서 실행되도록 제한할 수도 있다.

스벨트킷은 브라우저와 서버의 처리 모두 자바스크립트로 작성할 수 있으므로 각각을 자연스럽게 연결할 수 있다. 이는 스벨트킷의 강점이지만, 엄밀하게는 브라우저와 서버에서 다른 처리 시스템을 사용하며 각각 접근할 수 없는 API가 존재(DOM 등 브라우저가 제공하는 API는 서버에서 접근할 수 없고, DB는 브라우저에서 접근할 수 없음)하기 때문에 의도하지 않은 쪽에서 코드가 실행되면 문제가 발생할 수 있다.

6.2 페이지 라우트

6.2.1 +page.svelte

스벨트킷의 페이지는 기본적으로 2장에서 설명한 스벨트 컴포넌트와 같은 방식으로 작성할 수 있다.

일반적인 스벨트 컴포넌트와의 큰 차이점은 다음과 같다.

1. 웹 페이지를 추상화한 개념이므로 일반 스벨트 컴포넌트에는 없는 '요청 정보를 처리하는 기능'이 추가되어 있다.

2. 기본으로 서버 사이드 렌더링이 설정되어 있으므로 컴포넌트의 코드가 서버 사이드로 작동하는 경우와 브라우저에서 작동하는 경우 모두 어느 정도 의식해서 작성해야 한다.

스벨트킷 페이지는 일반 스벨트 컴포넌트와 달리 라우팅 정의에 따라 액세스할 수 있다. 라우팅 폴더에 `+page.svelte` 파일을 넣으면 페이지 라우트를 추가한 것이다.

애플리케이션에 처음 접속하면 해당 URL에 해당하는 라우트에 할당된 페이지가 서버 사이드에서 렌더링되어 전송된다. 이때 클라이언트 측에서 페이지를 작동하기 위해 필요한 자바스크립트도 동시에 전송되며, 이 후 다른 페이지에 접근하면 원칙적으로 클라이언트 측에서 빠르게 처리된다(이 과정을 '클라이언트 사이드 렌더링'이라고 한다).

COLUMN **페이지 코드는 언제 전송될까?**

두 번째 페이지 이후의 접속은 '원칙적으로 클라이언트에서 처리된다'라고 했다. 그렇다면 첫 번째 사이트에 접속했을 때 모든 페이지의 코드가 브라우저로 전송되는 것일까? 그렇다면 효율적이라고 생각할 수 없을 것이다. 물론 실제로 그런 방식을 사용하는 것은 아니며 2페이지 이후의 페이지 코드는 스벨트킷이 페이지 이동(링크 클릭 등)을 감지했을 때 서버에서 가져온다.

그렇다면 왜 스벨트킷은 페이지 이동 시 전체 페이지를 다시 로드하는 것이 아니라 자바스크립트에서 HTML의 일부만 대체할까? 이유는 바로 성능 때문이다. 전체 페이지를 다시 로드하면 브라우저는 HTML의 헤드head 부분 해석이나 모든 자바스크립트의 해석 등 페이지를 표시하기 위해 필요한 모든 처리를 처음부터 다시 해야 한다. 반면에 HTML로 일부분만 변경하면 단순히 해당 처리만 실행하므로 작업을 최소화할 수 있다. 이를 통해 전체 페이지를 다시 로드하는 것보다 빠르게 페이지 이동을 실행할 수 있다.

페이지 코드 전송과 그에 수반되는 데이터를 가져오는 타이밍은 '6.8 헬퍼 모듈' 절에서 소개하는 $app/navigation 모듈의 preloadCode, preloadData를 사용하여 커스터마이징할 수 있다.

스벨트의 기본적인 컴포넌트의 역할은 모든 자바스크립트를 전송하고, 브라우저에서 일부 DOM 요소가 마운트된 이후의 상태를 관리하고, UI를 표시하는 것이다.

스벨트 페이지는 이외에도 '요청 내용에 따라 컴포넌트의 상태를 변경'하는 역할도 담당한다. 예를 들어 검색 화면 페이지를 생각해보자. GET /search라는 라우트에 대한 요청은 검색 결과를 모두 표시한다고 가정하자. 이때, GET /search?q=svelte-fancy-component와 같이 쿼리 파라미터의 `q`에 설정된 문자열로 검색 결과를 좁히고 싶을 때를 생각해보자.

이 쿼리 파라미터를 해석하여 UI의 상태에 반영하는 구조가 스벨트 컴포넌트에는 없으며, 스벨트킷의 `+page.js`가 이 역할을 간결하게 작성할 수 있는 기능을 제공한다.

6.2.2 +page.js와 +page.server.js

+page.js

+page.svelte와 같은 폴더에 +page.js라는 파일을 넣으면 여기에 작성된 코드도 페이지 렌더링에 맞춰 실행된다. 페이지가 서버 사이드에서 렌더링되는 경우에는 서버에서, 브라우저에서 렌더링되는 경우에는 브라우저에서 실행된다.

코드 6.2.1과 같은 내용이 된다.

코드 6.2.1 +page.js의 사용 샘플

```
import { error } from '@sveltejs/kit';

/** @type {import('./$types').PageLoad} */
export function load({ params }) {
  return {
    title: 'Hello world!',
    content: 'Welcome to our blog. Lorem ipsum dolor sit amet...'
  };

  throw error(404, 'Not found');
}
```

이 모듈에서 load 함수를 내보내면 스벨트킷은 앞에서 설명한 타이밍에 이를 실행한다. 함수가 반환하는 값은 +page.js에 대응하는 +page.svelte에서 data 속성으로 받을 수 있다(코드 6.2.2).

코드 6.2.2 함수가 반환한 값을 받기

```
<script>
  /** @type {import('./$types').PageData} */
  export let data;
</script>

<h1>{data.post.title}</h1>
```

+page.server.js

load 함수는 항상 서버 사이드에서 실행되도록 설정할 수도 있다. 파일명을 +page.js가 아니라 +page.server.js로 지정하면 해당 설정을 사용할 수 있다.

페이지를 표시하기 위해 데이터베이스에 접속해야 하는 경우(블로그 포스트 또는 쇼핑몰 사이트에서 상품 데이터를 가져올 때)나 유저에게 숨기고 싶은 API 키가 필요한 경우(요청 기준으로 과금되는 외부

API 호출 등)에 적합하다.

내보내기가 가능한 이름

+page.js와 +page.server.js는 load 함수 이외에도 표 6.2.1의 5가지를 내보낼 수 있다.

표 6.2.1 내보내기 가능한 함수

이름	값	설명
load	앞의 load 함수	앞의 설명 참조
prerender	Boolean, 'auto'(기본값: 'auto')	빌드 시 정적인 HTML로 렌더링해두고 런타임에는 전송만 하면 되는 페이지에 대해 지정한다.
ssr	Boolean(기본값: true)	false를 지정하면 SSR을 비활성화하고 빈 페이지를 전달하여 클라이언트에서 렌더링한다. 기본적으로 false는 추천하지 않지만 Document나 window 객체에 접근이 필요하여 SSR을 사용할 수 없는 경우에 사용한다(이 경우에도 onMount 등으로 제어를 하는 것이 좋다).
csr	Boolean(기본값: true)	false를 지정하면 CSR을 비활성화하고 자바스크립트를 사용하지 않고 작동하는 페이지로 지정한다. 블로그 사이트의 '사이트 소개' 부분이나 이용 규약 등 법적인 내용과 관련된 페이지에 사용한다.
trailingSlash	'never', 'always', 'ignore'(기본값: 'never')	라우트 마지막에 /를 부여할지('always') 또는 부여하지 않을지('never')를 통일한다. 통일에는 308 리다이렉션을 사용한다. 통일하지 않는 설정('ignore')도 가능하지만 SEO 관점에서는 추천하지 않는다.
actions	함수	+page.server.js만 해당. 다음 절에서 소개하는 폼액션을 표현하는 객체

6.3 폼액션

6.3.1 폼액션 기초

+page.server.js에서 actions 객체를 내보내면 +page.svelte에서 **폼액션**을 호출할 수 있다. actions는 임의의 객체로, 값은 'RequestEvent'를 인수로 받는 비동기 함수'다.

default 폼액션

코드 6.3.1의 예에서는 default라는 이름을 갖는 폼액션 객체를 내보낸다.

코드 6.3.1 폼액션 객체 내보내기

```
/** @type {import('./$types').Actions} */
export const actions = {
  default: async (event) => {
    // 로그인 처리 구현
  },
};
```

키에는 임의의 이름을 사용할 수 있지만 default라는 이름은 특별하게 취급되므로 호출하는 액션
명을 생략했을 때 호출되는 기본 액션이 된다. default라는 이름으로 지정하는 폼액션을 기본 폼
액션이라고 한다. +page.svelte에서 코드 6.3.2와 같이 호출할 수 있다.

코드 6.3.2 액션명을 생략하여 호출

```
<form method="POST">
  <label>
    메일 주소
    <input name="email" type="email">
  </label>
  <label>
    비밀번호
    <input name="password" type="password">
  </label>
  <button>로그인</button>
</form>
```

이러한 +page.svelte와 +page.server.js가 존재하는 라우트는 GET과 POST 모두 처리할 수 있
는 라우트다. 일반적으로 브라우저에서 접근(GET 요청)하면 폼만 포함하는 HTML 페이지가 전송
되고, 이 폼의 '로그인' 버튼을 누르면 동일한 URL에 POST 요청이 전송되고 폼액션이 실행되어 같
은 페이지가 표시된다. 액션의 반환값은 form이라는 속성으로 +page.svelte에 전달되고 폼의 전
송 내용을 반영할 수 있다.

이름을 갖는 폼액션

default 이외의 폼액션을 구현할 수도 있다. 폼액션 객체는 임의의 이름을 키로 가질 수 있으며,
이를 '이름을 갖는 폼액션'이라고 한다(코드 6.3.3).

코드 6.3.3 이름을 갖는 폼액션의 예

```
/** @type {import('./$types').Actions} */
export const actions = {
  login: async (event) => {
    // 로그인 처리 구현
  },
  register: async (event) => {
    // 유저 등록 처리 구현
  },
};
```

이름을 갖는 폼액션을 정의할 때는 기본 폼액션과 동시에 정의할 수 없으므로 주의하자(코드 6.3.4).

코드 6.3.4 기본 폼액션을 정의할 수 없는 샘플

```
// 주의: 이 샘플은 작동하지 않음
/** @type {import('./$types').Actions} */
export const actions = {
  // login, register라는 이름을 갖는 폼액션이 정의되어 있으므로 default는 사용할 수 없음
  default: async (event) => {
    // 로그인 처리 구현
  },
  login: async (event) => {
    // 로그인 처리 구현
  },
  register: async (event) => {
    // 유저 등록 처리 구현
  },
};
```

이름을 갖는 폼액션은 해당 라우트의 POST 요청에 ?/{액션명}을 쿼리 파라미터로 지정하여 호출한다. 예를 들어 http://localhost:5173/?/login에서는 login이라는 이름의 폼액션이, http://localhost:5173/?/register에서는 register라는 이름의 폼액션이 호출된다(코드 6.3.5). 이러한 요청은 자바스크립트를 사용하지 않고 폼 설정만으로도 브라우저에서 전달할 수 있다.

코드 6.3.5 쿼리 파라미터를 통한 호출

```
<form method="POST" action="?/login">
  <label>
    메일 주소
    <input name="email" type="email">
```

```
    </label>
    <label>
      비밀번호
      <input name="password" type="password">
    </label>
    <button>로그인</button>
    <button formaction="?/register">유저 등록</button>
  </form>
```

6.3.2 프로그레시브 인핸스먼트

폼액션은 브라우저의 기본적인 작동과 POST 요청을 처리하는 서버 라우트를 결합하여 자바스크립트에 의존하지 않고 웹 애플리케이션의 최소 기능을 제공하기 위한 구조를 가진다.

웹 애플리케이션은 리소스가 풍부한 데스크톱 환경뿐만 아니라 성능이 제한된 스마트폰으로 불안정한 통신 환경에서 접속하는 것도 염두에 두어야 한다. 폼액션은 이와 같은 환경에 대해 웹 애플리케이션에서 유저 경험의 하한선을 결정한다.

이에 반해 UI를 개발하기 위한 라이브러리인 스벨트는 유저 경험의 상한선을 더욱 높이는 것으로 볼 수 있다. 웹 애플리케이션은 브라우저가 직접 지원하는 기능만으로 표현하거나 조작하기 어려운 복잡한 개념(캘린더, TODO 관리보드 등)을 다루어야 한다. 이들을 직관적으로 다루기 위한 UI를 개발하는 라이브러리가 스벨트다.

상한과 하한에서 하나를 선택하는 것이 아니라 상황에 따라 가능한 선에서 좋은 UI를 제공하는 것이 이상적이다. 이를 실현하기 위한 구조가 **프로그레시브 인핸스먼트**progressive enhancement다.

use:enhance를 사용하여 구현

서버 처리를 폼액션으로 구현하면 프로그레시브 인핸스먼트를 적용하는 것은 간단하다. 코드 6.3.6과 같이 enhance라는 이름의 스벨트 액션을 설정하면 된다.

코드 6.3.6 프로그레시브 인핸스먼트의 적용

```
<script>
  import { enhance } from '$app/forms';

  /** @type {import('./$types').ActionData} */
  export let form;
</script>
```

```
<form method="POST" action="?/login" use:enhance>
  <label>
    메일 주소
    <input name="email" type="email">
  </label>
  <label>
    비밀번호
    <input name="password" type="password">
  </label>
  <button>로그인</button>
  <button formaction="?/register">유저 등록</button>
</form>
```

자바스크립트를 사용할 수 없는 환경에서는 브라우저에서 <script> 블록의 내용은 무시되므로 지금까지 본 것과 같이 '하한선'에서의 유저 경험을 제공한다.

자바스크립트를 사용할 수 있으면 enhanceSvelte 액션이 자동으로 다음 작업을 수행한다.

- form 속성, $page.form, $page.status 업데이트
- 폼액션이 성공했을 때 <form> 요소를 리셋하고 invalidateAll 호출
- 폼액션의 응답이 redirect일 때 goto 호출
- 폼액션이 실패했을 때 가장 가까운 +error 바운더리 표시
- 폼의 포커스 리셋

기본적인 프로그레시브 인핸스먼트는 페이지를 다시 로딩하지 않고 브라우저 네이티브 POST 요청의 작동을 재현한다. use:enhance에 함수를 전달하며 커스터마이징할 수도 있다. 코드 6.3.7과 같이 함수를 정의하고 use:enhance의 인수로 전달한다.

코드 6.3.7 인핸스먼트의 작동을 커스터마이징

```
<script>
  import { enhance } from '$app/forms';

  /** @type {import('./$types').ActionData} */
  export let form;

  const myEnhance = ({ form, data, action, cancel }) => {

    // 폼이 전송되기 직전에 실행되는 처리
```

```
    return async ({ result, update }) => {
      // 폼이 전송한 요청이 완료된 직후에 실행되는 처리
    };
  };
</script>

<form method="POST" action="?/login" use:enhance={myEnhance}>
  <label>
    메일 주소
    <input name="email" type="email">
  </label>
  <label>
    비밀번호
    <input name="password" type="password">
  </label>
  <button>로그인</button>
  <button formaction="?/register">유저 등록</button>
</form>
```

myEnhance 함수(이름은 myEnhance가 아니어도 상관없지만 여기서는 편의상 이와 같이 지정)의 인수는 표 6.3.1과 같다.

표 6.3.1 **MYENHANCE 함수의 인수**

임시 인수명	타입	설명
form	HTMLFormElement	form 요소에 대한 참조
data	FormData	호출되었을 때 폼에 입력된 데이터
action	URL	폼을 전송하는 URL
cancel	() => void	폼의 전송을 취소하기 위한 함수
submitter	HTMLElement	폼을 전송하는 요소

myEnhance 함수는 유저가 전송 버튼을 클릭하면 실제로 브라우저가 POST 요청을 보내기 직전에 호출된다. POST 요청 완료 후 처리를 실행하고 싶을 때는 myEnhance 함수에 코드 6.3.8과 같이 시그니처 함수를 반환한다.

코드 6.3.8 **요청 완료 후 실행할 처리를 정의**

```
async ({ result, update }) => {
  // 폼이 전송한 요청이 완료된 직후 실행되는 처리
};
```

인수는 표 6.3.2와 같다.

표 6.3.2 **코드 6.3.8의 파라미터**

임시 인수명	타입	설명
result	ActionResult	폼액션 실행 결과를 표시. `{ type: 'success';` `status: number; data?: Success }	{ type: 'failure';` `status : number; data?: Invalid }	{ type:` `'redirect'; status: number; location: string }` `| { type: 'error'; status?: number; error: any };`
update	options?:{ reset: boolean }) => Promise<void>	기본 프로그레시브 인핸스먼트를 실행하기 위한 함수

이 함수를 반환하면 기본 프로그레시브 인핸스먼트는 실행되지 않는다. 필요할 때는 update 또는 applyAction 함수를 호출해야 한다(코드 6.3.9).

코드 6.3.9 **기본 프로그레시브 인핸스먼트 실행**

```
<script>
  import { enhance, applyAction } from '$app/forms';

  async ({ result, update }) => {

    if (result.type === 'error') {
      await applyAction(result);
      // or
      await update();
    }
  };
</script>
```

custom 이벤트 핸들러를 사용해 구현하기

use:enhance를 사용하지 않고 form에 **custom 이벤트 핸들러**를 등록하여 구현하는 방법도 있다 (코드 6.3.10).

코드 6.3.10 **custom 이벤트 핸들러를 사용한 구현**

```
<script>
  import { invalidateAll, goto } from '$app/navigation';
  import { applyAction, deserialize } from '$app/forms';

  /** @type {import('./$types').ActionData} */
  export let form;
```

```
  /** @type {any} */
  let error;

  async function handleSubmit(event) {
    const data = new FormData(this);

    const response = await fetch(this.action, {
      method: 'POST',
      body: data
    });

    /** @type {import('@sveltejs/kit').ActionResult} */
    const result = deserialize(await response.text());

    if (result.type === 'success') {
      // re-run all `load` functions, following the successful update
      await invalidateAll();
    }

    applyAction(result);
  }
</script>

<form method="POST" on:submit|preventDefault={handleSubmit}>
  <!-- content -->
</form>
```

on:submit 이벤트 핸들러에 preventDefault를 지정하고 handleSubmit을 설정하여 브라우저에서 폼 전송 기능을 비활성화하고, handleSubmit 내 fetch를 통해 POST 요청을 전송한다. use:enhance를 사용하는 방법보다 길어지지만 요청을 세부적으로 제어할 때 편리하다. use:enhance와 마찬가지로 자바스크립트를 사용할 수 없는 환경에서는 처리가 실행되지 않으므로 on:submit이 적용되지 않고 브라우저의 폼 전송 기능이 다시 사용된다.

폼액션은 Date와 BigInt 객체를 포함하는 응답을 반환할 수 있으므로, 간단한 JSON.parse가 아닌 $app/forms의 deserialize 함수를 사용해야 하므로 주의하자.

또한 +page.server.js와 +server.js가 모두 존재할 때는 기본적으로 fetch 요청은 +server.js로 라우팅된다. +page.server.js의 액션에 POST를 사용하려면 커스텀 x-sveltekit-action 헤더를 사용한다(코드 6.3.11).

코드 6.3.11 x-sveltekit-action 헤더 사용

```
const response = await fetch(this.action, {
  method: 'POST',
  body: data,
  headers: {
    'x-sveltekit-action': 'true'
  }
});
```

6.4 서버 라우트

6.4.1 서버 라우트란?

라우트를 정의하는 폴더에 +page.svelte, +page.js, +page.server.js와는 별도로 +server.js를 배치하여 페이지 전송과 관련이 없는 일반적인 HTTP 요청을 처리하는 라우트를 정의할 수 있다.

+server.js는 GET, POST, PATCH, PUT, DELETE 이름의 함수를 내보낼 수 있으며, 해당 라우트에 도달하는 HTTP 요청 메서드에 따라 해당 함수가 호출된다. 페이지와 폼액션에서는 GET과 POST만 대응할 수 있으므로 다른 메서드를 처리하고 싶을 때는 서버 라우트를 사용해야 한다.

각 함수로 구현할 수 있는 것에는 차이가 없지만 보통 다음과 같이 구분한다.

- **GET**: 데이터를 가져올 때 사용하는 사이드 이펙트가 없는 처리
- **POST**: 데이터 쓰기 등의 작업에 사용하는 사이드 이펙트를 갖는 범용 처리
- **PUT**: 새로운 리소스 등록과 기존 리소스를 변경하는 처리
- **PATCH**: 기존 리소스 일부를 변경하는 처리
- **DELETE**: 기존 리소스를 삭제하는 처리

모든 함수는 RequestEvent 객체를 받고 Response 객체를 반환하는 함수여야 한다(코드 6.4.1).

코드 6.4.1 GET 함수 내보내기

```
import { error } from '@sveltejs/kit';

/** @type {import('./$types').RequestHandler} */
export function GET({ url }) {
  const min = Number(url.searchParams.get('min') ?? '0');
```

```
  const max = Number(url.searchParams.get('max') ?? '1');

  const d = max - min;

  if (isNaN(d) || d < 0) {
    throw error(400, 'min and max must be numbers, and min must be less than max');
  }

  const random = min + Math.random() * d;

  return new Response(String(random));
}
```

RequestEvent 객체는 표 6.4.1의 속성을 가진다. 모든 것을 사용하는 경우는 드물기 때문에 앞의 예와 같이 분할 할당을 사용해 필요한 속성만 사용하는 것이 일반적이다.

표 6.4.1 REQUESTEVENT 객체 속성

속성명	설명
cookies	현재 요청과 관련된 쿠키 정보
fetch	fetch 호환 함수. 애플리케이션 내부 라우트 요청에 대해 최적화가 되어 있음
getClientAddress	어댑터가 설정한 클라이언트 IP 주소
locals	handle 훅(뒤에서 설명)으로 요청에 추가된 커스텀 데이터
params	현재 페이지 또는 서버 라우트의 파라미터(예를 들어 /blog/[slug]와 같은 라우트일 때, {slug:string} 객체)
platform	어댑터에서 사용할 수 있는 추가 데이터
request	HTTP 요청 객체
route	현재 라우트에 관련된 정보(예를 들어 src/routes/blog/[slug]에서 /blog/[slug])
setHeaders	HTTP 응답 헤더를 설정할 때 사용하는 함수
url	현재 페이지 또는 서버 라우트의 URL
isDataRequest	클라이언트에서 +page 또는 layout.server.js에 요청이 올 때 true가 설정됨

Response 객체는 Fetch API의 일부로 정의되어 있다.[17] 첫 번째 인수에는 응답 바디가 되는 문자열과 스트림, 두 번째 인수에는 응답의 설정을 나타내는 옵션을 지정한다.

옵션에는 다음 필드를 지정할 수 있다.

---

17 https://developer.mozilla.org/en-US/docs/Web/API/Response/Response

- **status**: 상태 코드를 나타내는 숫자
- **statusText**: 상태 메시지를 나타내는 문자열
- **headers**: 응답 헤더를 표현하는 자바스크립트 객체. 문자열로 임의의 키와 값을 지정할 수 있다.

6.5 라우팅

스벨트킷은 파일 시스템 기반 라우팅을 사용하여 src/routes 아래 폴더 구조에 따라 라우팅을 표현한다. 원칙적으로 src/routes 아래 폴더에서 src/routes를 기준으로 상대 경로가 애플리케이션의 기본 URL(개발 환경에서는 http://localhost:5173/)에 그대로 정의된다.

6.5.1 라우트

src/routes 아래에 +로 시작하는 특정 파일명의 파일은 src/routes의 상대 경로에 해당하는 라우트가 된다. 예를 들어 src/routes/about/+page.svelte가 있을 때, http://localhost:5173/about에 접속할 수 있다. 마찬가지로 src/routes/api/+server.js가 있으면 http://localhost:5173/api에 접속할 수 있다(이후부터 라우트의 예를 나타낼 때는 애플리케이션의 기본 URL을 생략하고 /부터 표기한다).

기존의 외부 시스템과 호환성을 유지하기 위한 목적으로 API 사용자로부터 JSON 형식의 파일(리소스)이 존재하는 것처럼 보이는 라우트를 정의하고 싶을 때가 있다. 예를 들어 /api/status.json과 같은 URL을 사용해야 할 때는 src/routes/api/status.json/+server.js라는 파일명을 생성하여 해당 루트를 정의할 수 있다.

6.5.2 라우트에 배치할 수 있는 파일

라우트에는 어떤 파일이라도 배치할 수 있지만 표 6.5.1과 같이 +로 시작하는 파일명은 특별한 의미를 가진다.

표 6.5.1 라우트에 배치 가능한 특별한 파일명

파일명	용도
+page.svelte	해당 라우트에 페이지를 전송
+page.js, +page.server.js	페이지를 전송하는 라우트에 load 함수와 폼액션 등을 구현
+server.js	해당 라우트에 범용 HTTP 요청을 전송
+layout.svelte	해당 라우트 아래 페이지에 공통 레이아웃을 적용('6.6 레이아웃'에서 설명)
+layout.js, +layout.server.js	레이아웃에 load 함수와 폼액션을 구현
+error.svelte	에러 발생 시 표시되는 화면을 커스터마이징

이외의 파일은 설명한 파일에서 불러와서 사용할 수 있다.

6.5.3 고급 라우팅

동적 파라미터를 포함하는 라우트

폴더명에 [slug]와 같이 []로 감싼 문자열이 포함된 부분이 있으면 **동적 파라미터**가 포함된 라우트를 정의할 수 있다. 예를 들어 src/routes/article/[slug]/+page.svelte라는 파일이 있으면 /article/svelte나 /article/react와도 일치하므로 모두 이 루트로 요청이 전송된다. 앞에서는 slug의 값이 svelte가 되고, 뒤에서는 react가 된다.

동적 파라미터를 페이지에서 참조하려면 +page.js를 사용해 load 함수를 구현해야 한다(코드 6.5.1). load 함수에 전달되는 params 속성에서 라우트의 동적 파라미터에 접근할 수 있다(코드 6.5.2).

코드 6.5.1 **load 함수의 구현(src/routes/blog/[slug]/+page.js)**

```js
import { error } from '@sveltejs/kit';

/** @type {import('./$types').PageLoad} */
export function load({ params }) {
  if (params.slug === 'svelte') {
    return {
      title: 'Welcome to Svelte',
      content: 'Welcome to Svelte blog. Lorem ipsum dolor sit amet...'
    };
  }

  if (params.slug === 'react') {
    return {
      title: 'Welcome to React',
```

```
    content: 'Welcome to React blog. Lorem ipsum dolor sit amet...'
  };
 }

 throw error(404, 'Not found');
}
```

코드 6.5.2 **라우트의 동적 파라미터에 접근(src/routes/blog/[slug]/+page.svelte)**

```
<script>
  /** @type {import('./$types').PageData} */
  export let data;
</script>

<h1>{data.title}</h1>
<div>{@html data.content}</div>
```

생략 가능한 파라미터를 포함하는 라우트

파라미터를 감싸는 대괄호를 이중으로 사용하는 ([[potional]])을 통해 **생략 가능한 파라미터**를 포함하는 라우트를 정의할 수 있다.

예를 들어 라우트 바로 아래 en과 ko와 같이 표시 언어를 나타내는 파라미터를 지정하는 것으로 웹 사이트의 표시 언어를 설정할 수 있도록 하는 것과 동시에 설정의 생략도 가능하도록 하려면 /[[lang]]/home/about/+page.svelte 등으로 생략 가능한 라우트를 정의할 수 있다.

이 라우트는 다음 URL 중 하나에 접속할 수 있다.

- /en/home/about

- /ko/home/about

- /home/about

나머지 파라미터를 포함하는 라우트

폴더명에 [...rest]와 같이 사용하면 **나머지 파라미터**를 포함하는 라우트를 정의할 수 있다. 나머지 파라미터는 해당 부분과 일치하는 URL 세그먼트를 /를 기준으로 사용한다. 예를 들어 src/routes/article/[slug]/[...date]/+page.svelte를 사용하면 다음 요청이 모두 일치한다.

1. /article/blackhawk-down/2001/12/28

2. /article/zero-dark-thirty/2012/12/10

3. /article/lone-survivor/2014/03/28

4. /article/hurt-locker/

첫 번째 요청에서 params 파라미터의 내부는 코드 6.5.3과 같다.

코드 6.5.3 /article/blackhawk-down/2001/12/28의 params 파라미터

```
{
  "slug": "blackhawk-down",
  "date": "2001/12/28"
}
```

네 번째 요청에서는 [...date]에 해당하는 부분이 없으므로 params 파라미터의 **date**는 빈 문자열이 된다(코드 6.5.4).

코드 6.5.4 article/hurt-locker/의 params 파라미터

```
{
  "slug": "hurt-locker",
  "date": ""
}
```

라우팅 그룹을 포함하는 라우트

최종 라우팅 정의에는 영향을 주지 않고(앱이 처리할 수 있는 URL을 변경하지 않음) 라우팅을 구성하는 방법으로 **라우팅 그룹**을 제공한다. 라우팅 정의에서 (group-name)과 같이 괄호 ()로 감싼 세그먼트(폴더)를 정의하면 해당 세그먼트는 최종 라우팅 정의에는 영향을 주지 않으며, 라우팅 정의의 계층 구조에만 영향을 준다.

구체적으로는 그림 6.5.1과 같이 파일을 배치하여 사용할 수 있다.

```
─src/routes
  ├─(store)
  │   ├─ +layout.svelte
  │   ├─ +page.svelte
  │   └─ products
  │        └─ +page.svelte
  └─ (blog)
       ├─ +layout.svelte
       ├─ about
       │    └─ +page.svelte
       └─ article
            └─ [slug]
                 └─ +page.svelte
```

그림 6.5.1 **라우팅 그룹을 포함하는 파일 배치**

이렇게 하면 정의된 URL은 (store)와 (blog) 계층이 없을 때와 동일하지만 적용된 레이아웃은 표 6.5.2와 같아진다.

표 6.5.2 **그림 6.5.1 파일 배치에 적용된 레이아웃**

라우트	적용된 레이아웃
/	(store)/+layout.svelte
/products	(store)/+layout.svelte
/about	(blog)/+layout.svelte
/article/[slug]	(blog)/+layout.svelte

(store)와 (blog) 계층이 없을 때 모든 라우트에는 공통의 레이아웃이 적용된다.

이외에도 레이아웃 적용 범위의 제어에도 사용할 수 있다. 상세한 내용은 '6.6 레이아웃' 절에서 설명한다.

패턴 매치를 포함하는 라우트

기본적으로 라우트 정의에서 파라미터는 모든 문자열과 매칭된다. 예를 들어 /[lang]/ home/+page.svelte는 /en/home과 /ko/home과 매칭되지만 /foo/home과 /123/home에도 매칭된다. 하지만 언어 코드에만 매칭하도록 하고 싶을 때가 있다.

이때 사용하는 것이 패턴 매치를 이용한 라우팅 정의다. 라우팅 정의에서 패턴 매치를 사용하려면 먼저 패턴 매치를 판단하는 함수를 정의해야 한다. 이 함수를 matcher라고 한다. matcher는

src/params 폴더에 위치한다. 여기서는 언어 코드를 나타내는 langcode라는 matcher를 생성한다. matcher의 이름은 파일명으로 정해지므로 src/params/langcode.js라는 파일을 생성한다(코드 6.5.5).

코드 6.5.5 언어 코드를 나타내는 matcher(src/params/langcode.js)

```js
/** @type {import('@sveltejs/kit').ParamMatcher} */
export function match(param) {
  return ['ko', 'en'].includes(param);
}
```

matcher를 정의하는 모듈은 문자열 인수를 하나 받아서 boolean을 반환하는 match라는 이름의 함수를 내보내야 한다. params를 전달받은 함수가 true를 반환하면 해당 라우트를 사용하고 false를 반환하면 해당 라우트를 사용하지 않는다.

라우팅 중인 파라미터에 matcher를 설정하려면 /[lang=langcode]/home/+page.svelte와 같이 파라미터명 뒤에 =를 사용해 matcher 이름을 지정한다.

여기서는 실제 파라미터가 특정 배열에 포함되는지를 판단하고 있지만, 정규 표현식을 사용하는 등 복잡한 조건을 정의할 수도 있다. 그러나 라우트의 확인은 서버와 브라우저에서 모두 수행할 수 있으므로 두 곳에서 다 작동할 수 있도록 해야 한다. 그러므로 데이터베이스 접속이 필요한 matcher는 사용할 수 없다.

라우트 우선순위

URL이 여러 라우트와 일치할 가능성이 있을 때는 다음의 우선순위에 따라 라우트가 결정된다.

1. 기본적으로 구체적으로 정의된 라우트가 우선된다. 예를 들어 파라미터가 없는 라우트는 파라미터를 가진 라우트보다 우선순위가 높다.

2. 패턴 일치를 포함하는 파라미터는 패턴 일치를 포함하지 않는 파라미터보다 우선순위가 높다.

3. 생략 가능한 파라미터 ([[optional]])와 나머지 파라미터([...rest])는 파라미터가 라우트 정의에서 마지막에 있는 경우를 제외하고는 존재하지 않는 것과 우선순위가 같다.

4. 조건이 같을 때는 알파벳 순으로 우선순위가 정해진다.

특수 문자를 포함하는 라우트

일부 문자열은 환경에 따라 특별한 의미를 가지므로 파일명과 폴더명에 사용할 수 없다. 따라서 이러한 문자를 사용해 정의할 때는 **이스케이프**를 사용해야 한다. 이스케이프는 [x+2f]와 같이 사용하며, [] 내부에 x + 16진수의 문자 코드의 방식으로 표기한다.

표 6.5.3에 나열된 문자는 그대로 표기할 수 없다.

표 6.5.3 파일명과 폴더명에 사용할 수 없는 문자의 예

문자	이스케이프	사용할 수 없는 환경
/	[x+2f]	Linux, Mac, Windows
\	[x+5c]	Windows
:	[x+3a]	Windows
*	[x+2a]	Windows
?	[x+3f]	Windows
"	[x+22]	Windows
<	[x+3c]	Windows
>	[x+3e]	Windows
|	[x+7c]	Windows
#	[x+23]	URL
%	[x+25]	URL
[	[x+5b]	SvelteKit
]	[x+5d]	SvelteKit
(	[x+28]	SvelteKit
)	[x+29]	SvelteKit

이외에도 일반적인 개발 환경에서 표시가 불안정한 문자열(이모지나 표시 불가능한 문자 등)도 유니코드로 이스케이프하여 표현할 수 있다. 이때는 [] 내부에 u+ 유니코드 문자 코드 포인트를 16진수로 지정한다.

COLUMN **문자 코드 참조**

문자 코드는 ASCII 코드표에서 참고할 수도 있으며, 자바스크립트가 작동하는 환경에서는 `':'.charCodeAt(0).toString(16);`와 같이 사용하면 `'3a'`가 반환되므로 `src/routes/[x+3a]/+page.svelte`와 같은 방식으로 사용할 수 있다.

6.6 레이아웃

6.6.1 레이아웃 기초

- `+layout.svelte`

- `+layout.js`

- `+layout.server.js`

레이아웃을 사용하면 여러 페이지에 공통된 레이아웃을 적용할 수 있다. 스벨트킷은 `+layout.svelte` 이름의 파일이 있으면 해당 파일과 같거나 아래에 있는 폴더의 페이지를 렌더링할 때 먼저 레이아웃을 렌더링하고, 내부 `<slot>` 요소에 페이지가 되는 컴포넌트를 마운트하여 렌더링한다.

예를 들어 그림 6.6.1과 같이 배치하면 `home`과 `profile`에 `+layout.svelte`의 내용이 적용된다.

```
—src/routes
    ├ +layout.svelte
    ├ home
    │   └ +page.svelte
    └ profile
        └ +page.svelte
```

그림 6.6.1 레이아웃을 사용하는 폴더 구성의 예

예를 들어 각 파일의 내용이 코드 6.6.1, 코드 6.6.2, 코드 6.6.3과 같은 상황을 생각해보자.

코드 6.6.1 src/routes/home/+page.svelte

```
Welcome Home!
```

코드 6.6.2 src/routes/profile/+page.svelte

```
My name is
```

코드 6.6.3 src/routes/+layout.svelte

```
<ul>
  <li><a href="/home">Home</a></li>
  <li><a href="/profile">Profile</a></li>
</ul>
<slot></slot>
```

이렇게 하면 /home과 /profile 모두 공통으로 사용할 수 있는 메뉴가 표시된다. 이 예는 너무 간단해서 장점을 크게 확인할 수 없지만 레이아웃 파일은 일반 페이지와 매우 유사하게 사용할 수 있다. <slot> 요소는 페이지에서 사용하지 않지만 원래 일반 스벨트 컴포넌트가 갖고 있던 기능이다.

6.6.2 레이아웃 네스팅

레이아웃도 네스팅을 사용할 수 있다. 예를 들어 그림 6.6.2와 같은 라우팅 정의를 생각해보자.

```
—src/routes
    ├─ +layout.svelte
    ├─ home
    │   └─ +page.svelte
    └─ profile
        └─ +page.svelte
    └─ feed
        └─ +layout.svelte
        └─ timeline
            └─ +page.svelte
        └─ replies
            └─ +page.svelte
```

그림 6.6.2 레이아웃에 네스팅을 적용한 폴더 구성의 예

여기서 feed/+layout.svelte이 코드 6.6.4와 같다고 가정한다.

코드 6.6.4 **+layout.svelte**

```
<ul>
  <li><a href="/timeline">타임라인</a></li>
  <li><a href="/replies">댓글 리스트</a></li>
</ul>
```

/timeline과 /replies에는 일반 메뉴 이외에도 '타임라인', '댓글 리스트'를 전환하는 하위 메뉴가 공통으로 표시된다.

6.6.3 레이아웃 네스팅 초기화

레이아웃은 여러 계층 구조에서도 네스팅할 수 있지만 원칙적으로 자식은 부모보다 복잡한 구조를 갖게 된다. 경우에 따라 하위 계층의 페이지에서 더 간단한 레이아웃을 사용하고 싶을 때가 있다. 이때는 중간 계층 구조를 무시하고 상위 계층의 레이아웃을 적용할 수 있다.

이는 `+page.svelte` 또는 `+layout.svelte` 파일의 이름을 변경하여 표현할 수 있다. `+page` 또는 `+layout` 바로 뒤에 `@`를 붙이고 레이아웃을 적용할 라우트의 세그먼트를 `+page@segment.svelte` 또는 `+layout@segment.svelte`로 작성한다.

예를 들어 앞의 라우팅에서 그림 6.6.3과 같은 타임라인에 'NEW', '인기', '리스트' 세 개의 하위 페이지를 추가하도록 해보자(그림의 단순화를 위해 home, profile은 생략한다).

```
—src/routes
   ├ +layout.svelte                  ❶
   └ feed
       ├ +layout.svelte              ❷
       ├ timeline
       │   ├ +layout.svelte          ❸
       │   ├ top-posts
       │   │   └ +page.svelte
       │   ├ latest-posts
       │   │   └ +page.svelte
       │   ├ lists
       │   │   ├ +layout.svelte      ❹
       │   │   └ +page.svelte
       │   └ +page.svelte
       └ replies
           └ +page.svelte
```

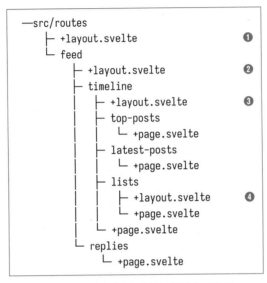

그림 6.6.3 **페이지를 추가하는 폴더 구성의 예**

`/feed/timeline/top-posts`, `/feed/timeline/latest-posts`, `/feed/timeline/lists`의 세 페이지는 공통으로 ❶, ❷, ❸이 모두 레이아웃으로 네스팅되어 적용된다.

`top-posts`와 `latest-posts`는 게시물 리스트를 표시하는 의미로 공통 페이지 구조를 가지고 같은 레이아웃을 가져도 문제가 없다. 그러나 `lists`는 '게시자를 정리해서 리스트를 표시하는 페이지'이므로 다른 관심사를 갖는 페이지다. 따라서 이 페이지는 `top-posts`와 같은 타임라인 구조를 갖게 되면 적절하지 않을 수 있다.

`lists`에만 고유하게 적용되는 레이아웃 ❹를 추가하고 있지만 계층 구조로 인해 ❶, ❷, ❸에 네스팅하는 형태로만 적용되므로 불필요한 레이아웃이 적용된다.

❹의 레이아웃 파일명을 +layout@feed.svelte로 변경하게 되면 라우트 /feed/timeline/lists 의 세그먼트를 거슬러 올라가서 feed 계층 구조에 적용된 라우트가 적용된다. 즉 ❷의 레이아웃이다. 여기에 ❹의 레이아웃을 네스팅하여 적용한 것이 lists의 페이지에 적용된다.

[slug]와 같은 동적 파라미터를 나타내는 세그먼트도 지정할 수 있으며 '6.5 라우팅'에서 설명한 라우팅 그룹도 지정할 수 있다. 최상위 레이아웃(여기서는 ❶의 레이아웃)을 지정할 때는 빈 문자열을 지정하는 의미에서 +layout@.svelte로 지정한다.

여기서 ❹의 +layout.svelte를 작성하여 lists용 레이아웃을 추가로 정의하고 있지만, ❷의 레이아웃만 직접 사용하면 충분할 때는 +page@feed.svelte로 사용한다(+layout.svelte는 생성하지 않음).

6.7 훅

6.7.1 스벨트킷의 훅

스벨트킷의 프레임워크 수준에서 작동을 수정할 수 있는 몇 가지 **훅**hook이 제공된다. 훅은 src/hooks.server.js 또는 src/hooks.client.js에서 표 6.7.1의 이름을 갖는 함수를 내보내기를 통해 구현할 수 있으며, 각각 정해진 타이밍에 실행된다. 파일명에서 유추할 수 있는 것처럼 hook.server.js는 서버에서 실행되는 훅, hooks.client.js는 클라이언트에서 실행되는 훅을 내보낸다.

표 6.7.1 스벨트킷에서 제공하는 훅

내보내는 훅	실행 타이밍	내보낼 수 있는 모듈
handle	요청을 받을 때	hooks.server.js
handleFetch	서버에서 스벨트킷이 제공하는 fetch 함수가 호출되었을 때	hooks.server.js
handleError	예상하지 못한 에러가 발생했을 때	hooks.server.js, hooks.client.js

6.7.2 handle

handle 함수는 애플리케이션이 요청을 받을 때마다 실행된다. 페이지에 대한 요청이나 서버 라우트에 대한 요청도 동일하다.

handle 함수는 코드 6.7.1과 같이 event 객체와 resolve 함수를 받는다.

코드 6.7.1 handle 함수의 예

```
/** @type {import('@sveltejs/kit').Handle} */
export async function handle({ event, resolve }) {
  if (event.url.pathname.startsWith('/custom')) {
    return new Response('custom response');
  }

  const response = await resolve(event);
  return response;
}
```

가장 간단한 사용법은 if 문에서와 같이 처음부터 완전히 새로운 응답을 생성하여 반환하는 방법이다. 이 방법은 라우팅을 정의한 코드는 아예 실행되지 않고 이 핸들러 안에서 처리가 완료된다. 따라서 상태 확인과 같이 예외적인 케이스에서 사용하는 것으로 볼 수 있다.

resolve 함수에 event 변수를 전달하여 호출하면 이 함수에서 일반적인 스벨트킷의 라우팅과 렌더링이 실행된다. 전체적인 애플리케이션은 변경하지 않고 앞뒤로 특정 처리를 추가하고 싶을 때 이 방법을 사용한다. 요청과 응답을 일부만 변경할 수도 있으며, 쿠키 설정 등에 사용하면 편리하다.

6.7.3 handleFetch

handleFetch 함수는 페이지 load 함수와 폼액션의 action 함수가 서버에서 실행되고, 그 안에서 스벨트킷이 제공하는 fetch 함수가 호출될 때 실행된다.

기본적인 사용법은 게이트웨이를 통해 공개되어 있는 API 서버에 대한 요청 바로 가기다. load 함수와 action 함수는 서버에서 실행될 때도 있고 클라이언트에서 실행될 때도 있다. 클라이언트의 사용자 브라우저에서 직접 요청하는 경우, 게이트웨이를 통해 접근해야 하는 API 서버도 서버에서 요청할 때는 공개된 게이트웨이를 통하지 않고 직접 접근하는 것이 합리적일 때가 많다.

이때 코드 6.7.2와 같이 훅을 구현하면 서버에서의 요청 URL을 변경할 수 있다.

코드 6.7.2 handleFetch 함수 사용 샘플

```
/** @type {import('@sveltejs/kit').HandleFetch} */
export function handleFetch({ request, fetch }) {
```

```
  if (request.url.startsWith('https://publicapi.example.com/')) {
    request = new Request(
      request.url.replace('https://publicapi.example.com/', 'http://localhost:9999/'),
      request
    );
  }

  return fetch(request);
}
```

6.7.4 handleError

handleError 함수는 로드 중이나 렌더링 중 예기치 않은 에러가 발생했을 때 호출되며 error와 event를 받는다(코드 6.7.3, 코드 6.7.4). 예기치 않은 에러의 발생을 통합적으로 감지하고 로그에 기록하며, 사용자에게 표시되는 오류 메시지를 친절하면서도 민감한 내용은 제외하도록 변경할 수 있다.

코드 6.7.3 handleError 함수의 사용 샘플(src/hook.server.js)

```
import { logger } from 'logger';
import crypto from 'crypto';

/** @type {import('@sveltejs/kit').HandleServerError} */
export function handleError({ error, event }) {
  const errorId = crypto.randomUUID();
  logger.error(error, { event, errorId });

  return {
    message: '예상하지 못한 에러가 발생했습니다.',
    errorId
  };
}
```

코드 6.7.4 handleError 함수의 사용 샘플(src/hook.client.js)

```
import * as Sentry from '@sentry/svelte';

/** @type {import('@sveltejs/kit').HandleClientError} */
export function handleError({ error, event }) {
  const errorId = crypto.randomUUID();
  logger.error(error, { event, errorId });

  return {
```

```
    message: '예상하지 못한 에러가 발생했습니다.',
    errorId
  };
}
```

6.8 헬퍼 모듈

애플리케이션 개발을 위해 편리한 헬퍼 함수와 변수를 포함하는 모듈을 소개한다.

6.8.1 $app/environment – 실행 환경 관련 정보

스벨트 코드가 실행되는 환경에 대한 정보를 제공하는 모듈이다. 표 6.8.1의 변수를 불러와서 사용한다.

표 6.8.1 실행 환경 관련 정보를 가져오는 변수

export 명	사용 방법
browser	코드가 브라우저에서 실행되고 있을 때는 true, 아닐 때는 false
building	프리렌더링 등 스벨트킷이 코드를 해석하기 위해 실행되고 있을 때는 true, 아닐 때는 false
dev	npm run dev 등을 통해 개발 서버가 실행되고 있을 때는 true, 아닐 때는 false
version	애플리케이션의 버전을 반환. config.kit.version.name으로 설정 가능

6.8.2 $app/forms – 폼액션 관련 헬퍼

폼액션 관련 기능을 제공하는 모듈이다(표 6.8.2). 모두 이번 장에서 간단하게 설명한다.

표 6.8.2 $app/forms: 폼액션 관련 기능을 제공하는 모듈

export 명	사용 방법
applyAction	폼액션으로 전송한 요청의 결과에 대해 적절하게 $env/stores/page 스토어를 업데이트
deserialize	폼액션의 응답을 deserialize하기 위해 사용
enhance	스벨트 액션으로 form 요소에 적용하여 프로그레시브하게 작동하는 폼을 생성

6.8.3 $app/navigation – 페이지 이동 관련 헬퍼

페이지 네비게이션 관련 헬퍼 모듈이다(표 6.8.3).

표 6.8.3 $APP/NAVIGATION: 페이지 네비게이션 관련 헬퍼 모듈

export 명	사용 방법
afterNavigate	컴포넌트가 마운트될 때와 다른 페이지로 네비게이션이 발생할 때 실행되는 콜백을 등록할 수 있음
beforeNavigate	페이지 이동이 발생하기 직전에 실행되는 콜백을 등록할 수 있음. 링크 클릭, goto 헬퍼 호출, 브라우저의 뒤로/앞으로 버튼에 따른 네비게이션 대응 호출. 콜백에 전달되는 cancel() 함수를 호출하여 네비게이션을 중단할 수 있음
disableScrollHandling	클라이언트에서 네비게이션을 자연스럽게 보여주기 위해 스벨트킷은 페이지 내에서 스크롤을 제어함. 해당 함수를 호출하면 이 제어 작동을 취소할 수 있음. 유저의 만족도를 위해 사용은 비추천
goto	URL을 지정하여 해당 페이지로 이동. 함수는 네비게이션이 완료되었을 때 resolve되는 Promise를 반환
invalidate	URL을 지정하여 현재 페이지에 연결하는 load 함수 중 해당 URL에 의존하는 것을 재실행. URL에 대한 의존성은 fetch 함수와 depends 함수를 통해 감지
invalidateAll	현재 페이지에 연결되는 load 함수를 재실행
preloadCode	URL을 지정하여 해당 라우트에 연결하는 코드를 프리로드. 페이지 네비게이션을 빠르게 표시하고 싶을 때 사용. preloadData와 다르게 load 함수는 실행되지 않음
preloadData	URL을 지정하여 해당 라우트에 연결하는 페이지를 프리로드. 코드 로드와 load 함수도 실행하므로 해당 페이지로 이동하면 즉시 페이지가 표시됨
onNavigate	새로운 URL로 이동하기 전 실행되는 callback 함수를 등록. 함수를 반환하면 DOM이 업데이트된 뒤 해당 함수를 1회 실행
pushState	히스토리 엔트리에 새로운 엔트리를 추가
replaceState	현재 히스토리 엔트리를 변경

6.8.4 $app/paths – 경로 관련 헬퍼

애플리케이션 내 특별한 경로 관련 헬퍼 모듈이다(표 6.8.4).

표 6.8.4 $APP/PATHS: 경로 관련 헬퍼 모듈

export 명	사용 방법
assets	config.kit.paths.assets로 설정할 수 있는 정적 asset을 절대 경로로 변환하여 반환. npm run dev와 npm run preview 등에서는 해당 URL을 사용할 수 없으므로 '/_svelte_kit_assets' 문자열로 대체됨
base	config.kit.paths.base로 설정할 수 있는 애플리케이션의 기본 URL을 반환. 애플리케이션이 도메인에서 바로 호스팅되지 않을 때 사용

6.8.5 $app/stores – 애플리케이션 레벨 스토어

애플리케이션 레벨에서 스토어를 제공한다(표 6.8.5). 모두 읽기 전용 스토어다.

표 6.8.5 $app/store: 애플리케이션 레벨의 스토어를 제공하는 모듈

export 명	사용 방법
navigating	기본은 null, 페이지 이동 시는 from, to, type, delta 속성을 갖는 Navigation 객체. from, to는 params, route, url을 갖는 NavigationTarget 객체, type은 enter(하이드레이션 직후), form(폼 전송 시), leave(유저가 탭을 닫거나 뒤로 버튼 등으로 애플리케이션을 떠날 때), link(유저가 링크를 클릭했을 때), goto(goto 헬퍼 함수에서 페이지 전환이 발생했을 때), popstate(브라우저의 뒤로, 앞으로 버튼에 의해 페이지 이동이 발생했을 때)의 값을 가짐. type이 popstate일 때는 이동 단계의 수를 나타내는 delta도 설정됨
page	load 함수의 결과 등을 포함하는 페이지 관련 데이터가 설정됨
updated	애플리케이션 코드의 업데이트 여부를 반환. 버전 확인은 version.pollInterval로 지정된 숫자에 따라 폴링에 의해 수행됨. update.check() 함수를 사용하면 폴링 간격을 무시하고 즉시 버전 업데이트 체크를 실행할 수 있음
getStores	위 navigating, page, updated의 참조를 갖는 객체를 반환. 컴포넌트가 마운트될 때까지 스토어를 구독하지 않으려고 할 때 사용함

COLUMN **하이드레이션이란?**

책에서는 **하이드레이션**hydration이라는 용어가 처음 나왔지만 스벨트의 공식 문서나 유저 사이에서는 자주 언급되는 용어다.

하이드레이션이란 자바스크립트에 의한 동적인 처리를 포함하지 않는 HTML을 동적인 HTML로 만드는 과정을 말한다. 기본적으로 이벤트 핸들러를 등록하여 유저 조작을 인터랙티브하게 작동하도록 하는 처리를 포함한다.

웹 사이트의 성능 지표 중 하나는 대화까지의 시간time to interactive, TTI[18]이다. 이것은 유저가 페이지를 조작할 수 있는 상태가 될 때까지의 시간을 나타낸다. 예를 들어 거대한 페이지의 HTML을 브라우저에서 자바스크립트를 실행하고 생성하려면 TTI가 악화된다. 반대로 이미 생성된 HTML을 서버로부터 전달하면 브라우저에서는 표시 작업만 진행하면 되므로 TTI가 개선되고 더욱 빠른 퍼스트 뷰를 유저에게 제공할 수 있다.

HTML의 생성을 빌드 시 진행하는 방법을 정적 사이트 생성static site generation, SSG, 브라우저의 요청에 따라 진행하는 방법을 서버 사이드 렌더링server-side rendering, SSR이라고 한다. 둘 다 단순한 HTML이므로 유저가 할 수 있는 것은 링크의 클릭과 폼의 전송 등 기초적인 작업밖에 없다.

더 좋은 유저 경험을 제공하기 위해서는 어떤 식으로든 이벤트 핸들러를 등록해야 한다. 이를 구현하기 위한 방법 중의 하나가 하이드레이션이다. 스벨트킷에서도 SSG와 SSR+하이드레이션을 사용하면 스벨트만으로 웹사이트를 만들 때보다 쉽게 TTI를 개선할 수 있다.

하이드레이션과 동일한 목적을 구현하기 위한 다른 방법으로는 Qwik라는 프레임워크가 제안하는

---

18 https://developer.mozilla.org/ko/docs/Glossary/Time_to_interactive

Resumability라는 방법이 있다. 이 책의 범위를 벗어나므로 상세한 설명은 생략하지만 흥미가 있는 독자는 각 주[19]를 참고하자.

추가로 하이드레이션이라는 이름은 음식을 운반하기에는 건조한dehydrated 상태가 좋지만 먹을 때는 수분을 많이 함유된 상태hydrated가 맛있다는 비유에서 비롯되었다.

6.8.6 @sveltejs/kit

load 함수와 서버 라우트를 통해 유틸리티 함수를 제공하는 모듈이다(표 6.8.6).

표 6.8.6 @sveltejs/kit: 유틸리티 함수를 제공하는 모듈

export 명	사용 방법
text	문자열을 지정하여 일반 텍스트를 반환하는 HTTP 응답 객체를 생성
json	임의의 객체를 지정하여 JSON을 반환하는 HTTP 응답 객체를 생성
redirect	상태 코드와 전송할 URL을 지정하여 리다이렉트를 나타내는 HTTP 응답 객체를 생성. 3xx 유형의 상태에 대응
fail	상태 코드와 에러 메시지를 지정하여 요청의 실패를 나타내는 HTTP 응답 객체를 생성. 4xx 유형의 상태에 대응
error	상태 코드와 에러 메시지를 지정하여 에러를 나타내는 HTTP 응답 객체를 생성. 5xx 유형의 상태에 대응
VERSION	버전
isHttpError	에러 발생 여부
isRedirect	리다이렉트 발생 여부

6.8.7 $env: 환경 변수에 접근할 수 있는 모듈

애플리케이션에서 환경 변수에 접근할 수 있는 모듈이다(표 6.8.7).

표 6.8.7 $env: 환경 변수에 접근할 수 있는 모듈

export 명	사용 방법
$env/dynamic/private	런타임 시 사용하는 환경 변수에 접근. process.env와 동일하다고 볼 수 있으며 서버에서만 참조할 수 있음
$env/dynamic/public	런타임 시 사용하는 환경 변수 중 PUBLIC_로 시작하는 변수(prefix는 config.kit.env.publicPrefix로 변경할 수 있음)에 접근. 서버에서 브라우저로 전송하므로 너무 큰 데이터에 접근하면 런타임 시 통신량이 늘어날 수 있음. 가능한 $env/static/public을 사용하는 것을 추천

---

19 https://qwik.builder.io/docs/concepts/resumable/

$env/static/private	빌드 시 사용하는 환경 변수 중 PUBLIC_으로 시작하지 않는 변수에 접근. 서버에서만 참조할 수 있으며 dynamic과는 다르게 정적으로 빌드되어 코드 최적화가 이루어질 수 있음
$env/static/public	빌드 시 사용하는 환경 변수 중 PUBLIC_으로 시작하는 변수에 접근할 수 있음

데이터베이스나 외부 API 액세스에 사용되는 API 키와 암호 등의 인증 정보는 소스 코드에 작성하면 문제가 발생할 수 있다. 소스 코드가 다양한 형태로 많은 사람들에게 공유되므로(팀 내외부 모두) 인증 정보에 액세스할 수 있는 사람을 관리하기가 어렵고, 개발 환경과 운영 환경에서 다른 인증 정보를 사용하는 경우도 많기 때문이다. 따라서 이러한 인증 정보는 소스 코드에 작성하지 않고 '환경 변수'로 제공하여 애플리케이션이 이를 사용해 인증 정보에 액세스하는 것이 일반적이다.

환경 변수는 종종 서버에서 참조하는 인증 정보와 같은 은닉 정보를 처리하지만, 프런트엔드에서도 빌드 시 환경 변수에 따라 결과를 변경하고 싶을 때가 있다. 자바스크립트의 프런트엔드 코드는 빌드가 완료된 결과물도 결국 텍스트 기반 스크립트로 유저의 브라우저에 전달되므로 은닉 정보를 설정할 수 없다. 스벨트킷에서는 은닉해야 할 환경 변수를 private, 프런트엔드에서 참조해도 문제가 없는 환경 변수를 public으로 구분한다.

또한 런타임 시 참조하는 환경 변수를 dynamic, 빌드 시 참조하는 환경 변수를 static으로 나눈다.

6.9 빌드와 배포

스벨트킷 애플리케이션의 빌드는 다음 두 단계를 거쳐 실행된다.

1. Vite에 의해 애플리케이션 코드 생성(서버, 브라우저의 코드, 서비스 워커 코드 존재 시 해당 코드). 프리렌더링도 여기서 실행
2. 어댑터를 통해 배포 대상 환경에 맞게 조정

6.9.1 설정이 불필요한 호스팅 서비스 – adapter-auto

새로 생성한 스벨트킷 프로젝트는 기본적으로 adapter-auto 어댑터가 설정되어 있다. 이 어댑터는 스벨트킷을 공식적으로 지원하는 다음 호스팅 서비스에 최적의 변환을 제공하며, 각 어댑터를 자동으로 활성화한다(표 6.9.1).

표 6.9.1 호스팅 서비스와 대응 어댑터

서비스	기능 제공 어댑터
Cloudflare Pages	@sveltejs/adapter-cloudflare
Netlify	@sveltejs/adapter-netlify
Vercel	@sveltejs/adapter-vercel
Azure Static Web Apps	@svelte-adapter-azure-swa

이러한 호스팅 서비스를 이용하면 빌드와 어댑터 설정은 거의 필요하지 않으며 깃허브_{GitHub} 등의 리포지터리에서 호스팅 환경만 연동하면 배포 작업을 완료할 수 있다.

만약 각 서비스의 개별 설정을 원한다면 기능 제공 어댑터를 설정하고, `svelte.config.js`에서 추가로 설정을 진행해야 한다. 각 어댑터에서 사용할 수 있는 설정에 대한 상세 내용은 자주 업데이트되므로 공식 문서를 참조하는 것이 좋다.

6.9.2 Node 서버로 빌드 - adapter-node

adapter-auto가 지원하지 않는 환경에서 스벨트킷 애플리케이션을 호스팅하고자 할 때는 adapter-node를 사용해 Node 서버로 작동하도록 빌드를 해야 한다. Render 등의 호스팅 서비스 이외에도 임대 서버나 VPS에서 호스팅할 때도 이 어댑터를 사용할 수 있다.

adapter-node는 다음 커맨드로 설치한다.

```
$ npm install -D @sveltejs/adapter-node
```

가장 기본적인 설정은 코드 6.9.1과 같다.

코드 6.9.1 adapter-node 기본 설정(svelte.config.js)

```
import adapter from '@sveltejs/adapter-node';

const options = {};
export default {
  kit: {
    adapter: adapter(options)
  }
};
```

options에 표 6.9.2의 속성을 설정하면 어댑터의 작동을 제어할 수 있다.

표 6.9.2 adapter-node 작동을 제어하는 속성

속성	설명
out	빌드 결과물을 저장하는 폴더의 이름(default: build).
precompress	정적 asset과 렌더링이 완료된 페이지를 전송할 때 gzip과 brotli 압축을 적용(default: false).
envPrefix	뒤에 작성하는 환경 변수의 이름이 다른 소프트웨어 관련 이름과 충돌할 때 MY_PREFIX 등을 사용해 환경 변수 이름을 설정할 수 있도록 지정(default: '').

기본적인 빌드 작업은 기본적으로 다음 커맨드와 같다.

```
$ npm run build
```

빌드 결과물은 build/ 폴더에 생성된다. 빌드된 Node 서버는 다음 커맨드로 작동할 수 있다.

```
$ node build
```

개발 환경에서의 작동은 이것으로 문제없지만, 실제 운영 환경에 배포할 때는 종속성을 갖는 패키지도 함께 설치해야 한다. 운영 환경에서 종속 환경을 설치하는 데 필요한 파일을 포함하여 다음 파일을 운영 환경에 전송해야 한다.

- **build**
- **package.json**

운영 환경에서 종속성을 갖는 패키지를 설치하려면 다음 커맨드를 사용한다.

```
$ npm ci --prod
```

XXXX=VALUE node build/와 같은 형태로 환경 변수를 설정하여 Node 서버의 작동을 변경할 수 있다. $npm run dev 또는 $npm run preview로 실행하면 기본적으로 .env와 .env.local이 로드되지만 운영 환경 빌드에서는 기본적으로 로드되지 않는다. 이것이 필요한 경우에는 dotenv 패키지를 사용하자.

설정할 수 있는 환경 변수는 표 6.9.3과 같다.

표 6.9.3 설정 가능한 환경 변수

환경 변수	내용	비고
PORT	Node 서버가 요청을 수락하는 포트 번호(default: 3000)	
HOST	Node 서버가 요청을 수락하는 호스트(default: 0.0.0.0)	
ORIGIN	Node 서버 origin명. https://myapp.example.com 등을 설정	
PROTOCOL_HEADER	Node 서버 origin명의 프로토콜 부분을 알기 위한 HTTP 헤더의 필드명. x-forwarded-proto 등	리버스 프록시 설정 시 사용
HOST_HEADER	Node 서버 origin명의 호스트 부분을 알기 위한 HTTP 헤더의 필드명. x-forwarded-host 등	리버스 프록시 설정 시 사용
ADDRESS_HEADER	클라이언트의 IP 주소를 알기 위한 HTTP 헤더의 필드명. True-Client-IP 등	리버스 프록시 설정 시 사용
XFF_DEPTH	ADDRESS_HEADER가 X-Forwarded-For일 때 예상되는 쉼표로 구분된 문자열의 깊이	리버스 프록시 설정 시 사용
BODY_SIZE_LIMIT	Node 서버가 허용하는 최대 요청 바디 사이즈. 0을 설정하면 Node 서버는 체크를 수행하지 않고 handle 함수 등으로 커스터마이즈된 체크를 구현할 수 있다(default: 512kb).	

미들웨어로 사용하기

빌드 시 함께 포함되는 서버가 아니라 외부의 HTTP 서버에 스벨트킷 애플리케이션을 넣고 싶을 때는 빌드 시 생성되는 build/handler.js를 사용한다. 이 모듈은 Express, Connect, Polka 등에서 사용할 수 있는 핸들러를 내보낸다. 이를 각 HTTP 서버에 등록하고 다른 엔드포인트를 등록하는 등 고급 커스터마이징을 할 수 있다.

코드 6.9.2에서는 Express를 사용해 스벨트킷 애플리케이션을 배포하고 Express에서 상태 확인을 위한 엔드포인트를 생성하는 예를 보여준다.

코드 6.9.2 상태 확인용 엔드포인트를 생성하는 예

```
import { handler } from './build/handler.js';
import express from 'express';

const app = express();

// 스벨트킷 애플리케이션과는 별개의 핸들러로 상태 확인을 위한 엔드포인트를 정의
app.get('/healthcheck', (req, res) => {
  res.end('ok');
});
```

```
app.use(handler);

app.listen(3000, () => {
  console.log('listening on port 3000');
});
```

6.9.3 정적 사이트 생성과 SPA 모드 - adapter-static

스벨트킷은 정적 사이트를 생성하기 위해서도 사용할 수 있다. 이때는 어댑터로 adapter-static을 사용한다. adapter-static은 애플리케이션을 프리렌더링하여 정적 페이지의 모음으로 렌더링한다.

adapter-static은 다음 커맨드로 설치한다.

```
$ npm install -D @sveltejs/adapter-static
```

기본적인 설정은 코드 6.9.3과 같다.

코드 6.9.3 **adapter-static의 설정 샘플(svelte.config.js)**

```
import adapter from '@sveltejs/adapter-static';

const options = {};
export default {
  kit: {
    adapter: adapter({
    })
  }
};
```

options에는 표 6.9.4의 속성을 설정하여 어댑터의 작동을 제어할 수 있다.

표 6.9.4 **adapter-static 작동을 제어하는 속성**

속성명	설명
pages	빌드 결과물을 저장하는 폴더의 이름(default: build)
assets	정적 asset을 저장하는 폴더(default: build)
fallback	SPA 모드 활성화 상태에서 파일을 찾을 수 없을 때 fallback되는 파일명(default: null)
precompress	정적 asset과 렌더링이 완료된 페이지를 전송할 때 gzip과 brotli 압축 적용(default: false)
strict	모든 페이지와 서버 라우트의 프리렌더링 여부를 검사하여 프리렌더링되지 않은 라우트가 있을 때 빌드를 실패하도록 설정(default: true)

adapter-static은 SPA_{single page application}을 만드는 데도 사용할 수 있지만 스벨트킷에서는 추천하지 않는다. SSR을 할 수 없으므로 SEO와 성능에도 좋지 않으며 자바스크립트를 사용할 수 없는 환경에서는 작동하지 않기 때문이다.

스벨트킷은 스벨트에서도 만들 수 있는 SPA의 한계를 넘어 현대 웹 애플리케이션이 유지해야 하는 적정 기준선을 제공하기 위해 개발되었다.

SPA는 클라이언트에서 라우팅을 진행한다. 이것이 제대로 작동하려면 호스팅하는 HTTP 서버가 존재하지 않는 파일에 대한 요청을 수락할 때 지정된 경로로 라우팅해야 한다. 이 설정은 HTTP 서버와 호스팅 서버에 따라 다르므로 각 서비스의 문서를 참조해서 설정하도록 하자.

예를 들어 Apache에서 호스팅할 때는 코드 6.9.4와 같이 htaccess를 사용하여 해당 사이트가 수락한 모든 요청을 /200.html로 라우팅할 수 있다.

코드 6.9.4 static/.htaccess

```
<IfModule mod_rewrite.c>
  RewriteEngine On
  RewriteBase /
  RewriteRule ^200\.html$ - [L]
  RewriteCond %{REQUEST_FILENAME} !-f
  RewriteCond %{REQUEST_FILENAME} !-d
  RewriteRule . /200.html [L]
</IfModule>
```

추가로 코드 6.9.5, 코드 6.9.6과 같이 fallback 페이지를 설정하고 프리렌더링 무효화, SSR 무효화를 통해 스벨트킷 애플리케이션을 SPA로 배포할 수 있다.

코드 6.9.5 svelte.config.js

```
import adapter from '@sveltejs/adapter-static';

export default {
  kit: {
    adapter: adapter({
      fallback: '200.html'
    }),
    prerender: { entries: [] }
  }
};
```

코드 6.9.6 **src/routes/+layout.js**

```
export const ssr = false;
```

7

MongoDB와 Vercel을 사용한 운영 환경 구축

지금까지 스벨트와 스벨트킷의 기본적인 기능에 대해 알아보았다. 이번 장에서는 튜토리얼로 생성한 온라인 사이트를 확장하여 실제 서비스 환경에 가까운 사용 방법을 알아보자.

이번 장에서는 다음과 같은 내용을 다룬다.

- 데이터베이스 도입
- 운영 환경 구축
- 로그인 기능 추가
- OGP 태그 추가
- 페이지 표시 속도 튜닝

7.1 스벨트킷 애플리케이션과 운영 환경

7.1.1 개발 환경/샘플 애플리케이션

이 책에서는 개발 자체에 집중할 수 있도록 환경 구축과 관련해서는 기존의 서비스를 적극 이용하고자 한다. 구체적으로는 다음과 같은 서비스를 이용하며, 무료로 사용할 수 있는 기능만을 사용한다.

- **MongoDB Atlas**: 데이터베이스(MongoDB) 서버

- **깃허브**: 소스 코드의 외부 리포지터리
- **Vercel**: 공개 서버
- **Auth0**: 로그인 기능 구현

각 서비스의 계정 생성과 관리 화면 조작 방법 등은 한국어판 부록에서 설명한다. 따라서 계정이 없거나 조작 방법에 대해 알고 싶다면 해당 부분을 참조하길 바란다. 이후에도 필요에 따라 한국어판 부록을 안내하도록 한다.

이번 장 이후로 작성하는 샘플 애플리케이션 소스 코드는 다음 깃허브의 리포지터리에서 확인할 수 있다. 완성된 코드를 확인하고 싶다면 해당 페이지를 참고하도록 하자.

- **샘플 애플리케이션 소스 코드**

  https://github.com/developer-book/svelte

7.1.2 운영 환경/빌드/배포

지금까지 튜토리얼로 생성한 애플리케이션은 같은 로컬 브라우저에서 작동을 확인했다. 테스트를 위해서는 문제가 없었지만, 웹 서비스로 제공하여 다른 사람에게도 서비스를 제공하고 싶을 때는 어떻게 해야 할까? 이를 위해서는 인터넷에 공개된 서버를 사용하여 해당 서버에서 애플리케이션을 실행해야 한다. 공개를 위한 서버와 이에 수반되는 환경을 '운영 환경'이라고 한다.

스벨트킷으로 작성한 애플리케이션은 단순히 소스 코드를 그대로 서버에 둔다고 해서 작동하지 않는다. '6.9 빌드와 배포' 절에서 설명한 것과 같이 애플리케이션의 소스 코드(.svelte, .js, .ts 등의 파일)를 실행에 적합한 다음 두 종류의 코드로 변환해야 한다.

- **서버(Node.js)에서 실행되는 자바스크립트 코드**
- **클라이언트(브라우저)에서 실행되는 자바스크립트 코드[20]**

애플리케이션 소스 코드를 작동하는 형태의 코드로 변환하는 과정을 '빌드$_{build}$'라고 한다. 스벨트킷으로 생성한 애플리케이션을 운영 환경에서 작동하도록 하기 위해서는 반드시 빌드 과정이 필요하다. 개발 환경에서도 빌드에 해당하는 작업이 필요한데 실제로는 `npm run dev`로 실행되는 개발 서버가 소스 코드가 변경될 때마다 빌드를 자동으로 수행한다. 따라서 개발 시에는 빌드를 의식하

---

20 엄밀히 말하면 HTML, CSS, 이미지 등의 파일도 함께 생성된다.

지 않아도 된다는 장점이 있다.

빌드와 같이 특정 시점에서 애플리케이션을 운영 환경에 적용하는 작업을 '배포deploy'라고 한다. 필요한 배포 작업은 애플리케이션과 운영 환경에 따라 다르지만 스벨트킷은 대체로 다음과 같은 작업이 필요하다.

- **소스 코드 가져오기**
- **빌드**
- **빌드한 코드를 서버에 반영**

이후의 샘플은 운영 환경으로 Vercel이라는 서비스를 이용한다. Vercel은 스벨트킷을 지원하며 빌드를 자동으로 수행하고, 코드의 전송과 실행하는 서버를 자동으로 준비하여 빌드한 코드를 반영한다. 따라서 스벨트킷 애플리케이션을 간단하게 배포할 수 있다.

Vercel에 바로 배포해도 좋지만 그전에 해두고 싶은 것이 있다. 바로 다음 절에서 설명할 데이터베이스의 사용이다.

COLUMN　　**수동으로 빌드하는 방법**

Vercel을 사용하게 되면 빌드를 의식할 일이 별로 없지만, 배포가 잘 되지 않을 때는 빌드를 수동으로 진행하고 디버깅하고 싶을 때가 있다. 직접 빌드하는 방법을 알아보자.

애플리케이션을 빌드하려면 npm run build를 사용한다. 빌드한 코드는 .svelte-kit/output 폴더에 생성되며, 클라이언트용(이하 client)과 서버용(이하 server)으로 나뉜다(그림 7.1.1).

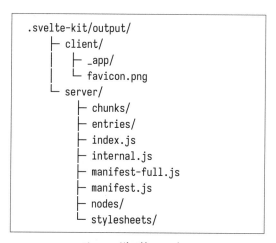

```
.svelte-kit/output/
    ├─ client/
    │    ├─ _app/
    │    └─ favicon.png
    └─ server/
         ├─ chunks/
         ├─ entries/
         ├─ index.js
         ├─ internal.js
         ├─ manifest-full.js
         ├─ manifest.js
         ├─ nodes/
         └─ stylesheets/
```

그림 7.1.1 **빌드한 코드의 구조**

빌드한 코드는 npm run preview를 실행하고 http://localhost:4173에 접속하면 작동을 확인할 수 있다. 이 것을 사용할 기회는 많지 않지만 '9.2 프리렌더링' 절에서 작동 확인 시 필요하다.

7.2 MongoDB의 도입

7.2.1 데이터베이스의 역할

지금까지는 상품과 장바구니 등의 데이터를 직접 JSON 파일을 사용해 애플리케이션이 작동하는 컴퓨터에 저장했다. 서버에서도 동일하게 구현하려면 다음과 같은 문제가 발생한다.

- **문제 1**: 서버에 따라 임의로 파일을 생성 또는 저장할 수 없거나 생성해도 일정 시간이 지나면 삭제되는 일이 있음
- **문제 2**: 부하를 분산시키기 위해 여러 대의 서버를 사용하게 되면 해당 서버 간의 정보를 공유 할 방법이 문제가 됨

이번에 사용하는 Vercel에도 같은 문제가 있다. Vercel은 서버 코드를 Serverless Functions라 는 환경에서 실행한다. Serverless Functions는 생성과 제거가 간단하므로 스케일링이 용이하다 는 장점이 있지만, 데이터의 관점에서 보면 데이터가 어떤 시점에서 제거되는지 알 수 없고, 여러 Serverless Functions에서는 데이터를 공유할 수 없다는 문제가 있다.

이러한 문제를 해결하기 위해 대부분의 운영 환경에서는 '데이터베이스Database'라는 서버를 별도 로 준비한다. 데이터베이스에는 데이터를 효율적으로 검색, 추가, 업데이트, 삭제할 수 있는 기능이 있어 애플리케이션에서 직접 파일을 관리하는 것보다 빠르게 데이터의 액세스가 가능하다.

애플리케이션과 데이터베이스를 분리하면 앞에서 제기한 문제를 다음과 같이 해결할 수 있다.

- **문제 1**: 애플리케이션이 작동하는 서버에 데이터를 저장하지 않아도 문제가 없음(데이터 저장에 제약이 없음)
- **문제 2**: 여러 대의 애플리케이션 서버를 사용해도 동일한 데이터베이스를 참조하는 한 정보를 공유할 수 있음

이 책에서는 'MongoDB' 데이터베이스 소프트웨어를 사용한다. MongoDB는 자바스크립트의 객 체와 유사한 형태로 데이터를 다룰 수 있으므로 익숙하고, 단순한 용도로만 사용한다면 익힐 개념

도 많지 않다. 'MongoDB Atlas'라는 MongoDB 서버의 호스팅 서비스도 제공하고 있으므로 운영 환경에 도입하는 허들도 비교적 낮아지고 있다.

웹 애플리케이션에 사용되는 대표적인 데이터베이스 소프트웨어는 앞에서 설명한 MongoDB 이외에도 다음과 같은 것이 존재한다. 이 소프트웨어(MongoDB 포함)들을 DBMS_{database management system}이라고 한다.

- MySQL
- PostgreSQL
- SQLite

이름에 'SQL'이 포함되는 것을 통해 알 수 있듯이 SQL이라는 쿼리 언어를 통해 데이터를 조작하는 DBMS다. 관계 모델이라는 수학적 모델을 기반으로 하기 때문에 '관계형 데이터베이스_{relational database, RDB}'라고도 부르며 데이터를 비교적 엄격하게 다루는 부류의 데이터베이스다.

RDB에 반해 SQL을 사용하지 않는 데이터베이스를 'NoSQL'이라고 부르기도 한다. MongoDB는 NoSQL로 분류되는 데이터베이스 중의 하나다.

RDB 데이터 모델은 자바스크립트 객체와 약간 다르다. 이러한 차이를 흡수하여 프로그래밍 언어에서 더욱 쉽게 데이터베이스를 다룰 수 있도록 하는 툴이나 라이브러리를 ORM_{object-relational mapper}라고 한다. 최근 자바스크립트 애플리케이션에서 사용되는 대표적인 ORM에는 Prisma가 있다. 여기서는 자세히 설명하지 않지만 스벨트킷에서도 Prisma를 사용할 수 있으므로 궁금한 독자는 공식 사이트 문서를 참고하기 바란다.

- Prisma
  https://www.prisma.io/

MongoDB와 RDB는 다양한 용도의 데이터를 다룰 수 있지만 특정 용도를 위해 특화된 DBMS도 있다. 다음을 확인해보자.

- Elasticsearch: 데이터의 전체 텍스트 검색을 빠르게 수행할 수 있음
- Redis: 키-밸류 타입의 데이터를 빠르게 저장하거나 읽을 수 있음

예를 들어 온라인 쇼핑몰에서 상품의 검색 속도를 빠르게 하기 위해 Elasticsearch를 사용하거나 세션 정보(8장에서 설명)에 대한 접근 속도를 빠르게 하기 위해 Redis를 사용하는 등의 용도를 생각할 수 있다.

7.2.2 MongoDB Atlas로 데이터베이스 생성

이제 MongoDB Atlas에서 MongoDB 서버를 생성해보자.

지금부터 생성하는 서버는 개발 환경에서 사용하기 위한 서버다. 운영 환경용 서버는 Vercel에 배포할 때 별도로 생성한다. 이와 같이 개발 환경과 운영 환경에서 서버를 나누는 것은 개발 시 실수로 운영 환경에 데이터를 덮어쓰거나 지워버리지 않도록 하기 위해서다. 또한 개발 시 운영 환경의

데이터를 신경 쓰지 않고 업데이트나 삭제가 가능한 이유도 있다.

이제 MongoDB Atlas의 계정을 만들고 MongoDB 서버를 하나 생성하자. 구체적인 절차는 한국어판 부록에서 확인하자.

7.2.3 mongodb 패키지 도입과 접속 정보 관리

여기서부터는 5장의 튜토리얼에서 만든 온라인 쇼핑몰 애플리케이션과 동일한 폴더에서 작업한다.

먼저 Node.js에서 MongoDB의 접속 및 조작을 위한 라이브러리인 mongodb 패키지를 설치한다. 스벨트킷에서도 npm 커맨드로 패키지를 추가할 수 있다.

```
$ npm install mongodb@"^5.0.0"
```

버전에 의한 차이를 없애기 위해, 설치하는 버전은 본서 집필 시점에서 최신 버전인 5 버전을 사용한다.

설치가 완료되면 리포지터리 바로 아래에 .env라는 파일을 생성한다. 파일을 열고 코드 7.2.1과 같이 MONGODB_URI=라고 작성하고 이어서 앞에서 얻은 접속 정보를 복사해서 붙여 넣는다. <유저명>, <패스워드>, <호스트>는 서버마다 다르다. 또한 <host>/의 뒤에 svelte_shop을 추가하는 것을 잊지 말자. svelte_shop은 데이터베이스 이름으로 서버에 상관없이 고정된 문자열이다.

코드 7.2.1 .env 파일(자신의 환경에 따라 수정)

```
MONGODB_URI="mongodb+srv://<유저명>:<패스워드>@<호스트>/svelte_shop?retryWrites=
true&w=majority"
```

.env는 깃에 커밋되지 않는다.[21] 이 파일은 환경에 따라 다른 설정 정보와 패스워드, API 키와 같은 민감한 정보를 가지고 있기 때문이다. .env는 코드 7.2.1과 같이 '키=값'의 형식으로 작성한다. 여러 항목을 작성할 때는 코드 7.2.2와 같이 1줄씩 작성한다.

---

21 스벨트킷 애플리케이션을 생성하면 기본으로 .gitignore(깃으로 관리하고 싶지 않은 파일, 폴더를 표시하는 파일)에 .env가 추가된다.

```
SOME_KEY=value1
OTHER_KEY=value2
```

이번에는 MongoDB 서버 접속 정보를 MONGODB_URI라는 키로 작성해보자. 직접 코드로 기입하지 않고 .env에 작성하는 것은 접속 정보가 개발 환경과 운영 환경이 다른 이유도 있고, 접속 정보는 그 자체로 기밀 정보이기도 하기 때문이다. 만약 접속 정보를 그대로 기입한 코드가 깃허브 등 공개 리포지터리에 푸시되면 해당 정보를 이용해 누구라도 MongoDB 서버에 접근할 수 있게 되고, 데이터의 접근이나 변경이 가능해지기 때문이다.

다음으로 MongoDB 서버에 접속하는 코드를 작성해보자. `src/lib/server/mongodb.js`를 생성하고 코드 7.2.3과 같이 작성한다.

코드 7.2.3 **src/lib/server/mongodb.js**

```
import { MongoClient } from 'mongodb';
import { env } from '$env/dynamic/private';

export const client = new MongoClient(env.MONGODB_URI ?? 'mongodb://dummy');
export const database = client.db();
```

앞에서 설치한 mongodb 패키지에서 MongoClient를 불러온다. 이것을 사용하면 Node.js에서 MongoDB 서버에 접속하여 DB를 조작할 수 있다.

두 번째 줄의 `$env/dynamic/private`는 스벨트킷이 제공하는 특별한 모듈이다. 여기서 불러온 env를 통해 환경 변수와 .env에 작성된 값을 읽을 수 있다. 여기서는 `env.MONGODB_URI`를 참조하고 있으므로 환경 변수 또는 .env에 `MONGODB_URI`가 정의되어 있으면 해당 값을 `new MongoClient()`에 전달한다. 둘 다 정의된 경우에는 환경 변수가 우선된다.

`$env/dynamic/private`에 'private'가 붙어 있는 이유는 클라이언트에 공개되지 않은 변수만 로드하기 때문이다. 이 모듈을 클라이언트의 코드로 불러오려고 하면 에러가 발생한다. 환경 변수를 읽는 모듈은 `$env/dynamic/public`, `$env/static/private`, `$env/static/public`이 존재하며('6.8 헬퍼 모듈' 절 참조), 여기서는 변수를 런타임('dynamic')에 서버에서만('private') 참조하므로 `$env/dynamic/private`를 사용한다.

여기서는 .env에 MONGODB_URI가 있으므로 현재 환경에서는 해당 값이 사용된다. 그러나 .env는 커밋되지 않으므로 다른 환경에서는 별도의 MONGODB_URI를 제공해야 한다. Vercel에서 설정하는 방법은 다음 절에서 설명한다.

env.MONGODB_URI 뒤에 ??'mongodb://dummy'가 붙은 것은 Vercel에 처음 배포 시 환경 변수에 MONGODB_URI가 없더라도 빌드에 실패하지 않도록 하기 위해서다. 빌드 시에는 MongoDB에 접속할 필요가 없으므로[22] 더미 정보를 지정한다. 미리 유효한 MONGODB_URI를 설정할 수 있을 때는 'mongodb://dummy' 부분은 필요가 없다.

7.2.4 장바구니를 MongoDB로 구현

이제 MongoDB에 접속하고 DB를 조작할 수 있다.

먼저, 지금까지 JSON으로 관리했던 장바구니 정보를 MongoDB로 관리하도록 변경해보자. src/lib/server/cart.js를 코드 7.2.4와 같이 변경한다.

코드 7.2.4 **src/lib/server/cart.js**

```
import { database } from '$lib/server/mongodb';

export async function addToCart(productId) {
  await database.collection('cart').insertOne({ productId });
}

export async function loadCart() {
  const cart = await database.collection('cart').find();
  return await cart.map((doc) => doc.productId).toArray();
}
```

앞에서 작성한 src/lib/server/mongodb.js에서 database를 불러오고 이를 사용해 데이터베이스를 조작한다.

MongoDB는 동일한 유형의 데이터를 '컬렉션collection'이라는 단위로 관리한다. 컬렉션은 데이터를 '도큐먼트document' 단위로 저장할 수 있다. 동일한 컬렉션에 여러 개의 도큐먼트를 저장할 수 있다. 도큐먼트는 JSON과 비슷한 구조를 갖고 있으며, 실제 JSON으로 표현할 수 있는 객체라

---

[22] '9.2 프리렌더링' 절에서 설명하는 프리렌더링을 사용할 때는 빌드 시에도 MongoDB에 접속하게 된다. 그러나 해당 시점에는 운영 환경용 MongoDB가 설정되어 있을 것이므로 문제가 없다.

면 MongoDB에 그대로 저장할 수 있다. 이 책에서는 더 이상 복잡한 구조를 다루지는 않지만 MongoDB는 날짜와 바이너리 데이터 등도 다룰 수 있다.

이번에는 cart라는 컬렉션에 장바구니에 들어 있는 상품 ID를 문서로 저장해보자. 장바구니에 여러 상품이 있을 때는 도큐먼트도 해당 수만큼 저장된다. 도큐먼트의 구조는 단순히 상품 ID만 저장한다. 예를 들어 코드 7.2.5와 같은 도큐먼트가 저장된다.

코드 7.2.5 cart 컬렉션에 저장된 도큐먼트 샘플

```
{
  "_id": "6373a4022d36197653c1fed4",
  "productId": "svelte-book"
}
```

productId가 상품 ID에 해당한다. _id는 MongoDB가 도큐먼트에 자동으로 부여하는 ID로 각 문서를 고유하게 구별하기 위한 것이다.

앞의 코드를 자세히 확인해보자. 순서가 바뀌었지만 먼저 loadCart의 구현을 살펴보자(코드 7.2.6).

코드 7.2.6 loadCart 함수의 구현(src/lib/server/cart.js에서 발췌)

```
export async function loadCart() {
  const cart = await database.collection('cart').find();
  return await cart.map((doc) => doc.productId).toArray();
}
```

database에서 컬렉션을 조작할 때는 database.collection('컬렉션명')과 같이 작성한다. collection() 메서드의 반환값을 통해 해당 컬렉션 내 도큐먼트 검색, 생성, 업데이트, 삭제 등의 작업을 할 수 있다.

loadCart 함수로 하고 싶은 것은 장바구니에 들어 있는 상품의 ID를 모두 가져오는 것이므로 cart 컬렉션 내 도큐먼트를 모두 검색한다. 도큐먼트 검색은 find() 메서드를 사용한다. 인수에 검색 조건을 지정할 수도 있지만 여기서는 모든 문서를 검색해야 하므로 조건을 지정하지는 않는다.

find()의 반환값은 직접 도큐먼트가 반환되는 것이 아니라 '커서'라고 불리는 객체가 반환된다. 검색 결과는 이 커서를 통해 접근할 수 있다.

커서에는 map() 메서드가 있으므로 검색 결과의 각 도큐먼트의 변환을 수행할 수 있다. 여기서는 도큐먼트에서 상품 ID만 필요하므로 map()을 사용해 도큐먼트에서 productId만 가져오도록 한다. 마지막으로 toArray() 메서드를 호출하면 커서는 변환 결과를 자바스크립트 배열로 반환한다.

다음으로 addToCart의 구현을 살펴보자(코드 7.2.7).

코드 7.2.7 addToCart 함수의 구현(src/lib/server/cart.js에서 발췌)

```
export async function addToCart(productId) {
  await database.collection('cart').insertOne({ productId });
}
```

addToCart 함수의 목적은 상품 ID를 지정해 상품을 장바구니에 추가하는 것이었다. MongoDB를 사용할 때는 cart 컬렉션에 지정된 상품 ID를 갖는 도큐먼트를 저장하면 구현이 가능할 것이다.

database.collection('cart')로 cart 컬렉션을 조작할 수 있는 것은 loadCart와 같다. 컬렉션에 도큐먼트를 하나 추가하려면 insertOne() 메서드를 사용한다. 인수는 도큐먼트로 저장할 데이터를 그대로 전달한다. 앞에서 설명한 _id는 전달하지 않지만 자동으로 부여되므로 명시적으로 전달할 필요가 없다. 간단하지만 이것으로 addToCart의 구현은 완료되었다.

작동 확인하기

이제 개발 서버를 실행하여 작동을 확인해보자.

```
$ npm run dev
```

http://localhost:5173/products/svelte-book에 접속하고 '장바구니 추가' 버튼이 문제없이 작동하면 성공이다. 페이지에서는 차이를 알 수 없지만 이제 데이터는 MongoDB에 저장된다. 만약 에러가 발생한다면 .env에 작성한 MONGODB_URI 등에 문제가 없는지 다시 한번 확인해보자.

7.2.5 상품을 MongoDB로 구현

이제 상품을 MongoDB로 관리하도록 수정해보자.

장바구니와 동일하게 먼저 상품을 어떤 컬렉션, 도큐먼트로 저장할지 고려한다. 이번에는 products라는 컬렉션에 코드 7.2.8과 같은 구조의 도큐먼트로 저장하도록 하자.

```
{
  "_id": "svelte-book",
  "id": "svelte-book",
  "name": "Svelte Book",
  "price": 3500,
  "images": [
    "https://github.com/developer-book/svelte/raw/main/static/svelte-book-1.png",
    "https://github.com/developer-book/svelte/raw/main/static/svelte-book-2.png",
    "https://github.com/developer-book/svelte/raw/main/static/svelte-book-3.png"
  ]
}
```

기존에 JSON 파일로 설명한 부분과 거의 같은 구조다. 유일하게 다른 부분은 _id를 추가한 것이다. 장바구니의 예에서 _id는 자동으로 생성된 값을 사용했지만, 이 값을 명시적으로 지정할 수도 있다. 상품 ID는 상품을 고유하게 구별하기 위한 정보로 사용하므로 이 값을 _id로 사용하도록 해보자.

이제 상품을 가져오는 처리를 다시 작성해보자.

src/lib/server/product.js의 loadProducts를 코드 7.2.9와 같이 작성한다.

코드 7.2.9 src/lib/server/product.js

```
import { database } from '$lib/server/mongodb';

export async function loadProducts() {
  const products = await database.collection('products').find();
  return await products.toArray();
}

// ...
```

loadCart와 거의 비슷하며 새로운 요소는 거의 없다. 장바구니의 예에서는 커서에 대해 map()을 사용했지만, 이번에는 꺼낸 도큐먼트를 그대로 반환하고 싶으므로 바로 toArray()를 호출하여 상품 도큐먼트의 리스트를 자바스크립트 배열로 변환한다.

상품 데이터 저장하기

상품 데이터는 MongoDB에서 가져올 수 있게 되었지만 중요한 데이터는 아직 MongoDB에 저장되지 않는다. 장바구니는 '**장바구니 담기**' 버튼을 클릭하면 데이터가 만들어지지만 상품은 미리 데이터를 준비해야 한다.

이와 같이 미리 데이터베이스에 넣어두고 싶은 데이터를 **시드**seed 또는 **시드 데이터**seed data라고 한다. 스벨트킷 자체에는 시드 데이터를 다루는 구조가 없으므로 Node.js 스크립트를 통해 시드 데이터를 작성하자.

먼저 시드 데이터의 스크립트에서 .env를 사용하기 위해 dotenv 패키지를 설치하자. 스벨트킷 환경에서 실행되는 스크립트에서는 $env/dynamic/private 등을 사용할 수 있지만 지금은 Node.js 환경에서 실행하므로 스벨트킷이 제공하는 기능은 사용할 수 없다.

```
$ npm install -D dotenv
```

scripts/seed.js를 코드 7.2.10과 같이 작성한다.

코드 7.2.10 scripts/seed.js

```js
import { readFile } from 'fs/promises';
import * as dotenv from 'dotenv';
import { MongoClient } from 'mongodb';

dotenv.config();

async function readJSON(filename) {
  const content = await readFile(filename, { encoding: 'utf-8' });
  return JSON.parse(content);
}

async function main() {
  const client = new MongoClient(process.env.MONGODB_URI);
  const database = client.db();

  const productsData = await readJSON('data/products.json');
  for (const product of productsData) {
    console.log(`Seed products/${product.id}`);
    await database
      .collection('products')
      .updateOne({ _id: product.id }, { $set: { ...product, _id: product.id } },{ upsert:
true });
  }

  await client.close();
}
```

```
main();
```

조금 길지만 내용은 그렇게 복잡하지 않다.

스크립트를 실행하면 `main` 함수가 실행된다. 먼저 `MongoClient`를 초기화하고 MongoDB를 연결한다. 인수는 `process.env.MONGODB_URI`로 되어 있으며, Node.js에서 환경 변수의 값을 가져오려면 이와 같이 작성한다. 지금은 환경 변수가 아닌 `.env`에 작성하지만 스크립트의 앞부분에 `dotenv.config()`를 호출하면 `.env`의 내용도 `process.env`에서 접근할 수 있다. 그리고 `client.db()`를 호출하여 기본 데이터베이스에 접속한다.

다음으로는 지금까지 상품 데이터로 사용한 `data/products.json`을 불러온다. 불러온 상품 데이터는 `for` 문을 사용해 하나씩 MongoDB에 저장한다. `updateOne()`은 처음 사용하지만 첫 번째 인수는 지정한 조건에 일치하는 도큐먼트, 두 번째 인수에는 업데이트하는 메서드를 전달한다. 여기서는 제품 ID로 도큐먼트를 검색하여 `data/products.json`의 내용으로 덮어쓴다.

`updateOne()`의 세 번째 인수에 `{upsert:true}`를 전달하면, 데이터가 없을 때는 새로 작성$_{insert}$하고 데이터가 있으면 업데이트$_{update}$를 하도록 지정한다. 이 작업을 insert와 update를 조합한 upsert라고 부른다. 이를 통해 도큐먼트의 존재 여부에 상관없이 스크립트를 실행하면 최신의 `data/products.json` 내용을 반영할 수 있으므로 편리하다.

마지막으로 `client.close()`를 호출하여 MongoDB와 접속을 종료한다.

이 스크립트를 실행하여 실제로 MongoDB에 상품의 시드 데이터를 작성해보자. 다른 Node.js의 스크립트를 실행하는 것과 같은 방식으로 다음 커맨드를 실행한다.

```
$ node scripts/seed.js
```

문제없이 실행이 완료되면 시드 데이터의 작성은 성공이다. 스벨트킷의 개발 서버를 실행하고 `http://localhost:5173/products/svelte-book`에 접속하여 앞에서 확인한 것과 같은 화면이 표시되면 MongoDB가 정상적으로 상품 데이터를 읽는 것으로 볼 수 있다.

7.3 Vercel을 통한 배포

이제 지금까지 만든 쇼핑몰 사이트 애플리케이션을 운영 환경에 배포해보자.

앞에서 설명한 대로 운영 환경으로 Vercel을 사용한다. Vercel은 프론트엔드 위주의 애플리케이션을 위한 실행 환경을 제공하는 플랫폼으로, 다음과 같은 기능을 제공한다.

- 클라이언트 코드를 효율적으로 배포할 수 있는 Edge Network
- 서버 코드를 실행할 수 있는 Serverless Functions
- 깃 리포지터리에 푸시하여 자동 배포할 수 있는 Deployment

스벨트킷의 실행 모델과 궁합도 좋고 공식적으로 스벨트킷도 지원한다.

Vercel에 직접 애플리케이션을 배포할 수도 있지만 깃 리포지터리에 푸시할 때마다 배포를 하도록 해보자. 작업을 위해 깃 리포지터리로 깃허브를 사용한다.

깃 커맨드를 사용해 작업하지만 깃에 대한 기본 지식과 커맨드의 사용 방법은 이 책에서는 다루지 않는다.

7.3.1 깃허브 설정

먼저 깃허브를 설정한다. 다음 페이지의 순서를 참고해서 깃허브 계정을 등록하자. 이미 계정을 가지고 있다면 생략해도 상관없다.

- 깃허브 계정 생성 방법(한국어판 부록 A.3.1 절 참고)

쇼핑몰 사이트 애플리케이션에 대한 새 리포지터리를 생성하자. 공개, 비공개는 상관이 없다. 리포지터리를 생성하는 방법은 다음을 참고하자.

- 깃허브 리포지터리 생성 방법(한국어판 부록 A.3.2 절 참고)

이제부터는 리포지터리를 https://github.com/developer-book/svelte로 작성한 것으로 가정하고 진행한다. developer-book/svelte 부분은 사용자명, 리포지터리명으로 보면 된다.

마지막으로 쇼핑몰 애플리케이션의 리포지터리에 깃허브 리포지터리를 리모트로 추가한다. 깃 리포지터리를 설정하지 않은 경우, 다음 방법을 통해 설정과 커밋을 진행한다.

```
$ git init
$ git add -A
$ git commit -m "Initial commit"
```

깃허브 리포지터리 URL을 리모트로 추가한다.

```
$ git remote add origin https://github.com/developer-book/svelte.git
```

추가한 리모트에 코드를 푸시하면 마무리가 된다.

```
$ git push origin main
```

깃허브 리포지터리를 브라우저에서 열면 최신 코드가 반영된 것을 확인할 수 있다.

7.3.2 Vercel 설정

이제 Vercel을 설정해보자. 다음 페이지의 방법을 참고해 Vercel 계정을 생성한다. 이미 계정이 있다면 생략해도 상관없다.

- **Vercel 계정 생성 방법**(한국어판 부록 A.4.1 절 참고)

다음으로는 Vercel에서 새로운 프로젝트를 생성하고, 앞에서 만든 깃허브 리포지터리와 연동 작업을 진행한다. 자세한 방법은 다음을 참고하자.

- **Vercel과 깃허브 리포지터리 연동 방법**(한국어판 부록 A.4.2 절 참고)

이제 생성한 프로젝트의 공개 URL은 https://svelte-book-sample-app.vercel.app/로 가정하고 진행한다. svelte-book-sample-app 부분은 자신의 프로젝트 URL로 적절히 변경하면 된다.

연동에 성공하면 자동으로 스벨트킷 프로젝트로 인식되어 최초로 빌드가 실행된다. 빌드는 성공했지만 지금 시점에 https://svelte-book-sample-app.vercel.app/products/svelte-book에 접속하면 에러가 발생한다. 아직 운영 환경용 MongoDB가 없기 때문이다.

7.3.3 MongoDB Atlas의 인티그레이션 도입

Vercel에는 프로젝트에 기능을 추가하거나 다른 서비스와 연동할 때 **인티그레이션**integration이라는 방식을 제공한다.

MongoDB Atlas용 인티그레이션도 존재하므로 이를 사용하면 Vercel 프로젝트에 대해 간단하게 MongoDB 인스턴스를 생성하거나 접속 정보를 자동으로 설정할 수 있다.

이를 사용해 운영 환경용 MongoDB를 설정해보자. 인티그레이션 추가와 MongoDB 인스턴스의 생성은 Vercel 관리 화면에서 진행한다. 다음 방법을 참고하자.

- **MongoDB Atlas 인티그레이션 연동 방법(한국어판 부록 A.4.3 참고)**

완료하면 해당 프로젝트에 `MONGODB_URI` 환경 변수가 자동으로 등록된다. 애플리케이션은 이 환경 변수를 참조해 운영 환경의 MongoDB에 접속할 수 있다.

7.3.4 환경 변수 적용

Vercel에서 환경 변수를 새로 등록하거나 변경할 때 해당 변수는 애플리케이션에 바로 적용되지 않으며, 다음 배포 시점에 적용된다. 따라서 앞에서 설명한 `MONGODB_URI`를 애플리케이션에 적용하기 위해서는 다시 배포를 진행해야 한다.

재배포는 Vercel의 관리 화면에서도 진행할 수 있지만 빠른 방법은 빈 커밋을 푸시하는 것이다. Vercel은 연동된 깃허브 리포지터리에 새로운 커밋이 푸시되면 자동으로 재배포를 진행한다.

다음 방법을 통해 빈 커밋을 생성하고 깃허브로 푸시하자.

```
$ git commit --allow-empty -m "Kick redeploy"
$ git push origin main
```

이를 통해 Vercel에서 재배포가 실행되고 최신의 환경 변수가 적용된다.

7.3.5 운영 환경 DB 시드

데이터베이스는 생성했지만 데이터는 아직 존재하지 않는다. 로컬에서 한 것처럼 상품의 시드 데이터를 미리 작성해둘 필요가 있다.

이번에는 운영 환경용 `MONGODB_URI` 값을 사용해 로컬 환경의 시드 데이터를 저장하도록 해보자. 운영 환경의 접속 정보는 중요하므로 실수로 공개하는 일이 없도록 주의해야 한다.

Vercel 관리 화면에서 환경 변수의 설정 페이지를 열고 `MONGODB_URI` 값을 복사한다. 자세한 방법은 다음을 참조하자.

- **환경 변수 설정 방법**(한국어판 부록 A.4.4 참고)

복사한 값을 사용해 시드 스크립트를 실행한다.

```
$ MONGODB_URI="Vercel에서 복사한 값" node scripts/seed.js
```

이것으로 시드 데이터 준비가 완료되었다.

7.3.6 작동 확인

이제 모든 준비가 완료되었다. `https://svelte-book-sample-app.vercel.app/products/svelte-book`과 같이 자신의 URL을 열어 상품 페이지가 제대로 표시되는지 확인해보자.

이 페이지는 인터넷에서 자유롭게 접속할 수 있으므로 URL을 공유하면 다른 사람들도 접속할 수 있다. 지인이나 친구에게 결과물을 공유해보자.

CHAPTER

8

AuthO를 통한 패스워드 없는
로그인 구현과 세션 관리

이번 장에서는 쇼핑몰 사이트 애플리케이션에 로그인 기능을 추가해보자.

로그인 기능을 구현하면 유저를 구분할 수 있으므로 지금까지 공통으로 적용되었던 장바구니의
상태도 유저에 따라 전환이 가능하게끔 만들어 조금 더 실제 애플리케이션에 가까운 기능이 되도
록 한다.

8.1 AuthO 준비

8.1.1 패스워드 없는 인증이란?

로그인 기능이라고 해도 구현하는 방법은 다양하다. 일반적으로는 메일 주소와 비밀번호를 사용
하여 유저 등록을 하고, 이 정보를 사용해 로그인하는 방식을 사용한다. 최근에는 다른 SNS 등의
계정을 사용해 로그인하는 소셜 로그인도 많이 사용된다.

이번에는 최대한 단순하게 구현하기 위해 **패스워드 없는 인증**을 구현해보자. 패스워드 없는 인증에
익숙하지 않은 독자도 있을 것이므로 간단히 설명하자면, 로그인 페이지에서 메일 주소를 입력하
면 해당 메일로 로그인 링크가 전달되고 이 링크를 클릭하면 로그인이 진행되는 방식이다. 메일만
받으면 로그인할 수 있으므로 패스워드를 입력하거나 저장할 필요가 없어 '패스워드 없는 인증'이
라고 부른다.

패스워드 없는 인증의 구현은 유저 데이터 관리와 로그인 메일 전송 등의 기능이 모두 필요하지만 여기서 모두 구현하는 것은 어려우므로 이 부분은 Auth0라는 서비스를 사용하도록 한다. Auth0는 다양한 방식의 인증 기반을 제공하는 서비스로 패스워드 없는 인증에도 사용할 수 있다.

8.1.2 Auth0 계정 생성과 초기 설정

먼저 Auth0를 준비해보자. 한국어판 부록을 참고해 Auth0 계정을 생성하고 초기 설정을 진행한다.

마지막 단계에서 열린 페이지를 그대로 두고 API 연동에 필요한 인증 정보 등을 .env에 복사한다. .env를 열고 코드 8.1.1의 내용을 추가하자. 'XXX에서 **복사한 문자열**' 부분은 실제 Auth0의 대시보드에서 복사한 문자열로 변경한다.

코드 8.1.1 .env에 추가하는 내용

```
# ...(기존의 내용은 그대로 유지)...
AUTH0_DOMAIN="[Domain]에서 복사한 문자열"
AUTH0_CLIENT_ID="[Client ID]에서 복사한 문자열"
AUTH0_CLIENT_SECRET="[Client Secret]에서 복사한 문자열"
```

이것으로 Auth0의 준비가 완료되었다.

8.2 로그인 구현

8.2.1 로그인 처리

앞에서 작성한 온라인 쇼핑몰의 코드를 변경하여 로그인을 구현해보자. 여러 곳에서 변경이 발생하므로 먼저 전체 흐름을 정리한다(그림 8.2.1).

1. 유저가 로그인 페이지 폼에서 메일 주소를 전송

2. 폼액션으로 폼 전송을 받고 Auth0의 링크 전송 API를 호출

3. Auth0를 통해 로그인 링크가 포함된 메일을 전송

4. 유저가 메일 링크를 클릭하면 Auth0 허가 페이지 열기

5. 인가 페이지에서 온라인 쇼핑몰의 **/api/auth/callback**(이하 '콜백 URL')로 이동

6. 이동 시 전달된 code를 사용해 Auth0의 액세스 토큰 발생 API를 호출. code가 정확하면

Auth0의 액세스 토큰 발행

7. 발행된 액세스 토큰을 사용해 Auth0의 유저 상세 정보 API를 호출하여 유저 정보 가져오기

8. 세션을 고유하게 구분하는 '세션 ID' 발행

9. 세션 정보인 세션 ID, 유저 정보, Auth0의 액세스 토큰을 MongoDB의 sessions 컬렉션에 저장

10. 상품 페이지에 리다이렉트하여 로그인 완료. 이때 쿠키에 세션 ID 저장

11. 이후 사이트 접속 시, 쿠키에 저장한 세션 ID로 MongoDB의 세션을 검색하여 유저 구분

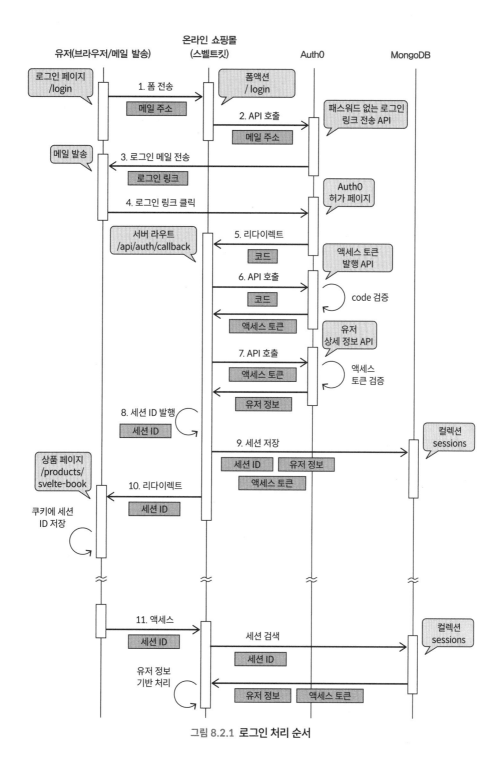

그림 8.2.1 로그인 처리 순서

쿠키에 익숙하지 않은 독자를 위해 보충 설명을 추가한다. 쿠키_{cookie}는 여러 HTTP 요청 간에 정보를 저장하기 위한 구조다. 서버는 쿠키에 임의의 문자열을 저장할 수 있으며, 클라이언트(브라우저)의 요청으로 저장한 문자열이 전송된다. 쿠키에 저장할 수 있는 데이터의 양에는 한계가 있으며 일반적으로 4KB 정도(하나의 쿠키당)가 최대다.

특히 쿠키는 HTTP 응답의 Set-Cookie 헤더와 HTTP 요청의 쿠키 헤더를 통해 데이터를 주고받는다. 예를 들어 쿠키를 저장하려는 서버는 8.2.1과 같은 HTTP 응답을 클라이언트에 반환한다(HTTP/1.1).

코드 8.2.1 쿠키를 주고받는 HTTP 응답의 예

```
HTTP/1.1 200 OK
...생략...
Set-Cookie: foo=bar; Secure; HttpOnly; Path=/

<html>
...생략...
</html>
```

foo=bar 부분이 쿠키에 저장하는 정보를 나타낸다. 쿠키는 키-밸류 타입으로 정보를 저장할 수 있으며, 이 샘플에서는 foo라는 키에 bar라는 값을 저장한다. 뒤의 Secure, HttpOnly, Path는 속성이며, 쿠키에 대한 상세한 제어를 설정한다. ;는 구분 기호이며 주요 속성은 표 8.2.1과 같다.

표 8.2.1 쿠키 관련 주요 속성

속성	설명
Secure	이 쿠키는 HTTPS로 암호화된 요청만 서버에 전송할 수 있다.
HttpOnly	이 쿠키는 자바스크립트로 조작할 수 없다.
Path=<path>	이 쿠키는 <path>에 지정된 경로 또는 하위 경로에 대한 요청만 서버에 전송할 수 있다.

Set-Cookie 헤더는 같은 응답으로 여러 번 전송할 수도 있으며 이때는 여러 개의 쿠키(키와 밸류)를 한 번에 저장할 수 있다.

Set-Cookie를 받은 클라이언트는 이후 같은 서버(같은 도메인)에 대한 요청 헤더에 쿠키 헤더를 추가하고, 서버에서 받은 쿠키를 값 그대로 전송한다(코드 8.2.2). 브라우저는 이 처리를 자동으로 실시하므로 개발자가 명시적으로 쿠키 헤더를 설정할 필요는 없다.

코드 8.2.2 요청 헤더의 예

```
GET /some/resource HTTP/1.1
...생략...
Cookie: foo=bar
```

쿠키의 주 용도 중 하나는 이번에 구현하는 인증 기능이다. 로그인이 성공하면 서버가 로그인한 사용자를 구별할 수 있는 정보(일반적으로 '세션 정보'라고 함)를 Set-Cookie에 부여하여 이후 요청이 어떤 유저로부터 전송되었는지 구별할 수 있다(코드 8.2.3, 코드 8.2.4). 또한 세션 정보는 민감한 정보이므로 항상 Secure와 HttpOnly 속성을 사용하는 것이 좋다.

코드 8.2.3 로그인 성공 시 Set-Cookie 헤더 샘플

```
Set-Cookie: session_id=abcd1234; Secure; HttpOnly; Path=/
```

코드 8.2.4 코드 8.2.3을 수신한 후 쿠키 헤더 샘플

```
Cookie: session_id=abcd1234
```

여기서는 쿠키에 대한 개요를 간략하게 설명했다. 앞에서 설명한 것과 같이 쿠키에는 민감한 정보를 저장할 수 있으므로 주의해서 다루어야 한다. 쿠키에 대해 더 자세히 알고 싶다면 다음 문서를 참고하자.

https://developer.mozilla.org/ja/docs/Web/HTTP/Cookies

8.2.2 로그인 페이지 생성

먼저 로그인 작업의 시작점이 되는 로그인 페이지를 생성하자. 앞에서 설명한 순서에서 1~2에 해당하는 부분이다. 코드 8.2.5와 같이 src/routes/login/+page.svelte를 생성하자.

코드 8.2.5 로그인 페이지 생성(src/routes/login/+page.svelte)

```
<script>
  export let form;
</script>

<h2>로그인</h2>
{#if form?.success}
  <p>입력한 메일 주소로 로그인 링크가 전송되었습니다.</p>
{:else}
  <form method="post">
    <p>
      <label for="email">메일 주소</label>
      <input type="text" name="email" id="email" value={form?.email ?? ''} />
      {#if form?.error === 'missing'}
        <div style:color="red">메일 주소를 입력해주세요.</div>
      {/if}
      {#if form?.error === 'invalid_format'}
        <div style:color="red">메일 주소에 @이 없습니다.</div>
      {/if}
    </p>
    <p>
      <button type="submit">로그인</button>
    </p>
  </form>
```

```
{/if}
```

이에 대응하는 폼액션은 src/routes/login/+page.server.js에 구현한다(코드 8.2.6).

코드 8.2.6 폼액션 생성(src/routes/login/+page.server.js)

```
import { fail } from '@sveltejs/kit';
import { sendPasswordlessLink } from '$lib/server/auth0';

export const actions = {
  default: async ({ cookies, request, url }) => {
    const data = await request.formData();
    const email = data.get('email');

    if (!email) {
      return fail(400, { email, error: 'missing' });
    }
    // 메일 주소 포맷 검사
    // 간단한 정규 표현식 구현. 실무에서는 조금 더 정확한 구현이 필요
    if (!/^.+@.+$/.test(email)) {
      return fail(400, { email, error: 'invalid_format' });
    }

    const state = crypto.randomUUID();
    const redirectUri = `${url.origin}/api/auth/callback`;
    await sendPasswordlessLink(email, state, redirectUri);

    cookies.set('state', state, { path: '/' });
    return { success: true };
  }
};
```

sendPasswordlessLink는 Auth0 기능을 사용해 로그인 링크 메일을 전송하는 함수로, 뒤에서 생성한다.

state는 로그인 요청이 페이지에서 보내졌는지 확인하기 위한 임의의 문자열이다(스벨트의 상태 state와는 다르다). 쿠키에 저장하고 나중에 콜백 URL을 처리하여 일치를 확인한다.

쿠키는 폼액션의 인수로 전달되는 cookies에서 조작할 수 있다. cookies.set을 사용하면 인수에 전달된 값을 쿠키에 설정하는 Set-Cookie 헤더가 폼액션의 HTTP 응답에 자동으로 추가된다. Set-Cookie의 값은 기본적으로 httpOnly와 Secure 속성이 부여된다. cookies.set의 두 번째 인수로 몇 개의 속성을 추가로 지정할 수 있으며, 앞의 예에서는 path(Path 속성에 대응)를 추가한다.

이제 Auth0의 API를 호출하는 함수를 생성한다. Auth0의 API에 대한 자세한 내용은 여기서 다루지 않으므로 자세한 내용은 공식 레퍼런스를 참조하자.

- **Auth0 API 레퍼런스**(https://auth0.com/docs/api/authentication)

여기서는 표 8.2.2의 세 가지 함수를 생성한다.

표 8.2.2 Auth0의 API 호출을 위한 함수

함수명	설명
sendPasswordlessLink	로그인 링크를 메일로 전송
getToken	리다이렉트 URL로 받은 code를 기반으로 액세스 토큰을 발행
getProfile	액세스 토큰을 기반으로 로그인 유저의 상세 정보 가져오기

src/lib/server/auth0.js를 코드 8.2.7과 같이 생성하자.

코드 8.2.7 src/lib/server/auth0.js

```js
import { env } from '$env/dynamic/private';

export async function sendPasswordlessLink(email, state, redirectUri) {
  const res = await fetch(`https://${env.AUTH0_DOMAIN}/passwordless/start`, {
    method: 'POST',
    headers: {
      'content-type': 'application/json'
    },
    body: JSON.stringify({
      client_id: env.AUTH0_CLIENT_ID,
      client_secret: env.AUTH0_CLIENT_SECRET,
      connection: 'email',
      email,
      send: 'link',
      authParams: {
        scope: 'openid profile email',
        state,
        response_type: 'code',
        redirect_uri: redirectUri
      }
    })
  });
  if (res.ok) {
    return await res.json();
```

```
    } else {
      console.error(await res.json());
      throw new Error('Auth0 API error');
    }
  }

export async function getToken(code, redirectUri) {
  const params = new URLSearchParams();
  params.set('grant_type', 'authorization_code');
  params.set('client_id', env.AUTH0_CLIENT_ID);
  params.set('client_secret', env.AUTH0_CLIENT_SECRET);
  params.set('code', code);
  params.set('redirect_uri', redirectUri);
  const res = await fetch(`https://${env.AUTH0_DOMAIN}/oauth/token`, {
    method: 'POST',
    headers: {
      'content-type': 'application/x-www-form-urlencoded'
    },
    body: params
  });
  if (res.ok) {
    return await res.json();
  } else {
    console.error(await res.json());
    throw new Error('Auth0 API error');
  }
}

export async function getProfile(token) {
  const res = await fetch(`https://${env.AUTH0_DOMAIN}/userinfo`, {
    headers: {
      authorization: `Bearer ${token.access_token}`
    }
  });
  if (res.ok) {
    return await res.json();
  } else {
    console.error(await res.json());
    throw new Error('Auth0 API error');
  }
}
```

API 호출은 fetch를 사용한다. 브라우저는 fetch가 기본이지만 Node.js에서는 기본적으로 fetch를
제공하지 않는다. 이 코드는 `src/lib/server`에 있으므로 항상 서버(Node.js)에서 작동할 것으로
예상된다. 하지만 어떻게 fetch를 사용할 수 있을까?

이는 스벨트킷이 브라우저 호환 fetch를 제공하기 때문이다(실제로 Node.js가 제공하는 undici 라이브러리를 사용). 스벨트킷은 웹 표준과 호환되는 API를 서버에서 제공한다. 앞에서 폼액션을 통해 사용한 crypto도 마찬가지다(스벨트킷이 브라우저와 Node 모두 Web Crypto API를 사용할 수 있도록 함). 이를 통해 서버와 클라이언트에서 별도의 API를 사용할 필요가 없다.

8.2.4 콜백 URL 구현

마지막으로 콜백 URL의 서버 라우트를 생성한다. 로그인 처리 순서에서 6~10번에 해당한다.

코드 8.2.8과 같이 src/routes/api/auth/callback/+server.js를 생성한다.

코드 8.2.8 콜백 URL 서버 라우트(src/routes/api/auth/callback/+server.js)

```
import { error, redirect } from '@sveltejs/kit';
import { createSession } from '$lib/server/session';
import { getProfile, getToken } from '$lib/server/auth0';

export async function GET({ cookies, url }) {
  const code = url.searchParams.get('code');
  const state = url.searchParams.get('state');
  const redirectUri = `${url.origin}/api/auth/callback`;

  const savedState = cookies.get('state');
  cookies.delete('state', { path: '/' });
  if (!state || !savedState || state !== savedState) {
    throw error(400, { message: 'state mismatch' });
  }

  const auth0Token = await getToken(code, redirectUri);
  const { sub, email } = await getProfile(auth0Token);

  const sessionId = await createSession({ auth0Token, userId: sub, email });
  cookies.set('svelte_ec_session', sessionId, { path: '/' });

  throw redirect(303, '/products/svelte-book');
}
```

처음으로 할 일은 state 검증이다. 쿠키에 저장된 값과 Auth0에서 쿼리 파라미터로 전달된 값의 일치 여부를 검증한다. 서버 라우트에서도 쿠키 작업은 인수인 cookies를 사용해 수행할 수 있으며, cookies.get으로 지정된 이름을 갖는 쿠키의 값을 가져올 수 있다. cookies.delete로 지정된 이름의 쿠키를 삭제할 수도 있다. 여기서는 state를 한 번만 사용하므로 cookies.delete를 사용하여 제거한다.

state에 문제가 없으면 앞에서 생성한 getToken을 통해 Auth0 API를 호출하여 액세스 토큰을 가져온다. 이후에는 이 액세스 토큰을 사용해 Auth0를 조작할 수 있으며, 여기서는 getProfile의 호출에 액세스 토큰을 사용한다. getProfile의 반환값으로 sub(Auth0의 유저 ID)와 email을 가져온다.

다음으로는 세션 정보를 데이터베이스(MongoDB)에 저장하는 createSession을 호출한다.

createSession은 이후에 생성한다. 인수는 세션 정보로 저장하고 싶은 데이터를 전달하고 있으며, 여기서는 Auth0의 액세스 토큰(auth0Token), 유저 ID(userId), 메일 주소(email)를 저장한다. 특히 유저 ID는 중요하며 뒤에서 장바구니를 유저별로 구분할 때도 사용한다. createSession은 세션 을 고유하게 식별하는 ID(세션ID)를 반환한다.

세션 ID는 쿠키에 svelte_shop_session이라는 이름으로 저장된다. 여기서도 cookies.set을 사용한다. 이후에는 이 쿠키에서 세션 ID를 검색하고 이를 기반으로 데이터베이스에 있는 세션 정보를 검색하면 어느 유저가 로그인 중인지 알 수 있다.

이것으로 로그인 처리가 완료되었다. 마지막으로 유저를 상품 페이지로 리다이렉트한다. 여기서는 간단하게 진행하기 위해 `/products/svelte-book` 페이지로 고정하여 이동하도록 한다.

8.2.5 세션 정보를 데이터베이스에 저장

앞에서 미뤄두었던 세션 정보를 데이터베이스에 저장하는 `createSession` 함수를 구현해보자.

`src/lib/server/session.js`를 코드 8.2.9와 같이 작성한다.

코드 8.2.9 세션 정보를 저장하는 함수(src/lib/server/session.js)

```js
import { database } from '$lib/server/mongodb';

const expiresIn = 30 * 60 * 1000; // 30분

export async function createSession(data) {
  const sessionId = crypto.randomUUID();
  const session = {
    _id: sessionId,
    expiresAt: Date.now() + expiresIn,
    ...data
  };
  await database.collection('sessions').insertOne(session);
  return sessionId;
}
```

세션 정보는 MongoDB에 sessions 컬렉션의 도큐먼트에 저장한다. 도큐먼트의 구조는 다음과 같다.

- **_id: 도큐먼트를 고유하게 식별하는 ID**
- **expiresAt: 세션이 유효기간을 초과하는 시간**
- **이외에 인수로 전달하는 정보는 그대로 저장**

세션 ID는 UUIDv4로 추측 불가능한 임의의 값을 생성한다. 도큐먼트의 `_id`에도 세션 ID를 그대로 사용하고 있으며, 이를 통해 세션을 쉽게 검색할 수 있다.

세션에는 유효기간을 설정하고 있으며, 여기서는 30분 동안 유효하도록 설정한다. 그러나 30분 후 자동으로 만료되는 것은 아니며, 뒤에서 로그인 유저에 대한 판단을 구현할 때 유효기간의 체크도 함께 구현한다.

8.2.6 로그인 작동 확인

이것으로 로그인이 순서대로 작동한다. 마지막으로 로그인 페이지에 대한 링크를 상품 페이지에 추가한다. `src/routes/products/[id]/+page.svelte`의 '안녕하세요. 게스트님' 부분을 코드 8.2.10과 같이 변경한다.

코드 8.2.10 로그인 페이지의 링크 추가(src/routes/products/[id]/+page.svelte)

```
<li>안녕하세요. 게스트님 <a href="/login">로그인</a></li>
```

개발 서버를 실행하고 작동을 확인해보자. 상품 페이지를 열고 '로그인' 링크를 클릭하면 로그인 화면이 열린다.

로그인 화면에서 메일을 받을 수 있는 주소를 입력하고 '로그인'을 클릭하면 입력한 주소로 Auth0 에서 로그인 링크가 포함된 메일이 전송된다. 해당 링크를 클릭하면 Auth0 페이지가 열리고 애플리케이션과 연동을 허용할지 묻는 메시지(처음에만)가 표시되므로 연동을 허용한다.

문제없이 상품 페이지로 돌아오면 로그인은 성공이다. 로그인 전후로 표시되는 부분에 변경은 없으므로 구현 여부를 실감하기 어려울 수도 있다. 다음 절에서는 로그인 유저의 판단과 이에 따른 표시를 전환하는 기능을 추가해보자.

8.3 로그인 유저의 판단과 표시

8.3.1 로그인 유저 정보 가져오기

스벨트킷에는 애플리케이션의 특정 타이밍에 처리를 추가할 수 있는 '훅'이라는 구조가 있다(자세한 내용은 6.7 훅 참조). 이번에는 handle 훅을 사용하여 로그인 중인 유저의 판단과 상세 정보를 가져오도록 하자.

`src/hooks.server.js`를 코드 8.3.1과 같이 작성한다.

코드 8.3.1 handle 함수(src/hooks.server.js)

```
import { findSession } from '$lib/server/session';

export async function handle({ event, resolve }) {
  const sessionId = event.cookies.get('svelte_ec_session');
```

```
    event.locals.currentUser = await findSession(sessionId);
    return await resolve(event);
}
```

여기서 정의한 handle 함수는 모든 페이지, 폼액션, 서버 라우트 등이 실행되기 전에 호출된다. 여기서 load 함수 등에 전달되는 event 정보에 액세스하거나 일부 정보의 변경이 가능하다.

페이지, 폼액션, 서버 라우트 등의 작업은 resolve로 호출할 수 있다. resolve의 인수에는 event를 그대로 전달하거나 약간 가공하여 전달할 수 있다. 만약 resolve를 호출하지 않으면 페이지가 표시되지 않는다.

이번에는 handle에서 쿠키의 세션 ID를 읽어서 findSession으로 데이터베이스에 저장된 세션 정보를 불러온 뒤 event.locals에 현재 로그인 중인 유저의 정보를 설정한다. event.locals는 사용자 정의 데이터를 이벤트에 저장하기 위해 제공하는 객체로 이번과 같이 handle에서 resolve로 호출되는 처리에 데이터를 전달할 때 편리하다. findSession 함수는 아직 없지만 뒤에서 생성한다.

앞에서 언급한대로 handle은 모든 요청에서 호출되므로 handle 내의 처리 작업을 가능한 한 짧게 만들수록 응답 속도도 빠르게 만들 수 있다. 따라서 너무 복잡한 처리 작업은 여기서 수행하지 않는 것이 좋다.

이제 데이터베이스에서 세션 정보를 검색하는 findSession 함수를 구현해보자. src/lib/server/session.js에 코드 8.3.2를 추가한다.

코드 8.3.2 findSession 함수(src/lib/server/session.js)

```
export async function findSession(sessionId) {
  const session = await database.collection('sessions').findOne({ _id: sessionId });
  if (!session) {
    return null;
  }
  if (session.expiresAt < Date.now()) {
    await deleteSession(session._id);
    return null;
  }
  return session;
}

export async function deleteSession(sessionId) {
  await database.collection('sessions').deleteOne({ _id: sessionId });
```

```
}
```

MongoDB의 sessions 컬렉션에서 _id가 인수로 지정된 세션 ID인 도큐먼트를 검색한다.

createSession에서 설정한 만료 기간도 여기에서 체크한다. 만료 기간이 지나면 함께 구현한 deleteSession 함수로 세션을 삭제한다. deleteOne은 처음 사용하지만 MongoDB 컬렉션에서 지정된 조건과 일치하는 도큐먼트를 삭제하는 메서드다.

MongoDB에서는 _id로 빠르게 검색할 수 있다. 따라서 세션이 증가해도 검색 속도는 크게 차이나지 않는다. 이는 앞에서 언급한대로 handle 내 처리를 짧게 만들기 위해 중요한 특성이다.

8.3.2 로그인 중인 유저의 표시

이것으로 각 페이지, 폼액션, 서버 라우트에서 로그인 중인 유저의 정보에 접근할 수 있다. 이 정보를 사용해 현재 로그인 중인 유저에 따라 표시 내용을 변경해보자.

먼저 상품 페이지에서 로그인 중일 때 해당 유저의 메일 주소를 표시해보자. src/routes/products/[id]/+page.svelte를 코드 8.3.3과 같이 작성한다.

코드 8.3.3 src/routes/products/[id]/+page.svelte 수정 내용

```
<script>
  // ...

  let userRequest = new Promise(() => {});

  afterNavigate(() => {
    // ...
    userRequest = fetch('/api/self').then((res) => res.json());
  });
</script>

<header class="header">
  <a class="header-title" href="/">Svelte EC</a>
  <nav>
    <ul class="header-links">
      <!-- ↓'안녕하세요. 게스트님'의 <li>를 다음으로 변경 -->
      <li>
        안녕하세요.
        {#await userRequest then user}
          {#if user}
```

```
              {user.email}님 <a href="/logout">로그아웃</a>
            {:else}
              게스트님 <a href="/login">로그인</a>
            {/if}
          {/await}
        </li>
        <!-- ↑변경은 여기까지 -->
        <li>
          <a href="/cart">장바구니 (0)</a>
        </li>

<!-- ... -->
```

fetch를 사용해 /api/self를 호출하고 응답 데이터에 따라 유저명 주변의 표시를 전환한다.
/api/self의 구현은 src/routes/api/self/+server.js를 코드 8.3.4와 같이 작성한다.

코드 8.3.4 **src/routes/api/self/+server.js**

```
import { json } from '@sveltejs/kit';

export async function GET({ locals }) {
  if (!locals.currentUser) {
    return json(null);
  }
  return json({ email: locals.currentUser.email });
}
```

GET의 인수에는 handle 훅으로 가공된 event를 전달한다. 여기서는 locals를 가져와서 locals.
currentUser를 사용한다. 만약 로그인 중이면 handle 훅 내부에서 유저 정보를 설정하므로 해당
정보에서 메일 주소를 가져와 JSON으로 반환한다.

이것으로 현재 로그인 중인 유저에 따라 표시가 전환된다. 개발 서버를 실행하고 상품 페이지에 접
속하면 로그인 시 입력한 메일 주소가 표시되는 것을 볼 수 있다.

8.3.3 로그아웃 기능

앞에서 /logout에 대한 링크를 추가했지만 아직 로그아웃 기능은 구현하지 않았다. 여기서 구현
해보도록 하자.

src/routes/logout/+server.js를 코드 8.3.5와 같이 작성한다.

```
import { redirect } from '@sveltejs/kit';
import { deleteSession } from '$lib/server/session';

export async function GET({ cookies }) {
  const sessionId = cookies.get('svelte_ec_session');
  if (sessionId) {
    await deleteSession(sessionId);
    cookies.delete('svelte_ec_session', { path: '/' });
  }
  throw redirect(302, '/products/svelte-book');
}
```

cookies.get으로 세션 ID를 쿠키에서 꺼낼 때, 세션 ID가 존재하면 해당 세션 ID의 세션 정보를 deleteSession으로 데이터베이스에서 제거하고, cookies.delete로 쿠키에서 세션 ID를 삭제한다.

이제 '로그아웃' 링크를 클릭하면 로그아웃을 진행하고 '어서오세요. 게스트님'으로 표시가 변경되는 것을 확인할 수 있다.

8.4 유저별 장바구니 생성

8.4.1 유저 ID별 장바구니 생성

로그인 유저의 구분이 가능해졌으므로 공통으로 사용했던 장바구니를 유저별로 나누어보자.

로직 변경하기

장바구니가 유저 ID별로 생성되도록 로직을 변경해보자. src/lib/server/cart.js를 코드 8.4.1과 같이 작성한다.

코드 8.4.1 src/lib/server/cart.js 수정 내용

```
import { database } from '$lib/server/mongodb';

export async function addToCart(userId, productId) {
  await database.collection('cartItems').insertOne({ userId, productId });
}

export async function loadCartItems(userId) {
```

```
  const items = await database.collection('cartItems').find({ userId });
  const productIds = await items.map((item) => item.productId).toArray();
  const products = await database.collection('products').find({ _id: { $in: productIds } });
  return await products.toArray();
}
```

addToCart는 어떤 유저의 장바구니인지를 구별하기 위해 userId를 받도록 변경한다. 먼저 장바구니 정보 저장에 사용하는 MongoDB의 컬렉션명을 cart로 사용했으나 장바구니 아이템 하나 하나를 나타내고 있으므로 조금 더 명확하게 하기 위해 cartItems로 변경한다.

cartItems 컬렉션은 다음과 같은 구조의 도큐먼트를 저장한다.

- **userId**: 어떤 유저의 장바구니인지 구별하기 위한 유저 ID
- **productId**: 장바구니에 들어있는 상품 ID

또한 loadCart 대신 loadCartItems 함수를 새롭게 추가한다. loadCart는 상품 ID(배열)만 반환하지만, loadCartItems는 name 등을 포함하는 상품 정보 전체(배열)를 반환한다. 상품 정보는 뒤에서 사용하도록 한다.

loadCartItems는 유저 ID를 지정하면 해당 유저의 장바구니에 들어 있는 상품 정보를 모두 반환한다. 인수로 지정한 userId를 기반으로 cartItems 컬렉션에서 해당 userId를 갖는 도큐먼트만을 find()로 검색한다. 검색한 도큐먼트에서 productId만 map()으로 가져와서 상품 ID의 배열 productIds로 만든다. 마지막으로 products 컬렉션에서 해당 상품 정보를 검색한다. 이때 find()의 인수는 조금 특수한데 {_id:{$in:productIds}}의 쿼리를 작성하면 _id가 productIds에 있는 도큐먼트만을 가져온다는 의미가 된다.

함수 호출 부분 변경하기

src/routes/products/[id]/+page.server.js 부분을 수정해보자(코드 8.4.2).

코드 8.4.2 **src/routes/products/[id]/+page.server.js 수정 내용**

```
// ...
import { addToCart, loadCartItems } from '$lib/server/cart';

// ...

export async function load({ locals, params }) {
  // product, relatedProducts의 처리 작업은 그대로
```

```
  let cart = [];
  if (locals.currentUser) {
    cart = await loadCartItems(locals.currentUser.userId);
  }

  return { product, relatedProducts, cart };
}

export const actions = {
  default: async ({ locals, request }) => {
    if (locals.currentUser) {
      const data = await request.formData();
      await addToCart(locals.currentUser.userId, data.get('productId'));
    }
  }
};
```

load 함수에서 loadCart를 호출하는 함수를 loadCartItems로 변경한다. 인수에 전달하는 use-rId는 앞의 서버 라우트와 동일하게 locals.currentUser에서 가져온다.

폼액션도 동일하게 locals.currentUser에서 userId를 가져와서 addToCart를 호출하여 전달한다.

일반적인 온라인 쇼핑몰에서는 로그인을 하지 않아도 장바구니에 상품을 넣을 수 있는 경우가 많지만, 여기서는 간단한 구현을 위해 로그인하지 않은 상태에서는 장바구니 추가 기능을 사용하지 않도록 한다. UI에서도 해당 부분을 나타내기 위해 상품 페이지의 '장바구니 담기' 버튼은 로그인 시에만 활성화하도록 하자.

버튼 작업 변경하기

src/routes/products/[id]/+page.svelte의 '장바구니 담기' 부분을 코드 8.4.3과 같이 변경한다.

코드 8.4.3 src/routes/products/[id]/+page.svelte의 수정 내용

```
<!-- ... -->
  {#if !cart.find((item) => item.id === product.id)}
    <form method="POST">
      <input type="hidden" name="productId" value={product.id} />
      {#await userRequest}
        <button>장바구니 담기</button>
      {:then user}
        <button disabled={!user}>장바구니 담기</button>
```

```
      {#if !user}
        <p>장바구니 기능은<a href="/login">로그인</a>이 필요하다.</p>
      {/if}
    {/await}
  </form>
{:else}
  <button disabled>장바구니 담기 완료</button>
{/if}
<!-- ... -->
```

이것으로 유저별 장바구니 기능을 구현했다. 개발 서버를 실행하고 작동을 확인해보자. 메일 주소 여러 개를 사용해서 하나의 메일 주소로 로그인하여 장바구니에 일부 제품을 추가한 뒤, 로그아 웃하고 다른 메일 주소로 로그인하면 각각의 장바구니를 사용하는 것을 확인할 수 있다.

8.5 Vercel 배포

8.5.1 Auth0 사용을 위한 준비

마지막으로 여기까지 작업한 것을 다시 Vercel에 배포해보자. 배포는 간단하며 Vercel 프로젝트와 연결된 깃 리포지터리에 코드를 푸시하기만 하면 된다. 이와 같이 새로운 코드를 간단하게 운영 환경에 반영할 수 있는 것이 Vercel을 사용하는 장점 중의 하나다.

그러나 이번에는 배포하기 전에 Auth0 사용을 위한 준비가 필요하다. 먼저 설정을 진행해보자.

간단하게 작업하기 위해 Auth0의 '테넌트'는 개발 환경과 동일한 것을 사용하도록 한다. 기본적으로 운영 환경용은 따로 테넌트를 만드는 것이 좋으므로 여력이 있다면 한 번 도전해보도록 하자. 이때는 앞의 설정(비밀번호 없는 인증 사용 및 콜백 URL 설정 등)이 똑같이 필요하다.

다음은 이미 설정이 완료된 개발 환경용 테넌트의 사용을 가정하고 설명한다.

먼저 Auth0의 관리 화면에서 콜백 URL 권한에 Vercel의 공개 URL을 추가한다. 콜백 URL의 추가는 '8.1.2 Auth0 계정 생성과 초기 설정' 절과 같은 방법으로 가능하므로 해당 부분을 참고하자. localhost에 대한 설정이 이미 존재하므로 뒤에 ,(쉼표)를 추가하고 공개 URL을 입력한다. 코드 8.5.1은 입력 샘플을 보여준다(svelte-book-sample-app.vercel.app의 부분은 자신의 Vercel 공개 URL로 변경한다).

코드 8.5.1 Vercel의 공개 URL 추가

```
http://localhost:5173/api/auth/callback,https://svelte-book-sample-app.vercel.app/api/auth/
callback
```

8.5.2 환경 변수 설정

다음으로 Vercel의 환경 변수를 설정한다. MongoDB를 사용할 때 인티그레이션이 자동으로
`MONGODB_URI` 환경 변수를 설정하지만 이번에는 수동으로 환경 변수를 추가해보자.

먼저 Vercel의 대시보드에 로그인하여 환경 변수 설정 페이지를 연다. 환경 변수의 조작은 다음을
참고하자.

- **Vercel 환경 변수 설정 순서(한국어판 부록 A.4.4 ~ A.4.6절 참고)**

다음 세 가지의 환경 변수를 설정한다. 개발 환경용과 동일한 Auth0 애플리케이션을 사용하면
`.env`에 추가되어 있는 값과 동일하게 설정한다.

- `AUTH0_DOMAIN`
- `AUTH0_CLIENT_ID`
- `AUTH0_CLIENT_SECRET`

이것으로 배포 전 준비는 완료되었다. 코드를 커밋하고 깃허브에 푸시하면 몇 분 내로 최신 상태가
Vercel에 배포될 것이다. 자신의 Vercel URL을 열고 새롭게 추가한 로그인과 유저별 장바구니 기
능이 운영 환경에 배포되었는지 확인해보자.

스벨트킷은 이미 정식 버전(>1.0.0)이 릴리스되었고 이후에는 시맨틱 버저닝에 따라 일정한 범위에서 호환성이 유지되지만, 5장의 칼럼에서 소개한 '스냅숏 기능'이 정식 버전 릴리스 후 몇 개월 내 추가된 것처럼 이후에도 활발하게 새로운 기능이 등장할 것으로 기대된다.

이러한 정보는 다음과 같은 채널에서 수시로 확인할 수 있다. 앞에서 소개하는 정보는 일차적인 정보로 신선한 정보가 많고, 뒤에서 소개하는 정보는 새로움은 덜하지만 더욱 자세한 정보가 제공된다.

— 스벨트 깃허브: https://github.com/sveltejs/svelte
— 스벨트킷 깃허브: https://github.com/sveltejs/kit

스벨트 관련 프로젝트는 깃허브에서 관리하고 있고, 누구나 토론을 참조할 수 있다. 깃허브에서 이슈 단위로 활동을 구독(깃허브에서 알림, 이메일 전송 등)할 수도 있다. 특정 버그나 새로운 기능에 대한 최신 정보를 알고 싶을 때 유용하다.

— Discord 스벨트 서버: https://discord.com/invite/svelte

폭넓게 스벨트 관련 토론이 열리는 채팅 서버다. 이벤트 개최 정보 등도 제공한다.

— 스벨트 뉴스레터: https://svelte.substack.com/

Dani의 뉴스레터다. 스벨트, 스벨트킷의 신기능과 스벨트 관련 흥미 있는 기사, 스벨트로 만든 프로덕트 등을 소개한다.

— 스벨트 Summit: https://www.sveltesummit.com/

스벨트의 최신 정보와 스벨트로 개발한 사례에 포커스를 맞춘 컨퍼런스다. Svelte Summit은 3~4개월에 한 번씩 개최된다.

CHAPTER 9

유저 경험 개선
─ OGP 태그와 프리렌더링

지금까지 온라인 쇼핑몰의 매우 간단하면서도 기본적인 기능을 구현했다. 이번 장에서는 온라인 쇼핑몰의 기능의 추가가 아니라 스벨트킷이 제공하는 SSR, CSR, 프리렌더링의 개념을 살펴보면서 상품 페이지의 유저 경험을 개선해보자.

9.1 OGP 태그 추가

먼저 상품 페이지에 **OGP 태그**를 추가하여 URL을 공유할 때의 경험을 개선해보자.

9.1.1 OGP 태그와 자바스크립트 애플리케이션

여러 SNS에는 특정 조건에 따라 `<meta>` 태그가 작성된 페이지의 URL을 공유하면 다양한 정보의 카드를 표시하는 기능이 있다. 페이스북은 이와 같은 오픈 그래프 프로토콜Open Graph protocol, OGP 을 사용할 수 있으며, 트위터도 일부 OGP를 사용할 수 있다. 여기서는 해당 내용을 통틀어 'OGP' 라고 하고, 이에 따라 작성된 태그를 'OGP 태그'라고 칭한다.

URL을 소셜 미디어에 공유하면 소셜 미디어 프로그램이 해당 페이지의 HTML을 해석하고, OGP 태그가 포함된 경우에는 앞에서 설명한 것처럼 카드 모양이 표시된다. 여기서 중요한 것은 페이지 의 HTML에 미리 OGP 태그가 포함되어 있어야 한다는 것이다.

자바스크립트 중심의 애플리케이션에서는 이것이 문제가 될 수 있다. 클라이언트(브라우저)에서만 콘텐츠를 렌더링하는 애플리케이션은 HTML에 자바스크립트를 로드하는 문구만 있고, 태그는 뒤에서 자바스크립트에 의해 동적으로 추가된다. 이와 같은 구성은 OGP 태그를 자바스크립트로 렌더링하도록 설정해도 HTML 자체에 OGP 태그가 포함되어 있지 않으므로 카드가 표시되지 않는다.

스벨트킷은 클라이언트에서 렌더링을 할 수도 있고 서버에서 자바스크립트를 실행하여 렌더링을 진행하고 결과를 HTML로 반환하도록 할 수도 있다. 이러한 기능을 서버 사이드 렌더링server-side rendering, SSR이라고 한다. 반면에 클라이언트에서 렌더링하는 것을 클라이언트 사이드 렌더링client-side rendering, CSR이라고 한다. 한마디로 스벨트킷은 SSR과 CSR을 모두 지원하며, 모두 기본으로 활성화되어 있다.

SSR을 사용하면 서버가 반환하는 HTML에 OGP 태그를 포함할 수 있으므로 앞에서 언급한 문제가 발생하지 않는다. 기본적으로는 SSR이 활성화된 상태이므로 특별한 작업을 하지 않아도 OGP 태그를 구현할 수 있다. 또한 스벨트킷은 SSR, CSR의 활성화, 비활성화를 페이지 단위로 전환할 수도 있다. 이번 절의 후반부에서 비활성화 설정을 알아보자.

9.1.2 상품 페이지에 OGP 태그 추가

이제 온라인 쇼핑몰 애플리케이션의 상품 페이지에 OGP 태그를 추가해보자.

로컬 개발 환경에서는 해당 카드의 테스트를 진행할 수 없다. 이는 localhost에 URL을 공유해도 소셜 미디어 프로그램에서는 로컬에서 실행되는 서버에 액세스할 수 없기 때문이다. 따라서 카드는 Vercel에 배포 후 확인하기로 한다.

OGP의 사양에 따라 상품 페이지에 `<meta>` 태그를 추가하자. 이번에는 주로 트위터와 페이스북이 지원하는 태그를 중심으로 설명한다. `src/routes/products/[id]/+page.svelte`에 코드 9.1.1을 추가한다.

코드 9.1.1 src/routes/products/[id]/+page.svelte 추가 내용

```
<script>
  import { page } from '$app/stores';

  // ...
</script>
```

```
<svelte:head>
  <meta name="twitter:card" content="summary" />
  <meta property="og:type" content="website" />
  <meta property="og:url" content={$page.url} />
  <meta property="og:title" content={product.name} />
  <meta property="og:description" content={`${product.name} - ${product.price}원`} />
</svelte:head>

<!-- ... -->
```

`<svelte:head>`를 사용하여 HTML의 `<head>` 부분에 렌더링할 태그를 지정한다. OGP의 상세한 사양은 여기서 언급하지 않지만 `name` 또는 `property` 속성이 키, `content` 속성이 값이 되는 세트를 사용하는 것을 알 수 있다. 키는 미리 정의되어 있으며, 값은 페이지에 따라 다른 정보를 갖는다. 예를 들어 `og:title`의 키는 해당 페이지의 타이틀을 값으로 갖는다.

`og:url`에 스벨트킷이 제공하는 `page` 스토어가 사용되고 있다는 점에 주목하자. `page` 스토어에는 현재 표시된 페이지에 대한 정보가 저장된다. 여기서는 `$page.url`로 페이지의 전체 URL을 가져오는 데 사용한다. 스토어이므로 값에 접근하려면 변수명 앞에 `$`를 사용해야 한다.

OGP 태그의 구현은 이것이 전부다. 앞에서 언급한 대로 카드는 지금 확인할 수 없으므로 태그가 HTML로 렌더링되었는지를 먼저 확인해보자.

브라우저의 개발자 도구에는 현재 DOM 상태를 표시할 수 있는 'DOM 인스펙터'라고 불리는 기능이 있지만 이번에는 이것을 사용하지 않는다. 여기에 표시되는 것은 CSR의 결과도 포함되기 때문이다. 앞에서 설명한 대로 OGP 태그는 CSR을 실행해도 효과가 없으므로 HTML 자체 포함 여부를 확인해야 한다.

이번에는 브라우저의 페이지 소스를 표시하는 기능을 사용하자. 크롬, 파이어폭스, 엣지 등을 사용해 다음 URL을 주소창에 입력하면 페이지의 HTML 코드를 그대로 확인할 수 있다.

`view-source:http://localhost:5173/products/svelte-book`

또는 상품 페이지를 연 상태에서 마우스 우 클릭으로 '페이지 소스 보기' 메뉴(크롬)를 클릭해도 같은 내용이 표시된다.

표시되는 HTML 내부에서 앞에서 작성한 `<meta>` 태그를 찾을 수 있을 것이다. 이와 같이 SSR을 사용하면 콘텐츠를 미리 HTML로 렌더링할 수 있다.

9.1.3 SSR 비활성화

앞에서 설명한 대로 스벨트킷은 각 페이지에 대해 개별적으로 SSR과 CSR을 비활성화할 수 있다. 여기서는 상품 페이지의 **SSR** 비활성화로 기능을 확인해보자.

페이지의 SSR을 비활성화하려면 +page.js 또는 +page.server.js를 코드 9.1.2와 같이 작성한다.

코드 9.1.2 SSR 비활성화(+page.js 또는 +page.server.js)

```
export const ssr = false;
```

이번에는 상품 페이지에 이미 +page.server.js가 존재하므로 해당 파일에 작성해보자. src/routes/products/[id]/+page.server.js의 마지막 부분에 코드 9.1.2의 행을 추가한다.

추가 후 '9.1.2 상품 페이지에 OGP 태그 구현' 절에서 사용한 동일한 방법을 사용해 브라우저에서 페이지의 HTML 코드를 표시하자. 코드를 확인해보면 OGP 태그가 렌더링되지 않은 것을 확인할 수 있을 것이다. 이 밖에도 상품명과 상품 이미지 등 페이지 콘텐츠의 대부분이 HTML 내부에 포함되어 있지 않은 것을 알 수 있다. 이는 SSR이 비활성화되어 서버가 반환하는 HTML에는 콘텐츠가 렌더링되지 않기 때문이다.

페이지를 표시해보면 콘텐츠가 표시되는 것을 확인할 수 있다. 이는 CSR이 유효하므로 클라이언트(브라우저)에서 렌더링되기 때문이다.

SSR을 무효화할 때는 브라우저의 기능에 크게 의존하고 있어 SSR이 필요 없는 경우를 생각할 수 있다. 그러나 자바스크립트가 비활성화된 환경에서도 가능한 한 페이지를 볼 수 있도록, 특별한 이유가 없는 한 SSR은 비활성화하지 않는 것이 좋다.

9.1.4 CSR 비활성화

이번에는 반대로 **CSR**을 비활성화해보자. CSR 비활성화는 +page.js 또는 +page.server.js에 코드 9.1.3을 작성한다.

코드 9.1.3 CSR 비활성화(+page.js 또는 +page.server.js)

```
export const csr = false;
```

이번에도 src/routes/products/[id]/+page.server.js에 앞의 코드를 작성하자. 코드 9.1.2에 기

재된 export const ssr = true; 행은 삭제하도록 하자. 이 부분을 삭제하지 않으면 SSR, CSR 모두 비활성화가 되어 콘텐츠가 전혀 렌더링되지 않는다.

작성하고 다시 페이지의 HTML 코드를 표시하도록 하자. 이번에는 SSR이 활성화되어 있으므로 OGP 태그와 콘텐츠가 HTML에 렌더링될 것이다.

페이지를 표시해보면 언뜻 보기에는 문제없이 콘텐츠가 표시되지만 추천 상품이 '로딩 중'인 상태가 되고, 화면 슬라이드가 작동하지 않는 등의 문제를 확인할 수 있다. 이는 CSR을 비활성화한 결과, 클라이언트에서 처리가 필요한 부분이 모두 작동하지 않기 때문이다. 이와 같이 자바스크립트를 기반으로 작동하는 페이지에서는 CSR을 비활성화하지 않는다. 확인한 후에는 export const csr = false; 부분을 제거하자.

CSR을 비활성화하는 장점은 페이지에서 완전히 자바스크립트를 제거할 수 있다는 것이다. 예를 들어 블로그 포스트나 이용 규약 페이지와 같이 한 번만 표시하면 유저의 조작 등으로는 내용이 바뀌지 않는 페이지는 CSR을 무효화하여 자바스크립트 로딩 등 불필요한 오버헤드를 없앨 수 있게 된다.

9.1.5 Vercel에 배포하고 카드 확인

애플리케이션을 운영 환경에 배포하고 OGP 태그의 작동을 확인해보자. 이전과 마찬가지로 Vercel 프로젝트와 연결된 깃허브 리포지터리로 푸시하면 자동으로 배포가 시작된다.

배포가 완료되면 상품 페이지의 URL을 복사하여 트위터, 페이스북 등에 게시해보자. 게시물에 카드가 표시되면 성공이다(그림 9.1.1).

그림 9.1.1 **카드 표시 확인**

9.2 프리렌더링

앞에서 SSR이 활성화 상태일 때 서버에서 HTML이 렌더링되어 반환되는 것을 설명했다. 이 렌더링은 페이지가 표시될 때마다(정확하게는 HTTP 요청이 있을 때마다) 수행된다.

그러나 잘 생각해보면 상품 페이지의 콘텐츠는 매번 동일한 내용으로 렌더링되며, 예외인 부분은 유저에 따라 표시가 달라지는 메일 주소와 장바구니 상품, 추천 상품이다. 같은 내용으로 렌더링되는 부분은 요청이 올 때마다 렌더링을 하는 것이 아니라, 사전에 렌더링을 해두면 페이지의 표시 속도 향상이나 서버의 부하를 줄일 수 있다.

스벨트킷은 애플리케이션을 빌드할 때 미리 페이지의 HTML을 렌더링하는 프리렌더링pre-rendering 기능을 제공한다. 프리렌더링은 SSR, CSR과 같이 페이지 단위로 설정할 수 있다. 프리렌더링과 SSR은 동시에 활성화할 수 없으며, 프리렌더링이 활성화된 페이지는 SSR의 실행을 건너뛰고 서버는 빌드된(프리렌더링된) HTML을 반환한다.

프리렌더링이 활성화된 경우에도 CSR은 계속 사용할 수 있다. 프리렌더링된 HTML에 대해 클라이언트에서 더 많은 콘텐츠를 동적으로 렌더링할 수 있다. 여기서는 상품 페이지를 프리렌더링해보자. 이를 통해 상품 페이지의 성능 향상을 기대할 수 있다. 사용자마다 다른 내용이 필요한 부분은 CSR을 사용하자.

프리렌더링을 사용할 때는 몇 가지 장애물이나 함정이 있다. 이번 장에서는 일부러 함정에 빠져서 문제를 해결한다. 앞으로도 유사한 문제를 쉽게 해결하기 위해서다.

9.2.1 상품 페이지 프리렌더링

상품 페이지의 프리렌더링 설정은 매우 간단하다. src/routes/products/[id]/+page.server.js 에 코드 9.2.1을 추가한다.

코드 9.2.1 프리렌더링 지정(src/routes/products/[id]/+page.server.js)

```
export const prerender = true;
```

이것으로 상품 페이지는 프리렌더링된다. 그러나 이 상태에서 상품 페이지에 접속하면 오류가 발생한다. 서버의 로그에서 다음과 같은 내용을 확인할 수 있다.

에러 메시지처럼 폼액션을 포함하는 페이지는 프리렌더링할 수 없다. 폼액션을 실행한 후 페이지를 다시 렌더링해야 하지만 앞에서 설명한 대로 프리렌더링이 설정된 페이지에서는 SSR이 실행되지 않기 때문이다.

이번에는 장바구니와 관련된 처리를 상품 페이지에서 분리해서서 대응해보자. /cart라는 페이지를 새롭게 만들고 장바구니와 관련된 처리는 이곳에서 진행하도록 한다.

먼저 src/routes/cart/+page.server.js를 코드 9.2.2와 같이 생성한다.

코드 9.2.2 src/routes/cart/+page.server.js

```
import { addToCart, removeFromCart } from '$lib/server/cart';

export const actions = {
  add: async ({ locals, request }) => {
    if (locals.currentUser) {
      const data = await request.formData();
      await addToCart(locals.currentUser.userId, data.get('productId'));
    }
  },
  remove: async ({ locals, request }) => {
    if (locals.currentUser) {
      const data = await request.formData();
      await removeFromCart(locals.currentUser.userId, data.get('productId'));
    }
  }
};
```

add는 원래 상품 페이지에 있던 default 폼액션을 이동한 것이다. 나중을 위해 장바구니를 삭제하는 폼액션인 remove도 추가하자. 이와 같이 폼액션은 여러 개를 준비할 수 있다. 이때는 default 액션을 사용할 수 없게 되므로 이번에는 이름을 add로 변경한다.

remove 액션에서 사용하는 장바구니 상품 제거 로직을 src/lib/server/cart.js에 추가하자(코드 9.2.3).

코드 9.2.3 장바구니 상품 제거 로직(src/lib/server/cart.js)

```
export async function removeFromCart(userId, productId) {
  await database.collection('cartItems').deleteOne({ userId, productId });
```

```
}
```

상품 페이지에서는 이제 장바구니 관련 로직이 필요 없으므로 해당 부분은 제거하자. 완성된 src/
routes/products/[id]/+page.server.js는 코드 9.2.4와 같다.

코드 9.2.4 src/routes/products/[id]/+page.server.js

```
import { loadProducts } from '$lib/server/product';

async function getProductFromDatabase(productId) {
  const products = await loadProducts();
  return products.find((product) => productId === product.id);
}

async function getRelatedProductsFromDatabase(productId) {
  const products = await loadProducts();
  return products.filter((product) => productId !== product.id);
}

export async function load({ locals, params }) {
  const productId = params.id;
  const product = await getProductFromDatabase(productId);
  const relatedProducts = await getRelatedProductsFromDatabase(productId);
  return { product, relatedProducts };
}

export const prerender = true;
```

상품 페이지에서 장바구니 관련 처리를 분리하는 것만으로도 코드의 가독성이 좋아졌다. 다음으
로는 src/routes/products/[id]/+page.svelte를 변경해보자. 먼저 load가 cart를 반환하지 않
으므로 먼저 cart는 임시 변수로 변경하자(코드 9.2.5). 나중에 클라이언트에서 장바구니 상태를
불러오도록 변경한다.

코드 9.2.5 src/routes/products/[id]/+page.svelte

```
<script>
  // ...

  // ↓ data에서 cart로 대입 작업 삭제
  $:({ product, relatedProducts } = data);

  // ↓ cart 변수 추가
  let cart = [];
```

```
  // ...
</script>
```

'장바구니 담기' 버튼의 폼 전송 위치를 방금 생성한 /cart로 변경한다. 이는 <form>에 action 속성을 사용하면 된다(코드 9.2.6).

코드 9.2.6 폼 전송 위치 변경(src/routes/products/[id]/+page.svelte)

```
<form method="POST" action="/cart?/add">
```

/cart의 뒤에 ?/add가 추가된 것은 액션이 여러 개 존재할 때 어떤 액션을 부를지 구별하기 위해서다. 이때는 add 액션을 지정한다.

이것으로 앞의 에러는 없어지고 상품 페이지가 표시된다.

9.2.2 장바구니 페이지 준비

이것으로 상품 페이지는 표시할 수 있게 되었지만 '장바구니 담기' 버튼을 누르면 에러가 발생한다. 이는 아직 /cart 페이지가 존재하지 않기 때문이다.

src/routes/cart/+page.svelte를 생성하여 현재 장바구니의 내용을 확인할 수 있다. 또한 '삭제' 버튼을 준비하여 장바구니 삭제가 가능하도록 해보자(코드 9.2.7).

코드 9.2.7 src/routes/cart/+page.svelte

```
<script>
  export let data;
</script>

{#if data.cart.length > 0}
  <ul>
    {#each data.cart as item}
      <li>
        <a href="/products/{item.id}">{item.name}</a>
        - {item.price}원
        <form method="POST" action="?/remove">
          <input type="hidden" name="productId" value={item.id} />
          <button>삭제</button>
        </form>
      </li>
```

```
    {/each}
  </ul>
{:else}
  <div>장바구니가 비어 있음</div>
{/if}
```

'삭제' 버튼이 있는 `<form>`의 action 속성을 살펴보자. 상품 페이지와 마찬가지로 `?/remove`를 작성하여 어느 액션을 호출할지 지정한다. 상품 페이지와 다르게 `/cart?/remove`로 사용하지 않는 이유는 대상 페이지를 지정하지 않으면 기본으로 같은 페이지의 폼액션이 호출되기 때문이다. 물론 `/cart`를 사용해도 문제는 없다.

`<script>` 블록에 선언된 data 속성은 load 함수에서 전달된다. `src/routes/cart/+page.server.js`에 load 함수를 추가하여 현재 장바구니에 있는 상품을 불러오도록 하자(코드 9.2.8).

코드 9.2.8 **load 함수 추가(src/routes/cart/+page.server.js)**

```
import { addToCart, loadCartItems, removeFromCart } from '$lib/server/cart';

export async function load({ locals }) {
  let cart = [];
  if (locals.currentUser) {
    cart = await loadCartItems(locals.currentUser.userId);
  }
  return { cart };
}
```

이제 상품 페이지의 '장바구니 담기' 버튼을 클릭해도 에러는 발생하지 않는다. 또한 버튼을 누른 뒤 /cart 페이지로 이동하여 장바구니의 상품 내용을 표시하거나 장바구니에서 상품을 삭제할 수 있다.

COLUMN **프리렌더링에 적합한 페이지와 적합하지 않은 페이지**

/cart 페이지는 왜 프리렌더링을 하지 않는 것일까?

프리렌더링을 활성화할 수는 있지만 거의 의미가 없다. 이 페이지는 접속하는 유저에 따라 내용이 다르므로 미리(빌드 시) 렌더링할 수 있는 내용이 거의 없기 때문이다. 또한 프리렌더링이 활성화된 경우에는 동적인 부분을 렌더링하려면 CSR을 사용해야 하기 때문에 자바스크립트가 비활성화되어 있는 환경에서는 아무것도 표시되지 않는다.

이와 같이 프리렌더링에 적합한 페이지와 적합하지 않은 페이지가 있으므로 무조건 프리렌더링을 활성화하는 것은 피해야 한다.

폼액션 사용의 장점은 자바스크립트가 비활성화된 환경에서도 작동한다는 것이다. 상품을 장바구니에 추가하는 기능은 온라인 쇼핑몰에서 제공해야 하는 최소한의 필수 기능이므로 자바스크립트가 비활성화된 경우에도 작동하는 것이 좋다.

만약 자바스크립트가 활성화된 환경이라면 더욱 풍부한 경험을 제공할 수 있으므로 더욱 좋다. 이번에는 자바스크립트가 활성화된 환경에서 상품 페이지에 있어도 장바구니의 내용이 보일 수 있도록 장바구니 정보를 클라이언트에서 불러오도록 해보자. 또한 '장바구니 담기' 버튼을 클릭하면 (장바구니 페이지로 이동하는 대신) 상품 페이지의 장바구니 정보를 즉시 업데이트하도록 한다.

먼저 상품 페이지의 헤더 부분에 있는 장바구니의 표시를 개선해보자. src/routes/products/[id]/+page.svelte를 코드 9.2.9와 같이 변경한다.

코드 9.2.9 **페이지 헤더의 장바구니 표시 개선(src/routes/products/[id]/+page.svelte)**

```
<script>
  import { onMount } from 'svelte';

  // ...

  let cart = [];
  let cartOpen = false;

  // ...

  onMount(() => {
    loadCart();
  });

  async function loadCart() {
    cart = await fetch('/api/cart').then((res) => res.json());
  }

  function toggleCart() {
    cartOpen = !cartOpen;
  }
</script>

<!-- ... -->

  <nav>
    <ul>
```

```
      <li>
        어서오세요.
        <!-- ... -->
      </li>
      <li class="cart">
        <a href="/cart" on:click|preventDefault={toggleCart}>
          장바구니
          {#if cart.length > 0}
            ({cart.length})
          {/if}
        </a>
        {#if cartOpen}
          <div class="cart-detail">
            {#if cart.length > 0}
              <ul>
                {#each cart as item}
                  <li>
                    <a href="/products/{item.id}">{item.name}</a>
                    - {item.price}원
                  </li>
                {/each}
              </ul>
            {:else}
              <div>장바구니가 비어 있음</div>
            {/if}
            <a href="/cart">상세</a>
          </div>
        {/if}
      </li>
    </ul>
  </nav>

<!-- ... -->

<style>
  /* ... */

  .cart {
    position: relative;
  }

  .cart-detail {
    position: absolute;
    right: 0;
    top: 100%;
    width: 250px;
    padding: 10px;
    background-color: #fff;
```

```
    border: 1px solid gray;
  }
</style>
```

/cart로 연결하면 자바스크립트가 활성화일 때는 장바구니 상세(.cart-detail)를 열고 닫는 버튼으로 기능하게끔 한다. on:click에 preventDefault를 지정했으므로 기본 기능인 페이지로의 이동이 비활성화된다. 한편 자바스크립트가 비활성화 상태일 때는 이벤트 핸들러가 추가되지 않으므로 <a> 태그의 기본 기능인 페이지 이동이 발생한다.

장바구니 상세(.cart-detail)는 cartOpen 변수가 true인 경우에만 렌더링된다. 초기 상태는 false이며, 프리렌더링 중에 cartOpen이 변경되는 곳은 없으므로 이 부분은 프리렌더링한 결과에는 포함되지 않는다. 이 부분은 유저에 따라 내용이 바뀌는 부분이므로 미리 렌더링을 하지 않는 것이 바른 작동이다.

장바구니의 상세 내용은 cart 변수를 기반으로 표시된다. cart 변수는 loadCart 함수로 /api/cart 서버 라우트(뒤에서 작성)를 호출하여 업데이트한다. loadCart는 클라이언트에서 페이지의 첫 번째 렌더링이 발생한 뒤 onMount에 의해 호출된다. onMount에 지정된 함수는 프리렌더링 중에 호출되지 않는다.

다음으로는 loadCart에서 호출하는 /api/cart를 서버 라우트로 구현한다. src/routes/api/cart/+server.js를 코드 9.2.10과 같이 생성한다.

코드 9.2.10 **서버 라우트 구현(src/routes/api/cart/+server.js)**

```
import { json } from '@sveltejs/kit';
import { loadCartItems } from '$lib/server/cart';

export async function GET({ locals }) {
  let cart = [];
  if (locals.currentUser) {
    cart = await loadCartItems(locals.currentUser.userId);
  }
  return json(cart);
}
```

9.2.4 '장바구니 담기' 버튼의 작동 개선

마지막으로 상품 페이지의 '장바구니 담기' 버튼의 작동을 개선해보자. 스벨트킷은 자바스크립트를 사용해 폼의 전송을 강화enhance하는 기능을 제공한다. 이 기능의 사용 여부는 선택 사항으로, 사용하지 않으면 `<form>`의 기본 작동으로 작동하지만 사용하게 되면 폼의 전송과 응답 처리를 세밀하게 커스터마이징하여 더욱 풍부한 경험을 제공할 수 있다. 여기서는 자바스크립트가 활성화 상태일 때 '장바구니 담기' 버튼을 클릭하면 페이지를 이동하지 않고, 장바구니 내용을 즉시 업데이트하도록 커스터마이징한다.

src/routes/products/[id]/+page.svelte의 '장바구니 담기' 폼 부분을 코드 9.2.11과 같이 변경한다.

코드 9.2.11 src/routes/products/[id]/+page.svelte 변경 내용

```
<script>
  import { enhance } from '$app/forms';

  // ...
</script>

<!-- ... -->

    <form
      method="POST"
      action="/cart?/add"
      use:enhance={() => {
        return async ({ update }) => {
          await update();
          await loadCart();
        };
      }}
    >

<!-- ... -->
```

`<form>`에 추가한 use:enhance를 사용해 폼의 작동을 커스터마이징한다. use 디렉티브는 '4.5 액션' 절에서 설명한 스벨트의 액션을 사용하는 부분이다. 조금 까다롭지만 '폼액션'과는 별개이므로 주의하자.

enhance 액션은 스벨트킷에서 제공하는 액션으로 $app/forms에서 불러와서 사용한다. enhance

액션을 적용한 <form>의 전송은 fetch를 사용해 기본 <form>의 작동을 모방한 것으로 바뀌며, fetch를 사용하므로 페이지 이동은 발생하지 않는다. 또한 use:enhance에 함수를 전달하면 폼 전송 전후로 조금 더 정교한 제어가 가능하다. 이 함수는 폼 전송 직전에 호출되고 폼 전송이 완료되면 반환되는 함수가 호출된다.

이번에는 폼 전송 직전에 아무 작업도 수행하지 않고 전송 완료 후 호출되는 함수만 반환하는 함수를 지정한다. 전송 완료 후 함수를 반환하는 경우 스벨트킷이 제공하는 기본 작동은 실행되지 않지만, 인수로 전달되는 update를 호출하면 기본 작동을 실행하게끔 할 수 있다. 이번에는 기본 작동을 실행하면서 전송 완료 후 장바구니의 내용을 업데이트하고 싶으므로 loadCart를 호출한다.

지금까지의 작업한 내용의 작동을 확인해보자. 먼저 기본적으로 자바스크립트가 활성화된 상태에서 '장바구니 담기'를 클릭하면 페이지를 이동하지 않고 장바구니의 상태가 즉시 업데이트되는 것을 확인할 수 있다. 브라우저 설정으로 자바스크립트를 비활성화하고 클릭하면 장바구니 내용은 상품 페이지에 표시되지 않지만 '장바구니 담기' 버튼을 클릭하면 /cart 페이지로 이동하고 장바구니에 상품이 추가되는 것을 확인할 수 있다. 이와 같이 자바스크립트가 비활성화인 경우 최소한의 작동을 보장하고, 활성화인 상태에서는 더욱 풍부한 작동으로 두 상태가 양립할 수 있는 것이 스벨트킷의 장점 중 하나다.

9.2.5 프리렌더링 작동 확인

지금까지 개발 시 사용한 npm run dev로 실행하는 서버는 프리렌더링의 정확한 작동을 확인할 수 없다. 개발 서버는 프리렌더링을 활성화와 비활성화에 상관없이 페이지를 접속할 때마다 렌더링을 실행하기 때문이다.

개발 환경에서 작동 확인하기

개발 환경에서 프리렌더링 작동을 확인하려면 npm run build와 npm run preview를 사용한다. 이를 통해 npm run build로 한 번만 렌더링이 실행되고 npm run preview를 통해 렌더링된 페이지가 반환된다.

이제 npm run build를 실행해보자. 에러가 발생하지만 이는 제대로 된 작동이다.

```
$ npm run build

...

Error: The following routes were marked as prerenderable, but were not prerendered
because they were not found while crawling your app:
- /products/[id]
```

스벨트킷은 기본적으로 프리렌더링 대상 페이지를 자동으로 찾는다. 찾는 방법은 먼저 동적인 파라미터([id] 등)를 갖지 않는 라우트를 찾고, 해당 페이지에서 프리렌더링의 활성화 여부를 확인한다. 활성화 상태라면 해당 페이지를 프리렌더링하고, 결과에 포함되는 링크(<a> 태그)를 통해 해당 페이지로 이동한다. 해당 페이지에서도 프리렌더링이 활성화 상태라면 프리렌더링하고, 링크를 찾는 과정을 반복하여 대상 페이지를 찾아낸다.

앞의 에러는 프리렌더링 설정이 활성화 상태이지만 스벨트킷이 프리렌더링 대상으로 찾을 수 없는 페이지가 있을 때 발생한다. 이번에는 /products/svelte-book 등의 페이지에 대한 링크가 다른 프리렌더링이 유효한 페이지 어느 곳에서도 나타나지 않았기 때문에 에러가 발생했다.

한 가지 해결 방법은 다른 프리렌더링 대상 페이지에 <a href="/products/svelte-book"> 등의 링크를 추가하는 것이다. 그러나 이번에는 프리렌더링 대상의 페이지가 상품 페이지 이외에는 없으므로 다른 방법을 사용한다.

다른 해결 방법은 svelte.config.js에 코드 9.2.12와 같이 옵션을 추가하는 것이다.

코드 9.2.12 **라우트를 명시적으로 열거하기**(svelte.config.js)

```
// ...

  const config = {
    // ...
    kit: {
      // ...

      prerender: {
        entries: [
        '/products/svelte-book',
        '/products/react-book',
        '/products/vue-book',
        '/products/angular-book'
        ]
```

```
      }
    }
};
```

이와 같이 스벨트킷이 자동으로 찾을 수 없는 라우트를 명시적으로 열거하면, 해당 라우트도 프리렌더링 대상에 포함된다. 이번에는 전 상품의 페이지를 열거했다.

이제 빌드할 수 있으며, `npm run build`를 실행해도 앞의 에러가 발생하지 않을 것이다. 빌드가 끝나면 `npm run preview`를 실행하여 미리 보기용 서버를 시작하고 `http://localhost:4173/products/svelte-book`에 접속하면 프리렌더링된 상품 페이지를 확인할 수 있다.

미리 보기용 서버는 포트 번호가 개발 서버와 다르므로 주의하자. 만약 로그인 관련 작동도 확인하고 싶을 때는 Auth0의 대시보드에서 콜백 URL의 추가('8.5 Vercel에 배포' 절 참조)가 필요하다.

OGP 태그 수정하기

이것으로 문제없이 프리렌더링을 할 수 있게 된 것 같지만 마지막으로 약간의 수정이 필요한 부분이 있다.

브라우저에서 상품 페이지에서 '페이지 소스 보기'를 클릭하면 OGP 태그의 URL 부분이 `http://sveltekit-prerender/`...로 출력되는 것을 확인할 수 있다. 이는 빌드 시 어떤 도메인에서 사이트가 실행되는지 스벨트킷이 알 수 있는 방법이 없어 임시 도메인이 출력되기 때문이다.

이 문제를 해결하려면 `svelte.config.js`의 `kit.prerender.origin`을 설정해야 한다. 코드 9.2.13과 같이 운영 환경의 URL을 추가하자(svelte-book-sample.app.vercel.app 부분을 자신의 Vercel URL로 변경).

코드 9.2.13 kit.prerender.origin 설정(svelte.config.js)

```
const config = {
  // ...
  kit: {
    // ...

    prerender: {
      //...

      origin: 'https://svelte-book-sample-app.vercel.app'
    }
  }
```

```
};
```

이것으로 OGP 태그도 문제없이 렌더링된다. 다시 `npm run build`와 `npm run preview`를 실행하고 페이지의 HTML 소스를 확인해보자.

APPENDIX

한국어판 부록

A.1 Auth0

A.1.1 계정 등록

Auth0의 계정이 없을 때는 다음 주소로 이동하여 계정을 등록하자. 메일 주소, 깃허브, 구글, Microsoft 계정 등 어떤 방법을 사용해도 상관이 없다.

https://auth0.com/kr/signup

등록 과정에서 다음 화면이 나오면 [AccountType]은 [Other]를 선택하고, [I need advanced settings]를 체크하지 않고 [NEXT] 버튼을 클릭한다.

A.1.2 애플리케이션 생성과 설정

다음 주소로 이동하여 Auth0에 로그인하자.

https://auth0.com/api/auth/login

다음 주소를 통해 Auth0의 관리 화면으로 이동하자.

https://manage.auth0.com/dashboard/

A.1.3 패스워드 없는 로그인 설정

왼쪽 메뉴에서 [Authentication] > [Passwordless]를 클릭하면 다음과 같이 패스워드 없는 인증의 설정 페이지로 이동한다.

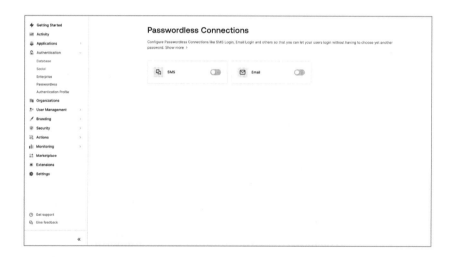

[Email] 스위치를 ON으로 변경하면 다음과 같은 모달 창modal window이 표시된다. 아무것도 변경하지 않고 [Save] 버튼을 클릭한다.

모달 창이 열린 상태로 [Applications] 탭을 클릭한다. [Default App]의 스위치를 ON으로 변경하고 다시 [Save] 버튼을 클릭한다.

마지막으로 오른쪽 위의 'x' 버튼으로 모달 창을 닫는다.

A.1.4 콜백 URL 추가

왼쪽 메뉴에서 [Applications] > [Applications]를 클릭하면 다음과 같이 애플리케이션 리스트 페이지로 이동한다.

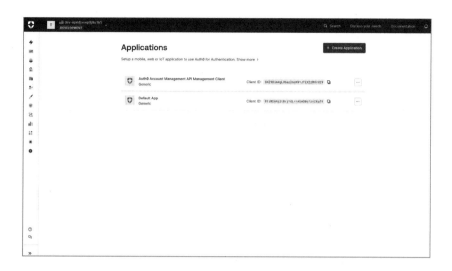

계정 등록 시 자동으로 생성된 [Default App]을 클릭한다. 이동한 페이지에서 스크롤을 내려 [Application URIs] 위치로 이동한다.

[Allowed Callback URLs]란에 http://localhost:5173/api/auth/callback를 입력한다. 만약 여러 개의 URL을 추가할 때는 http://localhost:5173/api/auth/callback, http://svelte-book-sample-app.vercel.app/api/auth/callback과 같이 쉼표로 구분한다.

제일 아래로 이동하여 [Save Changes]를 클릭한다.

A.1.5 인증 정보 가져오기

[Default App]의 설정 페이지에서 제일 위로 이동하면 다음과 같이 [Basic Information]을 찾을 수 있다. 여기에 표시되는 [Domain], [Client ID], [Client Secret] 정보가 중요하다. 각 텍스트 박스에서 오른쪽 끝의 아이콘을 클릭하면 내용을 클립보드로 복사할 수 있다. 이 정보들을 .env에 추가하자.

A.1.6 패스워드 없는 로그인 에러 해결

2023년 5~6월 이후 생성된 테넌트는 인증 메일의 URL을 열면 다음과 같은 에러가 발생한다.

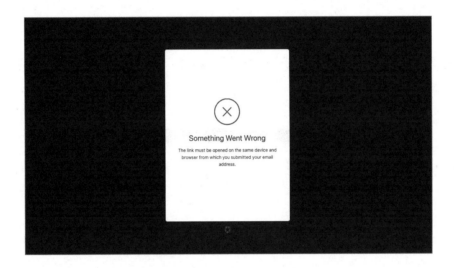

에러를 해결하기 위해 다음의 작업을 추가한다.

Auth0의 관리 화면 왼쪽 메뉴에서 [Applications] > [APIs]를 클릭하여 설정 페이지로 이동한다.

초기 상태는 [Auth0 Management API]가 생성되어 있으므로 이를 클릭한다. 이동한 페이지에서 [API Explorer] 탭을 클릭하면 다음과 같다.

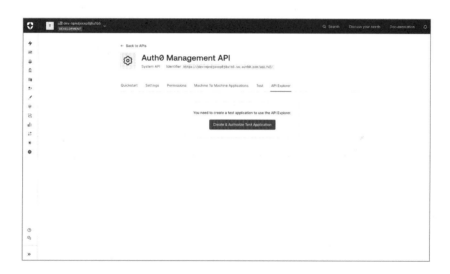

가운데 표시되는 [Create & Authorize Test Application] 버튼을 클릭하면 테스트용 애플리케이션과 해당 API 토큰이 생성된다.

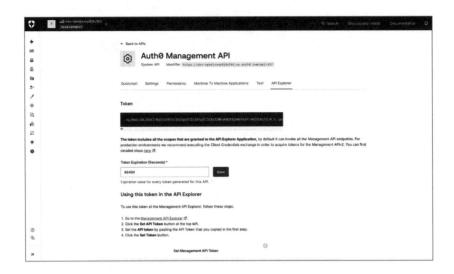

다음의 Node.js 스크립트 파일을 다운로드하자. 이 스크립트는 Management API를 호출하여 패스워드 없는 로그인 작동을 이전과 동일하게 설정하는 코드가 포함되어 있다(깃허브 페이지에서 patch-auth0-pl.js 파일을 다운로드할 수 있다).

https://github.com/svelte-book/sample-app/blob/main/scripts/patch-auth0-pl.js?raw=true

다운로드한 스크립트를 텍스트 에디터로 열고 코드의 제일 위에 있는 `AUTH0_DOMAIN`과 `AUTH0_TOKEN`을 다음과 같은 Auth0의 화면에서 가져온 데이터로 수정한다.

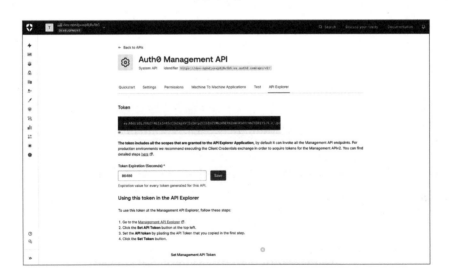

```
const AUTH0_DOMAIN = 'dev-npndjxxxp8j8u1b5.us.auth0.com';
const AUTH0_TOKEN = 'eyJ…';
```

API 토큰은 중요한 정보이므로 외부로 공개되지 않도록 주의하자.

변경 후 파일을 저장하고 다음과 같이 실행한다.

```
$ node patch-auth0-pl.js
```

Request succeeded!가 표시되면 설정 완료다. 이제 패스워드 없는 로그인을 사용할 수 있다.

A.2 MongoDB Atlas

A.2.1 계정 등록

MongoDB Atlas의 계정이 없을 때는 다음 주소로 이동하여 계정을 등록하자. 메일 주소, 깃허브, 구글 계정 등 어떤 방법을 사용해도 상관없다.

https://account.mongodb.com/account/register

A.2.2 서버 생성

다음 주소를 통해 MongoDB Atlas 관리 화면으로 이동하자.

https://account.mongodb.com/account/login

최초 접속 시 멀티 인증 방식 설정에 대한 안내를 확인하고 필요에 따라 설정하도록 한다.

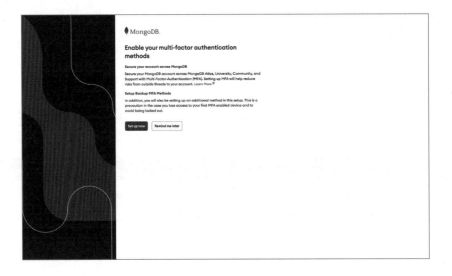

다음과 같은 화면이 표시되면 중앙의 [Build a Database]를 클릭한다.

다음 화면에서 새로운 MongoDB 서버를 생성한다.

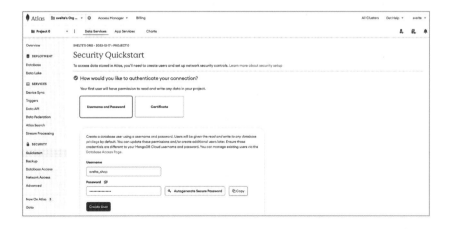

다음과 같은 항목을 선택한다.

- **인스턴스의 종류**: [M0 FREE]
- **Provider**: 어느 것이라도 상관없음(예에서는 AWS 선택을 가정)
- **Region**: 어느 것이라도 상관없음(현재 위치랑 가까운 지역으로 선택. Seoul로 가정)
- **Name**: Cluster0 그대로 사용

선택 후 [Create] 버튼을 클릭하면 서버가 생성된다.

A.2.3 보안 설정

다음과 같은 화면으로 이동하므로 서버의 보안 관련 설정을 진행해보자.

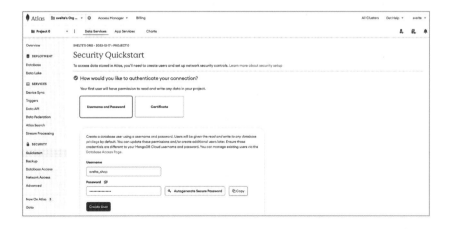

먼저 [1. How would you like to authenticate your connection?] 부분은 다음과 같이 입력한다.

- **종류**: [Username and Password]를 선택(기본값)
- **Username**: svelte_shop 입력
- **Password**: [Autogenerate Secure Password]를 눌러 자동으로 패스워드를 생성하고 [Copy]를 눌러 클립보드로 복사

[Create User] 버튼을 클릭하면 MongoDB 서버 유저가 생성된다. 이후에는 여기서 생성한 유저명과 패스워드로 접속할 수 있다. 패스워드는 이후 확인할 수 있는 곳이 없으므로 클립보드로 복사한 데이터를 안전한 곳[23]에 저장해두자.

다음으로 [Where would you like to connect from?] 부분은 아래 [IP Access List] 부분에 자동으로 IP 주소가 표시될 것이다.

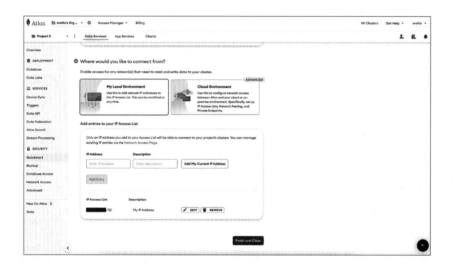

자동으로 표시가 되지 않을 때는 다음과 같이 설정하자.

- **액세스**: [My Local Environment] 선택(기본값)
- **IP Address**: [Add My Current IP Address]를 클릭하여 자동으로 자신의 IP 주소 입력
- **[Add Entry] 클릭**

---

23 [옮긴이] 텍스트 파일 등에 저장. 브라우저의 주소창에 입력하면 검색 키워드로 인식되어 외부로 전송될 가능성이 있으므로 피하는 것이 좋다.

마지막으로 페이지 하단에 [Finish and Close]를 클릭하면 보안 설정이 완료된다. 모달 창이 표시될 때는 [Go to Database]를 클릭한다.

A.2.4 액세스 정보 확인하기

다음 화면으로 이동하면 생성한 MongoDB 서버에 접속하기 위한 정보를 확인할 수 있다.

클러스터명인 Cluster0의 오른쪽에 있는 [Connect] 버튼을 클릭하면 다음과 같은 모달 창이 표시된다.

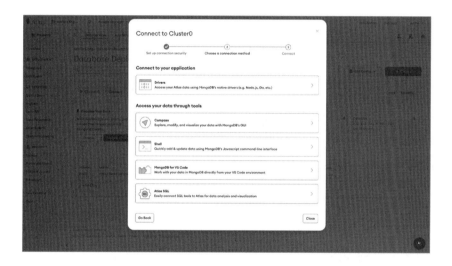

[Connect your application] 아래 [Drivers]를 클릭하면 다음 화면으로 이동한다.

[Select your driver and version]에서 [Node.js]와 [4.1 or later]를 선택하면 [Add your connection string into your application code] 부분에 다음과 같은 접속 정보가 표시된다. 이 부분을 복사한다(cluster0.xxxxx.mongodb.net 부분은 서버에 따라 바뀐다).

코드

```
mongodb+srv://svelte_shop:<password>@cluster0.nhwvjz7.mongodb.net/?retryWrites=true&w=
majority
```

<password> 부분은 앞에서 복사해둔 패스워드로 변경한 뒤 접속 정보를 .env 파일에 저장한다.

이것으로 MongoDB Atlas 설정은 완료된다.

A.3 깃허브

A.3.1 계정 등록

깃허브 계정이 없을 때는 다음 주소로 이동하여 계정을 등록하자.

https://github.com/signup

A.3.2 리포지터리 생성

다음 주소를 통해 깃허브에 로그인할 수 있다.

https://github.com/login

새로운 리포지터리 생성을 위해 다음 주소로 접속한다.

https://github.com/new

[Repository name]은 생성할 리포지터리의 이름을 입력한다. 예를 들어 `svelte-book-kit-tutorial`과 같이 입력할 수 있다.

[Public]을 선택하면 공개 리포지터리가 되므로 다른 유저에게도 코드가 공개된다. [Private]를 선택하면 비공개 리포지터리가 되어 코드가 공개되지 않는다. 책에서 진행하는 내용은 둘 중 어떤 것을 선택하더라도 문제가 없다.

다른 부분은 기본값으로 두어도 상관없다. [Create repository]를 클릭하면 리포지터리가 생성된다.

A.3.3 액세스 토큰의 생성

생성한 깃허브 리포지터리에 코드를 푸시하기 위해서는 액세스 토큰이 필요하다. 다음 페이지에서 [개인용 액세스 토큰 관리] 방법에 따라 액세스 토큰을 생성하자.

개인용 액세스 토큰 관리(https://docs.github.com/ko/authentication/keeping-your-account-and-data-secure/managing-your-personal-access-tokens)

이때 다음 두 가지를 입력해야 한다.

- 만약 리포지터리를 Private로 생성할 때는 [Repository access]는 [All repositories] 또는 [Only select repositories]를 선택한다.
- [Repository permissions]는 [Contents]를 [Read and Write] 권한으로 선택한다.

생성한 액세스 토큰은 생성 직후에만 복사할 수 있다. 다음과 같이 `git push`할 때 사용하므로 안전하게 보관해두자.

코드

```
$ git push origin main
Username for 'https://github.com': {GitHub 유저명}
Password for 'https://xxxxx@github.com': {액세스 토큰 입력}
```

패스워드를 찾을 수 없거나 유효기간이 만료되었을 때는 같은 방법으로 재발생하여 사용할 수 있다.

A.4 Vercel

A.4.1 계정 등록

Vercel 계정이 없을 때는 다음 주소로 이동하여 계정을 등록하자.

https://vercel.com/signup

깃허브, GitLab, Bitbucket 계정이나 메일 주소로 등록이 가능하지만, 깃허브 계정으로 등록하는 것을 추천한다. [Continue with GitHub] 버튼을 클릭하여 순서에 따라 등록하자.

A.4.2 신규 프로젝트(깃허브 리포지터리 연동) 생성 방법

다음 주소를 통해 Vercel에 로그인하자.

https://vercel.com/login

다음 주소를 통해 신규 프로젝트를 생성한다.

https://vercel.com/new

[Import Git Repository]에서 [Select a Git Namespace]를 클릭하고 [Add GitHub Account]를 클릭하면 다음과 같이 깃허브 페이지로 이동한다.

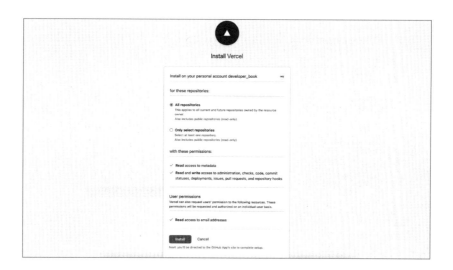

Vercel과 리포지터리를 연동할 수 있는 방법과 Vercel에서 깃허브를 조작할 수 있는 방법이 표시된다. 연동 방법은 [All repositories](모든 리포지터리 연동) 또는 [Only select repositories](선택한 리포지터리만 연동)을 선택할 수 있다. [Install]을 클릭하면 연동 설정은 완료다.

Vercel 화면에서 다음과 같이 깃허브 리포지터리명이 표시되므로 튜토리얼용으로 생성한 리포지터리의 [Import] 버튼을 클릭한다.

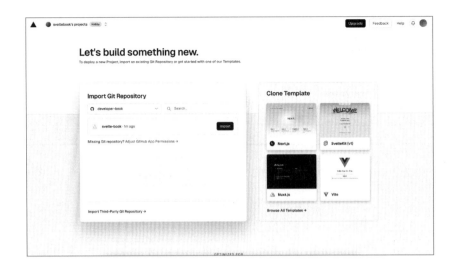

이제 프로젝트 기본 설정을 진행하자.

Vercel이 리포지터리의 내용을 자동으로 설정하지만, 만약 [Framework Preset]이 [SvelteKit]으로 선택되어 있지 않다면 버전에 맞춰서 선택하도록 하자. [Deploy] 버튼을 누르면 Vercel 배포가 시작되고 진행 상황이 표시된다. 문제가 없다면 배포에 1분 정도 소요된다.

이것으로 프로젝트 생성은 완료다.

A.4.3 MongoDB Atlas 인티그레이션 연동 방법

다음 인티그레이션 페이지로 접속한다.

https://vercel.com/integrations/mongodbatlas

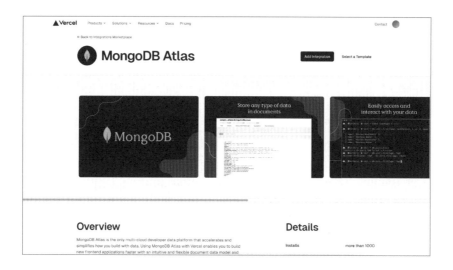

[Add Integration] 버튼을 클릭하면 다음과 같은 모달 창이 표시된다.

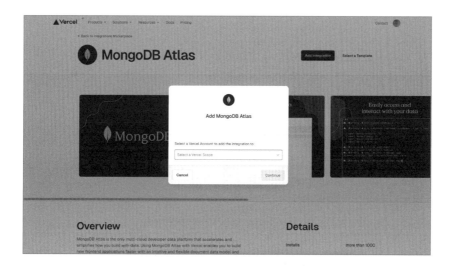

[Select a Vercel Scope]에서 자신의 Vercel 계정을 선택하고 [CONTINUE]를 클릭한다. 다음으로 [Select the Projects to which the Integration will be added:]가 표시되면 [Specific Projects]를

선택하고 튜토리얼용으로 생성한 Vercel 프로젝트를 선택하고 [CONTINUE]를 클릭한다. 마지막으로 인티그레이션 관련 권한이 표시되므로, 확인하고 [ADD INTEGRATION]을 클릭한다.

인티그레이션을 추가하면 MongoDB Atlas 화면으로 이동한다. 다음과 같은 화면이 표시되므로 조직을 선택하고 [Continue]를 클릭한다.

연동하려는 Vercel 계정과 MongoDB Atlas 조직이 표시되므로 확인하고 [I Acknowledge]를 클릭한다.

다음으로는 접속하려는 MongoDB Atlas 프로젝트가 열린다. 프로젝트는 개발 환경용과 다른 운영 환경용이므로 [Project]에서 [Select an Atlas project]를 선택하고 [Create new Atlas Project]를 클릭한다.

다음 화면에서 생성할 MongoDB 서버 설정을 입력한다.

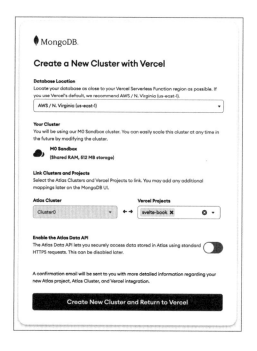

[Database Location]은 기본값으로 Vercel 서버에서 가까운 곳으로 선택되어 있으므로 그대로 둔다. 클러스터 성능도 [M0 Sandbox]가 선택되어 있으며, 변경이 불가능하다. 이는 무료로 사용할 수 있는 서버이므로 과금은 발생하지 않는다. 마지막으로 [Vercel Projects]는 튜토리얼용으로 생성한 Vercel 프로젝트를 선택한다. 이미 선택되어 있을 때는 그대로 두면 된다. [Create New Cluster and Return to Vercel]을 클릭하면 Vercel 화면으로 이동하며 연동이 완료된다.

A.4.4 환경 변수 설정 방법

Vercel 대시보드로 이동한다.

https://vercel.com/dashboard

표시되는 프로젝트에서 튜토리얼용 프로젝트를 클릭한다.

Settings 탭을 클릭하고 왼쪽 메뉴에서 [Environment Variables]를 클릭하면 다음과 같은 화면으로 이동한다. 이 화면에서 환경 변수를 설정하거나 확인할 수 있다.

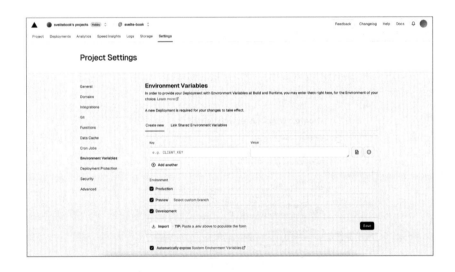

A.4.5 환경 변수 확인과 복사

기존의 환경 변수는 페이지 하단에 표시된다.

이 예에서는 `MONGODB_URI`라는 이름의 환경 변수 하나가 설정되어 있다. 변수의 값은 숨겨져 있으므로 눈 모양의 아이콘을 클릭하면 확인할 수 있다. 표시되는 데이터를 클릭하면 클립보드로 복사된다.

A.4.6 환경 변수의 추가

환경 변수 추가는 다음의 폼에 입력한다.

Project Settings

Environment Variables

In order to provide your Deployment with Environment Variables at Build and Runtime, you may enter them right here, for the Environment of your choice. Learn more

A new Deployment is required for your changes to take effect.

Create new Link Shared Environment Variables

Key: TEST_ENV   Value: testvalue

Add another

Environment

- Production
- Preview Select custom branch
- Development

Import TIP: Paste a .env above to populate the form Save

[Key]는 환경 변수의 이름, [Value]는 환경 변수의 값을 입력한다. [Environment]는 환경 변수를 사용하는 환경을 선택하는 것으로 튜토리얼은 모두 선택해도 상관없다. [Save]를 클릭하면 환경 변수가 추가된다.

추가된 환경 변수는 새롭게 배포하는 애플리케이션부터 반영되므로 참고하도록 하자.

기호	
:global 수식자	37
.svelte 파일	31
{:catch} 블록	43
{:else if} 블록	40
{:else} 블록	12, 40, 41
{:then} 블록	42
{@const} 태그	119
{@debug} 태그	118
{@html} 태그	118
{#await} 블록	42
{#each} 블록	15, 41, 115
{#if} 블록	12, 40
{#key} 블록	117
{식}	16, 34
@sveltejs/kit	221
+error.svelte	206
+layout.js	206, 212
+layout.server.js	206, 212
+layout.svelte	166, 209, 212
+page.js	206
+page.server.js	173, 194, 206
+page.svelte	163, 194, 206
+server.js	184, 203, 206
<script> 블록	32
<slot> 태그	52
<style> 블록	32, 36
<svelte:body> 태그	126

<svelte:component> 태그	122
<svelte:element> 태그	123
<svelte:fragment> 태그	55, 128
<svelte:head> 태그	127
<svelte:options> 태그	127
<svelte:self> 태그	120
<svelte:window> 태그	124
$	101
$:	25, 79
$$props	50
$$restProps	51
$$slots	57
$app/environment	218
$app/forms	218
$app/navigation	218
$app/paths	219
$app/stores	220
$env	221

A	
adapter-auto 어댑터	222
adapter-node 어댑터	223
adapter-static 어댑터	226
afterUpdate	73
animate: 지시어	148
Auth0	246, 265

B

beforeUpdate 73
bind: 86
blur 143

C

class 속성 38
crossfade 145
CSR 271
CSR 비활성화 271
CSRF 256
custom 스토어 107
custom 이벤트 핸들러 201
CustomEvent 객체 66

D

default 폼액션 195
derived 스토어 105
DOM 이벤트 62
draw 145

E

export 47, 131
export let 23, 46

F

fade 143
falsy 35
flip 148
fly 144

H

handle 215, 258
handleError 217
handleFetch 216

I

import 23, 44
in: 지시어 141

L

let: 58

M

matcher 209
MongoDB 232
MongoDB Atlas 233

O

OGP 태그 268
on: 62
onDestroy 72
onMount 71
out: 지시어 141

P

public/ 폴더 30

R

Reactive Statement 25
readable 스토어 102
REPL 28
RequestEvent 객체 204
Response 객체 204

S

scale 144
select 90
slide 144
spring 139
src/ 폴더 30
SSR 271
SSR 비활성화 271
static/ 폴더 162
Storybook 26
style 속성 38
svelte.config.js 162
SvelteKit 158
SvelteKit 프로젝트 160

T

this 바인딩	95
tick	75
transition: 지시어	140
truthy	35
tweened	135

U

use: 지시어	155
use:enhance	198

V

VDOM	3
Vercel	242
Vite	29
vite.config.js	162

W

writable 스토어	97

ㄱ

가상 DOM	3
객체	83
객체 타입 속성	49
그룹	88

ㄴ

나머지 파라미터	207
내보내기	131
논리 속성	35

ㄷ

대체 콘텐츠	53
동적 파라미터	206

ㄹ

라우트	205
라우트 우선순위	210
라우팅	191, 205
라우팅 그룹	208

라이프 사이클

라이프 사이클	69
라이프 사이클 함수	70
레이아웃	166, 191, 212
레이아웃 네스팅	213
렌더링	11, 70
로그인 처리	247
리액티비티	78

ㅁ

마운트	70
모듈 콘텍스트	129
모션	134
문자 코드	211
미디어 요소	91

ㅂ

바인딩	85
배열	15, 82
배포	242, 265
변수	12, 78
변수에 값이 대입될 때	13
부모 컴포넌트	45
블록	39
빌드	222

ㅅ

상태	11
생략 가능한 파라미터	207
서버 라우트	184, 190
세션 정보	257
속성	22, 46
속성 타입 검사	48
속성의 타입 지정	47
숫자	87
스냅숏	188
스벨트	1
스코프 범위	36
스타일	36
스토어	97
스토어 타입 지정	113

스토어의 바인딩	111
스프레드 속성	35, 50
슬롯	52
슬롯 속성	57
시드 데이터	240
실행 모델	191

ㅇ

애니메이션	148
액션	154
언마운트	70
이름을 갖는 슬롯	54
이름을 갖는 폼액션	196
이벤트	62
이벤트 객체	63
이벤트 수식자	63
이벤트 전송	68
이벤트 핸들러	13, 62
이벤트 dispatcher	65
이스케이프	211
인덱스 변수	42
인티그레이션	243

ㅈ

자동 구독	100
자식 컴포넌트	45
주석	35

ㅊ

체크박스	87

ㅋ

컴파일	2
컴파일러	2
컴포넌트	20, 31
컴포넌트 바인딩	93
컴포넌트 분리	20
컴포넌트 이벤트	65
컴포넌트 이벤트에 타입 추가	67
콘텍스트	150
콘텍스트 API	150
쿠키	250

ㅌ

타입스크립트	7, 32, 47
타입스크립트 설정	29
템플릿	32, 33
트랜지션	140

ㅍ

패스워드 없는 인증	246
페이지 라우트	189, 192
페이지 컴포넌트	165
폼액션	190, 195
프로그레시브 인핸스먼트	198
프로그레시브한 웹 애플리케이션	170
프리렌더링	273

ㅎ

하이드레이션	220
헬퍼 모듈	218
환경 변수	244, 266
훅	215